D1722710

FRANZISKA SPRINGER

Solo in Blau
Die Geschichte einer Weltumseglung

HOCHLEISTUNGSSEGELN GMBH

Franziska Springer wurde 1987 in Bautzen geboren und studiert heute in Dresden Kommuni-
kations- und Politikwissenschaften.

Mit ihrem Debütroman „Solo in Blau" vereint sie ihre Begeisterung für das Schreiben und
das Reisen zu einem Naturabenteuer, das fernab jedweder Zivilisation die Schwierigkeiten des
Erwachsenwerdens in eben jener nachzeichnet.

„Solo in Blau" entstand im Auftrag der Gesellschaft für Hochleistungssegeln mbH.

Solo in Blau
Die Geschichte einer Weltumseglung
Franziska Springer
1. Auflage
Hochleistungssegeln GmbH, Dresden 2009

ISBN 978-3-940973-01-6

© Gesellschaft für Hochleistungssegeln mbH, Dresden 2009
www.hochleistungssegeln.com
info@hochleistungssegeln.com

Umschlaggestaltung: Creation Base, Hamburg, www.creation-base.de
Satz und Gestaltung: Creation Base, Hamburg, www.creation-base.de
Druck und Bindung: Druckhaus Panzig, Greifswald, www.druckhaus-panzig.de

Meinen Eltern.

Never say never,
because limits,
like fears,
are often just an illusion.

(Michael Jordan)

Vorwort

Ein Brecher schlägt über dem Heck zusammen und begräbt mein Boot für den Bruchteil einer Sekunde vollkommen unter den Wassermassen, bis sich erst die Mastspitze und einen Augenblick später die gesamte Takelage mühsam wieder ihren Weg an die Oberfläche bahnt.

Der Schlag reißt mich aus meinen unruhigen Träumen. Um mich herum grollt die See, der Wind zieht und zerrt an meiner Unterkunft, die sich stöhnend den stetig heran rollenden Wellen stellt.

Die Gurte, mit denen ich mich, eingepackt in meinen Schlafsack festgeschnürt habe, um nicht durch die Koje geworfen zu werden, scheuern an meinem Oberkörper und meinen Schenkeln. Feuerrote Druckstellen sind die Folge.

Ächzend befreie ich erst den einen, dann den anderen Arm aus seinem Gefängnis und versuche, in der Dunkelheit das Zifferblatt meiner Armbanduhr zu erkennen.

Es ist kurz nach fünf Uhr morgens. Seit sechs Wochen, neunzehn Stunden und genau fünfunddreißig Minuten habe ich dieses Schiff nicht mehr verlassen. Ich laufe vor Top und Takel, einen Sturm im Kielwasser, der mich schon die ganze Nacht auf Trab hält, der mich wütend macht und mich verängstigt und mir zeigt, wozu die See fähig sein kann. Selbst dann, wenn man meint, man hätte das Schlimmste schon gesehen. Besonders dann.

Ich bleibe noch einen Moment benommen in meiner beengten Zuflucht liegen. Die Luft riecht abgestanden und vermodert. Überall um mich herum ist nichts als Feuchtigkeit. Ich höre, wie das Regenwasser auf das Kajütdach trommelt.

Jede Faser meines Körpers wehrt sich gegen Anstrengung. Meine Knochen scheinen versteinert, meine Gelenke bis zur Bewegungslosigkeit miteinander verwachsen.

Alles schmerzt und knackt als ich mich schließlich stöhnend aus meinem Schlafsack befreie. In voller Montur stehe ich gebückt in der niedrigen Koje, während mein Rücken sich noch beschwert, arbeiten Arme und Beine bereits wieder in perfekter Einheit und gleichen das ständige Schaukeln und Schlagen aus, so gut sie können. Ich steige in meine nassen Stiefel. Augenblicklich haben sich die dicken Wollsocken mit Meerwasser vollgesogen. Ein routinierter Griff in Richtung Bug und ich halte meine Rettungsweste in der Hand. Blind finde ich mich in dieser totalen Dunkelheit zurecht.

Kurz, nur für ein paar Minuten muss ich an Deck, ob ich will oder nicht. Schon wieder kracht ein Brecher über mir zusammen und lässt den Rumpf erzittern. Jeder Donner lässt mir das Blut in den Adern gefrieren. Es ist unmöglich zu unterscheiden, ob das Gewitter oder ein gebrochener Mast diese Geräusche verursachen. Ich hoffe auf das Beste und erwarte das Schlimmste. Ein Rinnsal bahnt sich seinen Weg in die Kajüte. Sollte tatsächlich schon jetzt die Dichtung porös geworden sein? Die Bilge füllt sich stetig mit Wasser. Darum kann ich mich im Moment nicht kümmern.

Nur mein erschreckend dünner Lifebelt hält mich an Deck. Der Wind zerrt an meiner Kapuze, peitscht mir die weiße Gischt ins Gesicht und fordert mich zu einem aussichtslosen Duell. Ich bin kaum anwesend, funktioniere nur nach Intuition. Im Schein der Taschenlampe erkenne ich achteraus meinen gesamten Leinenvorrat und den Treibanker. Wie ein Heer aus Wasserschlangen treiben sie, hin und hergeworfen hinter mir her. Geschleppt von meinem Boot bremsen sie uns aus. Das Laufen vor Top und Takel hält mich länger als nötig in diesem Tief fest.

Mir bleibt kaum etwas anderes übrig, als den Sturm um Gnade anzuflehen und mich in seine Hände zu begeben, ihn entscheiden zu lassen, was er mit dem Mädchen in ihrem Boot anstellen möchte.

Ich bin Einhandseglerin und wenn ich hinzufügen darf: eine gute, das habe ich zur Genüge bewiesen.

Was mich in diesen Momenten nicht verzweifeln lässt ist kaum mehr als eine vage Idee: bald schon, wenn ich jetzt noch ein wenig durchhalte, werde ich die Küste wiedersehen. Eine fremde Küste voller ganz neuer, unbekannter Geschichten.

Um mich herum bauen sich Wände aus Wasser auf, die sich in Zeitlupentempo über mich beugen, um dann mit aller Gewalt auf mich nieder zu stürzen. Die Hoffnung auf Land lässt mich aufrecht stehen, meine Brust vor Stolz geschwollen. Ein Pionier, auf der Suche nach fruchtbaren Erfahrungen.

Wieder unter Deck checke ich meine Position. Das rettende Ufer ist gähnend weit entfernt. Ich habe genug Platz, um vor dem Sturm abzulaufen. Solange ich die Wellen achtern habe, besteht kaum Gefahr über Kopf zu gehen. Ich bete und hoffe, das Boot möge sich nicht quer legen. Ein Brecher von der Seite könnte mich zum Kentern bringen, ohne dass ich viel dazu beitragen könnte, dieses Unglück zu verhindern.

Ich sende eine kurze Nachricht in die Heimat. Versuche, gefasster zu wirken, als ich eigentlich bin. Versuche, die selbstbewusste Seglerin wiederzufinden, die ich seinerzeit kennengelernt habe – zu der ich mich entwickelt habe. Alles nur Show, um niemanden unnötig zu beunruhigen. Ich habe schon so vieles geschafft. Da werde ich auch diese Herausforderung meistern.

Unwillkürlich muss ich, während ich mich dabei beobachte, wie gefasst ich alles Nötige erledige und den unbeeinflussbaren Rest stoisch ertrage, daran zurück denken, wie ich losgesegelt bin - damals. So lange liegt dieser Augenblick bereits zurück, dass er den Eindruck erweckt, er wäre im Leben eines anderen passiert. Nicht in meinem. So unwirklich.

Kann man jemals die Reichweite eines solchen Projektes bewusst einschätzen? Jemals im Brustton der Überzeugung behaupten, man wäre bestens auf alles vorbereitet – und damit Recht behalten? Ist man jemals in der Lage, sich richtig zu verabschieden? Erst wenn man sich dessen bewusst geworden ist, dass man ständig Dinge tut, die das eigene Leben ernsthaft gefährden, begreift man, welchen ungeheuren Wert das bisschen Zeit auf der Erde eigentlich besitzt. Ein Geschenk, dessen Kostbarkeit man in seinen Ausmaßen erst begreift, wenn man Gefahr läuft, es zu verlieren.

Ein Geschenk, das man in jeder Sekunde richtig zu nutzen wissen muss, ohne sich in Nichtigkeiten zu verlieren.

Ein Geschenk, dessen Wert sich danach bemisst, wie man zu genießen weiß. Den Geschmack von frisch zubereitetem Essen, einem warmen Bett, trockener Kleidung beispielsweise. All die Kleinigkeiten, die wir stets als gegeben hinnehmen und erst in Frage stellen, wenn Wind und Wasser uns aufzeigen, wie unangenehm sich die Wirklichkeit gestalten kann. Und wie wunderschön dieses pure, reine Gefühl von Freiheit doch ist. Welches Privileg es nicht zuletzt ist, Zeit zu haben, um alles in Frage zu stellen, Überzeugungen über den Haufen zu werfen und zu ihnen zurückzukehren. Behauptungen aufzustellen und sie aus anderer Perspektive betrachtet wieder zu verwerfen.

Wer weiß, ob ich jemals die Gelegenheit haben werde, diese Erkenntnisse in die Welt hinauszutragen. Wer weiß, ob dieser Sturm mich jemals wieder aus seinen Klauen entlässt.

Ein weiterer Brecher spielt sein grausames Spiel mit meinem Boot. Meine Selbstsicherheit mit sich reißend.

Ich taste mich in der vollkommenen Dunkelheit wieder in die Koje zurück. Nehme jene ungemütliche Position ein, die mir schon zur Gewohnheit geworden ist und verkralle meine Hände in den Falten meines Pullovers. Ein wenig schäme ich mich, mein Boot ganz allein zu lassen in diesen schweren Stunden. Wir sind gute Freunde geworden, aber im Moment kann ich nicht helfen.

Wir werden gemeinsam wieder auftauchen oder untergehen. Von der Hoffnung getragen, auch aus diesem Unwetter heil herauszukommen und von der Angst gebeutelt, endgültig in die Tiefe gerissen zu werden, übermannt mich wieder die Müdigkeit und ich falle in einen unruhigen Schlaf.

Meine Träume drehen sich um all die Erlebnisse in meinem Kielwasser. Um die Erfahrungen, die ich reicher geworden bin. Um die bedeutendste und unvergesslichste Zeit meines bisherigen Lebens. Und sie tragen mich fort in eine ähnliche und doch ganz andere Geschichte.

Farewell

Obwohl die Sonne schon seit geraumer Zeit untergegangen war, lag noch immer eine drückende Schwüle über dem frühlingshaften Kerikeri. Die Grillen zirpten ihr wunderschönstes Abendgezirp – wenigstens vermutete ich das. Sie kamen schlichtweg nicht an, gegen das Gewirr von Stimmen, dass sich vom einen bis ans andere Ende der Wiese ausbreitete. Obwohl der Landschaftsarchitekt, der den hiesigen Garten angelegt hatte, nachweislich nicht unbedingt viel von seinem Handwerk zu verstehen schien, war dem Park ein eigentümlicher Reiz eigen. Der teils schmutzig braun und fleckig wirkende Rasen lud geradezu dazu ein, barfuß über die Wiese zu tollen, ohne Gefahr zu laufen, von einem allzu eifrigen Parkwächter gemaßregelt zu werden. Hier und da blitzten weiße und zartblaue Punkte aus dem weiten Hellgrün hervor. Wo man sich die Mühe gemacht hatte, ein Blumenbeet anzulegen, kämpften feuerrote mit strahlend gelben Rosen um die Aufmerksamkeit ihrer Bewunderer. Diese aber hatten heute so gar keine Augen für die Schönheit der Umgebung. Heute war ich die einzige Blume, die im Mittelpunkt stehen durfte. Der Stargast, denn das, was da soeben um mich passierte, war meine Farewell-Party. Benny, Mister T. und all die anderen, die mir schon in den vergangenen Monaten den Rücken freigehalten hatten, sorgten auch an diesem Abend dafür, dass ich nicht die geringste Kleinigkeit vermisste. Das riesige Areal des Parks an der Sunnyside Road war mit bunten Lampions geschmückt, die sich sanft in der warmen Abendluft wiegten. Den Mittelpunkt des Spektakels bildete ein riesiges Lagerfeuer über dem meine Gäste ihre Würstchen grillten. Itchy hatte sogar eine Gitarre ausgepackt. Kurzum – ein Fest, bei dem man sich mit Fug und Recht auf der Sonnenseite des Lebens wägen konnte. Und dennoch, ich konnte dagegen einfach nicht ankämpfen – hatte ich einen Kloß im Hals. Alle waren gekommen. Die Leute aus meiner alten Klasse, mitsamt der coolsten Mädchenclique der Schule, der anzugehören ich nie geschafft hatte. Natürlich auch meine Eltern und das ganze Team. Es wirkte, als wäre Kerikeri geschlossen auf den Beinen um mich zu verabschieden. Die Stimmung war großartig.

Meine beste Freundin Mala wich keine Sekunde von meiner Seite und wusste nicht recht, ob sie lachen oder weinen sollte. Immer wieder grapschte sie nach meiner Hand, als wollte sie sich vergewissern, dass ich noch da war, drückte sie fest mit klammen, feuchten Fingern und lächelte mich breit von der Seite an.

Mein Vater hatte eine kurze Rede gehalten und mir einen nagelneuen Rettungsring geschenkt auf dem in großen, schneeweißen Buchstaben der Name meines Goldstücks stand: Thetis.

Klingt schick, oder? Sich so völlig endgültig auf den Namen festzulegen, war eine Entscheidung, die ich lange Zeit vor mir hergeschoben hatte. Zu schwierig erschien sie mir, die damals noch völlig sorglos war, ob der weiteren Entscheidungen, die schon bald auf sie zukommen würden. Aber eigentlich stand von Anfang an fest, dass für ein Vorhaben wie meines nur eine ganz besondere Kreatur als Namensgeber Patron stehen durfte: etwas Übermenschliches - eine waschechte Meeresnymphe.

Der Sage nach taucht die Thetis nur dann aus dem Meer auf, wenn sie eine besondere Aufgabe zu erfüllen hat. Außerdem beschützt sie Schiffbrüchige und ist der Entertainer gelangweilter Seeleute. Alles in allem erschien es mir ganz passend, so jemanden an meiner Seite zu haben.

Aber hey! Bevor hier Fragen auftauchen: Die Thetis, meine Thetis, ist ein Boot. Und gemeinsam, so wenigstens der Plan, werden wir nächste Woche aufbrechen, um die Welt zu umrunden. Nur wir beide. Ohne Zwischenstopp, ohne fremde Hilfe. Rundherum. Was für ein Fest!

Und vor diesem Hintergrund: meine Farewell-Party. Um Abschied zu nehmen. Und das machte es für mich so schwierig.

Je länger ich die ausgelassene Meute beobachtete nämlich, desto klarer wurde mir, dass es am Ende womöglich um genau das ging: Auf Wiedersehen zu sagen. Am Ende gar Lebewohl.

Ich meine, es war ja nicht so, dass ich am einen Tag den Entschluss gefasst hatte, die Welt zu umrunden und am nachfolgenden aufgebrochen bin. Die Geschichte reifte nur langsam und wollte, selbst wenn es noch so sehr in den Fingern juckte, durchdacht werden. Worauf ich mich nie vorbereitet hatte, in all der Zeit nicht, weil ich die Kapazität an Aufmerksamkeit gar nicht übrig hatte oder nicht übrig haben wollte, war dieser eine Moment. Der, in dem ich mich das erste Mal mit der Frage auseinandersetzte, was alles passieren könnte. Ich denke, in diesem Augenblick war das niemandem so klar, wie mir.

Aber ganz ehrlich, vielleicht war es gut, dass einzig ich mich mit diesen grauen Gedanken plagte. Vielleicht hätte auch ich das nicht tun sollen und wahrscheinlich war es ein Wink des Schicksals, dass Benny mich in diesem Moment von hinten im Nacken packte und mir ein Glas Sekt in die Hand drückte.

Benny war schon immer ein komischer Kauz gewesen, den zu kritisieren oder gar zu hinterfragen ich mir aber sehr schnell abgewöhnt hatte.

Bevor ich ihn tatsächlich kennenlernte, als das mit der Thetis und mir ernst zu werden begann, hatte ich ihn völlig verkannt. Schublade auf, Benny rein, Schublade zu. Es war die Schublade, in die ich all die Leute steckte, die sich auf der Marina herumtrieben und die ich als verkorkst und arrogant zu charakterisieren gewohnt war.

Und dann wurde die Thetis unser gemeinsames Baby und alles ganz anders.

Nach langer Suche hatten wir die Gute für einen Spottpreis von einer kleinen Werft erstanden, in der mein Vater sich früher oft aufgehalten hatte. Sie war in einem miserablen Zustand, aber brauchbar und letztlich hatten uns ihre Vorzüge doch überzeugt. Sie erschien uns zuverlässig und seetüchtig – was sich später noch bestätigen sollte. Mit einem trockenen „Da dran ist nichts, was man nicht flicken kann und wenigstens kann den Kahn einer alleine segeln" hatten Papa und Jeffrey, Vaters Kumpel, den Kauf besiegelt.

Ich müsste lügen, wäre mir mein Allerwertester in dem Moment nicht gehörig auf Grundeis gegangen. Wovon die beiden da sprachen, war schließlich meine Aufgabe: Das Flicken und Aufmöbeln. Ein weniger in den Ohren geklingelt.

Kurzum, wir hatten die dankbare Aufgabe, die Kaufentscheidung meines Vaters sofort auf ihren Wahrheitsgehalt hin zu prüfen und die knapp 1300 Seemeilen von der Westküste Australiens zurück nach Kerikeri. Wir hatten Glück und konnten den größten Teil der Zeit vor dem Wind fahren. So brauchten wir nur zwei Wochen und waren zurück, bevor meine Ferien zu Ende waren. Allerdings zeigten sich auf diesem Törn auch schon die ersten Schwächen der Thetis – die zu diesem Zeitpunkt übrigens noch völlig einfallslos Seeprinzessin hieß: es gibt nicht grundlos sehr viele Boote, die die Thetis in ihrer Länge toppen.

Fünfunddreißig Fuß über alles – etwas mehr als zehn Meter - wirken sich nicht gerade förderlich auf die Bootsgeschwindigkeit aus. Zu einem größeren Modell – und da waren mein Vater und ich uns einig, konnten wir uns nicht durchringen. Weltrekord hin oder her. Ein Boot, das für mich zierliches Persönchen einfach nicht handhabbar war, wäre heraus geworfenes

Geld gewesen. Niemandem hätte es etwas genutzt, wenn ich aus lauter Gewinnergeist mit einer viel zu großen Yacht in See gestochen und schon sehr bald enttäuscht wieder zurückgekehrt wäre, weil mir der Riese aus dem Ruder gelaufen war.

Zudem waren wir beide zuversichtlich, dass wir ihr wenigstens einen Knoten Durchschnittsgeschwindigkeit mehr mit der richtigen Aufarbeitung würden entlocken können. Wir waren der Meinung einen guten Kauf gemacht zu haben und in dieser Stimmung liefen wir in den heimischen Hafen ein.

Wirklich zufrieden waren wir mit dem vorläufigen Liegeplatz in der Marina nicht. Der Kaufpreis für das Boot – immerhin fünfzigtausend Australische Dollar - hatten, man kann es nicht anders sagen, für den Augenblick ein dickes finanzielles Loch hinterlassen, dem die teuren Liegegebühren im Yachthafen nicht unbedingt Abhilfe schafften. Ein weiteres Schiff dort unterzubringen war schlichtweg unmöglich.

Unser Familienboot, die White Hope, hatte ihren Liegeplatz schon seit ich denken konnte, in diesem Hafen. Auf ihr war ich zum ersten Mal in See gestochen. Sie war es, auf der mir die Leidenschaft für die Segelei eingeimpft worden war.

Und während ich noch dastand, teils ratlos, was den zukünftigen Liegeplatz der Thetis anbelangte, teils erhoben vom Gedanken an die gute, alte White Hope, spazierte mir – ein Wink des Schicksals, Benny über die Stege entgegen.

Benjamin – hätte er gehört, dass ich ihn so nannte, hätte er mir meinen wohlverdienten Farewell-Sekt auf der Stelle wieder weggenommen - war Anfang vierzig und mit seinem Boot verheiratet. Wenn man ganz genau hinsah, erkannte man ein spitzbübisches Blitzen in seinen Augen. Er posaunte gern herum, dass er noch immer grün hinter den Ohren war und daran auch nichts zu ändern gedachte. Jeder gab ihm recht – das war ja das eigentlich Furchtbare.

„Wenn du meinst, du weißt alles, dann hältst du dich für erwachsen und das stelle ich mir furchtbar langweilig vor", hat er mir mal, irgendwo aus dem Bauch der Thetis hervor, zugerufen und war dann, über und über mit Öl verschmiert aus der Kajüte gekrochen. Mit dem Grinsen all jener angetan, die fest von ihren Ansichten überzeugt sind und sich wenig darum scheren, wie andere darüber denken. Aber die wenigsten kannten ihn so. Die Wenigsten kannten ihn als Benny.

Benjamin, das war dieser unsägliche Kerl im teuren Anzug mit dem supercoolen Boot, auf dem er gern mal hübsche Frauen im Bikini spazieren fuhr und der im richtigen Leben im Büro saß und irre viel Geld verdiente. Ein Mann, der seine anfängliche Schublade wunderbar ausfüllte.

Mein Benny war ein ganz anderer Mensch. Leidenschaftlich auf einer sympathischen Ebene und alles andere als fixiert auf irgendwelche Statussymbole.

Aufgewachsen ist er in Stanley, ganz im Norden Tasmaniens. Auf einem der ersten Übungstörns mit der Thetis besuchten wir dort seine Verwandten. Ein winzig kleiner, aber hübscher Ort, direkt am - eigentlich mitten im Pazifik. Still und beinah vergessen. Ein Örtchen, das zu Träumen über die Welt einlädt. Kaum verwunderlich also, dass er schon als Kind segelte. Von seiner ersten eigenen Jolle schwärmt er heute noch.

„Da unten gab es auch nichts, was man sonst hätte anstellen können", sagte er allerdings häufig.

Also kam er zu uns, wo es ja so schlecht auch nicht ist. Und Benny, mein Benny, trieb sich auch an diesem Tag in der Marina herum und begann herzlich zu lachen, als er Papa und mich bei unserem Anlegemanöver beobachtete.

„Mit dem Haufen wollt ihr aber hier nicht liegen bleiben, oder?", fragte er. „Die feinen Leute wird das nicht freuen."

Das war Benjamin in Reinkultur. Zumindest dachte ich das.

Ich war so aufgeregt vor Freude über mein neues Spielzeug, dass ich die Ironie in seinen Worten glatt übersah und direkt wieder ein bisschen beleidigt war. Noch vom Boot aus rief ich Benny übertrieben verteidigend die wichtigsten Eckdaten meines Vorhabens zu:

„Gerade erst gekauft. Ist nicht der endgültige Liegeplatz. Ich will mit dem Boot allein um die Welt segeln."

Es soll angeblich Unglück bringen, wenn man über ungelegte Eier spricht. Sollte das Unterfangen am Ende scheitern, setzte man sich unwillkürlich und völlig selbstverschuldet dem Hohn der Eingeweihten aus.

Soweit aber dachte ich gar nicht. Nicht eine Minute kam es mir in den Sinn, dass auch nur die kleinste Kleinigkeit schiefgehen könnte – wenigstens nicht, solange ich mich noch im heimischen Hafen umtrieb.

Bennys Augen begannen zu leuchten und kurze Zeit später saßen die beiden Männer fachsimpelnd in einer Kneipe und tranken Bier. Vater hatte schon immer ein ziemlich gutes Verhältnis zu Benny gehabt. Wahrscheinlich hatte er den Schalk in Benjamins Nacken schon viel eher entdeckt und war nicht nur, wie ich bis dahin annahm, fasziniert von Bennys unendlichem Fachwissen. Als Vater an diesem Abend nach Hause kam, hatten meine Mutter und ich gerade zu Abend gegessen und ich war hundemüde von dem langen Törn.

„Mach dich eben noch mal fertig", sagte Papa. „Benny kennt den Besitzer einer kleinen Werft ganz in der Nähe. Dort liegen wir für'n Appel und'n Ei und haben alle Zeit der Welt, an deinem Boot rumzuschrauben".

In diesem Moment spürte ich zum ersten Mal bewusst, dass sich mein Hirngespinst, das existierte, seit ich als laufender Meter zum ersten Mal zu meinem Vater an Deck der White Hope geklettert war, tatsächlich Wirklichkeit werden könnte. Ich war in der Lage, wildfremde Menschen für meinen Plan zu begeistern! Das war doch ein gutes Zeichen!

Schon eine Stunde später machten wir die Thetis wieder los und schipperten, damals noch mit dem altersschwachen Außenbordmotor ein Stück aufwärts die Küste entlang.

Angekommen entdeckte ich wohl eines von Bennys bestgehüteten Geheimnissen: hier, wo niemand herkam, dem sein eigentliches Wesen weiterhin verborgen bleiben sollte, hatte Benny ein ganz anderes – auf eine neue Weise beeindruckendes Segelboot liegen – einen uralten Holzkahn, der, jeglichen technischen Schnickschnack entbehrend, nach hingebungsvoller Pflege und uriger Gemütlichkeit schrie. Ein Liebhaberstück, völlig ungeeignet zum Protzen.

„Ist praktischer, wenn die Leute dich für irgendein respekteinflößendes Tier halten, als für einen verrückten Kauz, der das, was er da den ganzen Tag Wichtiges macht, nur tut, um genug Geld für sein überflüssiges Hobby zusammenzukratzen", antwortete er, als ich ihn fragte, warum seine Kumpels von der Marina nie auf unserer verträumten Werft vorbei sahen. Und irgendwie leuchtete mir genau das auch ein. Leidenschaften teilt man nur ungern mit Menschen, die sie eigentlich nicht teilen wollen.

Benny war so schrecklich unvorhersehbar. Manchmal saß er stundenlang nur auf einer Kiste, während ich mich mit Schrauben und Ösen abmühte. Fragte ich ihn, was er da tue und ob er mir nicht lieber helfen könnte, sagte er Sachen wie:

„Ich helfe dir grad ungemein. Ich versuche, die Luftwirbel zu sehen und ich denke, wir sollten das Windrad an einer anderen Stelle anbringen. Dort, wo es jetzt sitzt, wird es zwar seine Pflicht erfüllen, dich gleichzeitig aber auch bremsen". Diese vermeintlich simplen Gedanken, auf die allerdings kein anderer jemals gekommen wäre, verblüfften mich immer wieder. Zumal sie meist ungemein hilfreich waren und mich davon überzeugten, dass der Funke zu Benny übergesprungen war. Der Funke, der auch mich schon seit so vielen Monaten fesselte.

Auch dieses Mal sollte er mein Problem lösen und statt dem Windrad ein Solarpanel als Energielieferanten vorschlagen.

An dem Abend aber, als die Thetis das erste Mal neuseeländischen Boden sah und ich Benny mit anderen Augen, beschränkte er sich darauf, sich ungefragt über die Reling der aufgebockten Thetis zu schwingen und mich berichten zu lassen, was ich in den letzten Wochen schon über das Boot hatte in Erfahrung bringen können.

Ich erzählte ihm von der maroden technischen Ausstattung und dem gemäßigten Lateralplan, von dem langen Kiel und dem geschmeidigen Ruder.

Alle Müdigkeit des Überführungstörns war vergessen, genau wie all die Zweifel als Benny sich in diesem Moment, auf meiner Farewell-Party an meinen Hals hängte und mir ins Ohr flüsterte:

„Jetzt geht es tatsächlich los!"

Die Abreise

„Mein Name ist Fleur, ich bin siebzehn Jahre alt und ich starte heute meine Weltumseglung – ganz allein. Ich hoffe auf gute Winde, gutes Gelingen und wenige Probleme."

„Mein Name ist Fleur, ich bin siebzehn Jahre alt und ich starte heute meine Weltumseglung – ganz allein."

„Mein Name ist Fleur, ich bin siebzehn und ich segle um die Welt."

Immer wieder klangen diese Sätze in meinem Kopf nach, die Phrasen, die ich der lokalen Presse zum Zitieren genannt hatte und noch immer sagte ich sie mir auch selber vor, um es endgültig glauben zu können.

Siebzehn. Um die Welt. Was hatte ich mir da nur vorgenommen?

Ich hätte mir besser ein Pony gewünscht. Aber nein, das hier, das was an diesem Punkt, dem Ort des ersten Logbucheintrags gerade passierte, war genau das, was ich mir seit Jahren gewünscht hatte, das, worauf ich seit einer halben Ewigkeit hinarbeitete. Das war mein Traum und in diesen Momenten tat ich die ersten zaghaften Schritte zu seiner Verwirklichung. Wenn man so kurz davor stand, etwas wirklich Großes zu wagen, würde man ja wohl noch für einen kurzen Moment Muffensausen haben dürfen.

Mein Plan schlug Wellen. Noch nie zuvor hatte ich so viele Leute auf einem einzigen Bootssteg umher wuseln sehen. Das machte mich noch viel nervöser und eigentlich hatte ich noch Unmengen zu tun, bevor ich starten konnte. Im Geist ging ich noch einmal alle Dinge durch, die ich für die nächsten Monate brauchen würde. Ich war mir sicher, dass ich alles an Bord hatte und für sämtliche, nur denkbare Unwägbarkeiten bestens ausgestattet war – wenigstens, soweit das die Ladekapazität der Thetis erlaubte. Und eigentlich wollte ich die Winde beobachten, um einen guten Start hinzulegen. Nichts da.

Gewusel um mich herum. Meine Mama hing an meinem Hals. Fast schien es, als wollte sie mich erwürgen, um mich doch noch zurückzuhalten. Die einzige, wenn auch sicher eine wirkungsvolle Methode, um die ganze Sache im letzten Moment abzublasen. Schlaue Mama, wenn auch etwas rabiat für mein Verständnis.

Vater und Benny machten einen letzten Rundgang über das Boot und überprüften noch einmal den Mastfall, das wir recht klein eingestellt hatten, damit die Thetis ein wenig luvgieriger und leichter steuerbar würde. Fremde Menschen schüttelten mir die Hand als gäbe es kein Morgen. Ehrlich gesagt hatte ich die Nase voll von dieser allzu eifrigen Aufregung und hätte für einen kurzen Augenblick ganz gern meine Ruhe gehabt, um mich konzentrieren zu können. Andererseits waren diese Leute für die nächsten Monate die letzten Menschen, die ich sehen, anfassen, riechen würde. Und am Anfang brauchte es ohnehin keine Konzentration. Nur Routine. Ach, was wusste ich schon. Ich war völlig durcheinander. Irgendwie hatte ich mir diese ganze Sache einfacher vorgestellt. Kurz entschlossen begann ich, Hektik zu verbreiten, löste mich von Mama, kletterte auf das Boot und machte die Leinen los. Die Fender warf ich an Land. Wenn ich vorhatte, in den nächsten Monaten eines nicht zum Einsatz kommen zu lassen, dann waren es die mit Luft gefüllten Gummikissen, die das Anlegen erleichtern sollten.

Wenn ich jetzt nicht aufbrach, das erkannte ich ganz deutlich, würde ich in letzter Minute doch noch einknicken und die ganze Sache abblasen.

Das Ablegen gestaltete sich ungewohnt kompliziert, so ganz ohne Außenborder. Den hatten wir eiskalt entsorgt. Die Wettbewerbsregeln untersagten das Motoren ohnehin. Ohne sparte ich mir den Treibstoff und den Technikmüll, insgesamt also Ballast. War die bessere Lösung. Machte aber das Ablegen kompliziert.

Mit breitem Grinsen umschlang Benny mich mit seinen riesigen Pranken. An seine Brust gequetscht konnte ich sein Herz schlagen hören. Er war genauso aufgeregt wie ich. Streng genommen, ohne es den Kampfrichtern unter die Nase reiben zu wollen und auf einer reinen Gefühlsebene war dieses Projekt schon lange keine Ein-Mann-Weltumseglung mehr. Mein Traum hatte abgefärbt, auf Papa, Benny, Richard Thomas, den ich immer und sehr zu seinem Widerwillen Mister T. nannte. Mein Wetterrouter, der Mann am Barometer.

Mister T. wirkte meist irgendwie deplatziert. Im Supermarkt an der Kasse oder wenn er aus seinem kleinen, rostigen Blechhaufen stieg, den er Auto nannte. So, als gehörte er nicht dahin, in das, was er immer so abfällig als *die Zivilisation* bezeichnete. Wenn er im Garten arbeitete, oder an seinem Boot, wenn er die Segel setzte, dann konnte ich immer ganz genau sehen: er ist in seinem Element. Ein Naturbursche. Mit braungebrannter, ledergegerbter Haut. Er schob einen dicken, kugelrunden Bauch vor sich her und war kaum größer als ich. Kompakt trifft es vielleicht am besten.

Seine grauen Haare legten sich in kleinen Locken wie eine Kappe um seinen Kopf und über seiner Oberlippe wölbte sich ein mächtiger, schneeweißer Schnauzbart. Gebaut für die Ewigkeit, einem Felsbrocken gleich.

Doch das Bild dieses gesunden, vor Kraft strotzenden Mannes wurde getrübt. Mister T. humpelte. Genauer gesagt zog er bei jedem Schritt seinen linken Fuß hinterher. Er stammte aus Deutschland, von der Küste, wo er lange als Offizier bei der deutschen Marine gedient hatte. Irgendwann, vor vielen Jahren hatte er einen Unfall. Er wollte die Hecke in seinem Garten beschneiden, verfehlte die Sprosse der Leiter und stürzte unglücklich. Gerissene Bänder, komplizierte Brüche – seine Gelenke hatte es so übel erwischt, dass auch die besten Militärärzte ihn nicht wieder gescheit hatten zusammenflicken können. Mister T. selber redete nie darüber. Wahrscheinlich hatte der Dorf-Funk irgendwann Wind davon bekommen und die Geschichte über den geheimnisvollen Einwanderer, von dem kaum jemand mehr wusste, als seinen Namen, hatte sich wie ein Lauffeuer verbreitet. Einzig mein Vater schien einen Draht zu ihm gefunden zu haben. Vater kam ohnehin immer mit allen ganz großartig zurecht. Weiß der Geier, wie er das machte.

Die beiden Männer standen oft an den Grenzen der beiden

Grundstücke beieinander und fachsimpelten über die, im Übrigen sauber gestutzte Hecke hinweg über allerlei Naturburschen-Themen, von denen ich nicht die Hälfte verstand.

Als die Vorbereitungen für meine Weltumseglung konkret wurden, klopfte mein Vater an meine Zimmertür und eröffnete mir mit ernster Miene, dass Mister T. eingewilligt hatte, mein Wetterrouter zu werden. Ganz wohl war mir bei dem Gedanken nicht. Ich hatte Angst vor Mister T., den ich damals noch ehrfurchtsvoll Mister Thomas nannte und der für mich bis dato gerade einmal ein steifes und wenig freundliches „Guten Tag" am Morgen übrig hatte. Immer dann, wenn er in seinem blau-weiß gestreiften Morgenmantel die Zeitung hereinholte und ich mich mit dem Rad auf den Weg zur Schule machte.

Meine ersten Unterrichtsstunden bei Mister T. waren die Hölle. Ich war zu ungeduldig, fragte zu viel, sah das Meer und musste mich auf diesen Anblick beschränken. Völlig verständnislos reagierte ich, als ich zu meiner ersten Unterrichtsstunde in voller Montur Mister T.'s Terrasse betrat und er auf den Liegestuhl neben sich deutete.

„Tu, was ich tue.", das waren die einzigen Worte, die er an mich richtete.

Die Sache mit Benny hatte mich noch nicht derart verunsichert, dass ich meiner Menschenkenntnis so gar nicht mehr vertrauen wollte und in diesem Moment – es schien mir völlig unmöglich, dass es anders sein konnte – da war ich mir sicher, dass Mister T. ernsthaft Hilfe brauchte. Verrückt war, wenn ich es böse formulieren wollte.

Himmel gucken und Wetter lernen ohne Computersimulationen, ohne auf einem Boot zu stehen! Mir wollte nicht in den Kopf, wie in aller Welt das funktionieren sollte. Aber vielleicht sollte das ja hier erstmal ein organisatorischer Plausch werden. Die Chance gab ich ihm, setzte mich hin und wartete darauf, dass etwas passierte. Einmal holte ich tief Luft, um etwas zu sagen. Mister T.'s strenger Blick hielt mich davon ab.

Nach einiger Zeit, lassen wir es eine Stunde gewesen sein, oder zwei – womöglich waren es nur dreißig Minuten, die sich wie eine Ewigkeit vor mir ausdehnten, sagte er:
„Wir sind fertig für heute."

Höflich sagte ich:
„Auf Wiedersehen."

Er würdigte mich keines Blickes mehr.
„Du hast noch nicht verstanden", murmelte er.

Enttäuscht und wütend stampfte ich die Treppen hinunter in die Küche, in der Marie das Mittagessen zubereitete. Ich kam mir mächtig veralbert vor und war sauer, auf die gestohlene Zeit und Mister T., weil er der Dieb war und auf alles, weil ich meine Felle davon schwimmen sah, sollte Papa recht haben und dieser Typ auf dem Dach der ideale Wetterrouter für mich sein. Dem traute ich glatt zu, mich geradewegs in ein sattes Tief hinein schippern zu lassen, um mir das im Nachhinein als Lektion für mein weiteres Segelleben zu verkaufen – sollte ich seinen Test überleben, versteht sich.
Ich hatte die Nase jedenfalls gehörig voll und wollte an Marie vorbei zur Tür stürmen.
Seine Frau war das ganze Gegenteil von Mister T.. In meiner Kindheit war sie für mich zu einer Art Tante geworden. Sie buk mir Kekse und verband mein Knie wenn ich gefallen war und meine Eltern noch bei der Arbeit. Ich hatte nie verstanden, was diese beiden gänzlich verschiedenen Menschen verband und war immer nur zu ihr hinüber geschlüpft, wenn ich ganz sicher war, dass Mister T. irgendwo mit seiner Rostlaube in der

Zivilisation unterwegs und dort für ein Weilchen beschäftigt war.

„Und? Zufrieden?", fragte Marie mit einem herzlichen Lächeln, dass ihre blauen Augen zum Strahlen brachte.

„Hmm.", murmelte ich.

Ich traute mir nicht zu sagen, dass ich den Sinn der Übung auf der Dachterrasse ganz und gar nicht verstanden hatte, dass ich keinen blassen Schimmer hatte, wie mir Stillsitzen und Ruhigsein bei meiner Vorbereitung helfen sollten. Und dass ich stinkwütend war, das wollte ich überhaupt für mich behalten.

„War er wieder unfreundlich, der alte Grobian?".

Sie kannte ihren Richard offensichtlich.

„Komm! Setz dich zu mir, ich habe gerade heiße Schokolade gemacht", sagte sie. Eigentlich stand mir nicht der Sinn danach, mir anstandshalber auch noch flüssiges Hüftgold einzuverleiben. Erst recht nicht, nachdem der alte Thomas da oben mir schon erfolgreich den Tag versaut hatte. Aber ich wollte nicht ungerecht sein und meinen Frust an einer Person auslassen, die nichts für meine schlechte Laune konnte. Also ließ ich mich mit gequältem Lächeln auf der rustikalen, will sagen altmodischen, Eckbank nieder. Als wir beide mit unserer dampfenden Tasse überzuckertem Kakao kämpften, begann sie mir zu erzählen, was es mit Mister T. auf sich hatte.

Die lange Zeit beim deutschen Militär hatte ihn erfüllt. Er war schon immer ein Mann der harten Schule, der bei der Marine auf seinesgleichen getroffen war und sich in seiner Kompanie zu Hause gefühlt hatte.

Das alles hatte übrigens nichts, aber auch gar nichts damit zu tun, dass er ein schlechter Mensch war. Er war es einfach gewohnt, im Befehlston zu sprechen. Klare Anweisungen zu geben, damit Missverständnisse, die zu ernsthaftem Ärger führen konnten, erst gar nicht entstanden. Er wollte alles richtig machen, was in erster Linie hieß: zu seiner Zufriedenheit. Vor allem aber wollte er alles richtig gemacht wissen. Und seine Ansprüche waren hoch.

Hatte man das einmal verstanden, dann mochte man ihn auch – irgendwie. Nicht unbedingt als Freund, eher als Meister, von dem lernen zu dürfen ein großes Zugeständnis war.

Zu diesem Zeitpunkt allerdings, in dem Moment, in dem ich mit Marie am Tisch saß und Kakao trank, da konnte von mögen im Sinne von Sympathie noch keine Rede sein.

Sein Unfall hatte ihm viel genommen. Seine Arbeit, sein Leben. Was ihm blieb war Marie und eine Menge Zeit. Doch so sehr er beides zu genießen wusste, dauerhaft erfüllen konnte es ihn nicht.

„Er begann", erzählte Marie, „sich einzuigeln. An manchen Tagen blieb er einfach in seinem Büro und blätterte durch alte Aufzeichnungen. Dann sah ich ihn nur am Abend, wenn er sich fertig machte um ins Bett zu gehen. Manchmal sprachen wir wochenlang kein Wort miteinander. Eines Morgens beim Frühstück, in einer Zeit, in der er besonders schweigsam war und ich die Stille zwischen uns kaum noch aushielt, stellte er plötzlich seine Kaffeetasse so barsch auf den Tisch, dass der Kaffee überschwappte. Ich wollte aufspringen und einen Lappen aus der Küche holen. Er aber gab mir mit einer Handbewegung zu verstehen, dass ich sitzen bleiben sollte. Er malte mit seinem Zeigefinger Muster in die braunen Rinnsale. Ich verstand die Welt nicht mehr. Er war immer so penibel, so auf Ordnung und Sauberkeit bedacht. Ich dachte in diesem Moment, er hätte sich aufgegeben, wollte sich von mir trennen oder so etwas. Ich hatte Angst ihn zu verlieren. --- Aber so was sollte ich dir gar nicht erzählen, Kind! Du musst dich auf ganz andere Sachen konzentrieren."

Doch dann hatte er ihr eröffnet, dass er nach Neuseeland gehen, eine Surf- und Segelschule eröffnen wollte, wieder arbeiten, leben, von vorn beginnen.

„Er hat mich nicht einmal gefragt, ob ich mitkomme", erzählte sie weiter.

Sie blickte in die Ferne, in die Vergangenheit, sah vor ihrem inneren Auge den Küchentisch mit den schmutzigbraunen Rinnsalen.

„Er hat es einfach vorausgesetzt."

Verträumt lächelte sie mich an, mit einem Blick, der nicht Verbitterung, nicht das Gefühl von Übergangenwerden vermittelte, sondern das tiefe Verständnis für einen Menschen, der so unendlich viele Macken und Eigenheiten hat, dass es fast unerträglich ist. Den seine Macken und Eigenheiten aber so einzigartig machen, dass plötzlich, sollte er sich spontan dazu entschließen, diese abzulegen, ein neuer Mensch entstünde. Eine neu kreierte Persönlichkeit, die zu lieben man erst wieder lernen müsste. Selbst dann, wenn man diesen Moment seit Jahren herbeigesehnt hatte.

Dieser bedingungslose Rückhalt hat mich damals tief beeindruckt und ich schämte mich dafür, das Gefühl gehabt zu haben, hier wollte man mir etwas Schlechtes. Mister T. war eben kein agiler, junger Hüpfer, sondern ein Mann der alten Schule. Die ist, das habe ich oft genug erfahren, unglaublich streng aber auch gründlich. Und vielleicht war das der Sinn unserer ersten gemeinsamen Stunde: sich in Geduld üben und darauf vertrauen, dass die Dinge sich auszahlen, auch wenn es eine Durststrecke gibt. So wie er es bis zu jenem Tag getan hatte, als der Kaffee überschwappte und Mister T. die Unordnung zu nutzen wusste, um etwas Neues daraus zu kreieren.

Träume ohne Rückhalt anderer zu verwirklichen – ich weiß nicht, ob das möglich ist. Mister T.'s Segelschule wurde zu diesem Zeitpunkt bereits von einem Geschäftsführer betrieben. Er selbst war im Ruhestand, saß auf seiner riesigen Dachterrasse und hatte die letzten zwei Jahre ziemlich viel Zeit damit verbracht, einem Mädchen mit großen Plänen beizubringen, wie man innehält und beobachtet, Zeichen deutet und kleine Hinweise wie ein fallendes Barometer als Anzeichen für etwas Großes zu deuten weiß. Nicht nur auf See übrigens. Auch im Leben.

Daran musste ich denken, als ich in der, von Benny und Papa angeführten Eskorte aus dem Kerikerier Hafenbecken auslief. Als Mister T.'s tiefgrüner Pullover zu einem kaum mehr wahrnehmbaren Punkt schrumpfte und sich mehr und mehr mit den Farben der Umgebung vermischte. Dass er überhaupt hergekommen war, wunderte mich zwar, machte mich aber auch unglaublich stolz. Er hatte sich immer mit harschen Worten gewehrt, wenn die Presse, die sich immer mehr für meine Geschichte interessierte, ein kurzes Interview mit ihm führen wollte oder ein Sponsor ein Bild wünschte, auf dem alle Beteiligten gemeinsam zu sehen waren. Er konnte diesen Trubel nicht ausstehen, aber an diesem Tag hatte er den Weg dennoch gefunden. An diesem Tag, der für die nächsten Monate die letzte Erinnerung an mein zu Hause sein sollte. Dieses zu Hause, das so weit entfernt liegt, von der restlichen Welt und so eine kleine Welt für sich ist. Mit wenigen, dafür aber riesigen Städten, jeder Menge wildem Hinterland, geheimnisvoll bemalten Ureinwohnern, mit so vielen dicken Kindern und braungebrannten Jungen – seiner unendlichen Weite. Nicht zu vergessen all die Kühe und Schafe, deren Anblick sich der ganzen Welt förmlich aufdrängt, sobald sie den Namen meiner Heimat hört. Jetzt wurde ich doch noch wehmütig. Auf Wiedersehen, Neuseeland! Auf Wiedersehen, zu Hause. Bis später!

Der Wind frischte auf. Aller vier Minuten etwa kam eine Böe. Dann hörte ich noch weit entfernt die Anfeuerungsrufe der Daheimgebliebenen. Doch schnell, nach nur ungefähr dreißig Sekunden, drehte der Wind wieder und alles, was an Geräusch übrig blieb, waren Wellen, die gegen den Bug der Thetis knallten, peitschten, als wollten sie mich antreiben. Über das Megaphon sangen Benny und Papa ein altes Lied von Heinz Rühmann: *Das kann doch einen Seemann nicht erschüttern* – und drehten ab. Ich meinte hier und da ein Zittern in ihren Stimmen zu hören. Womöglich bildete ich mir das auch nur ein.

Ich trimmte das Großsegel flach und holte es dicht, segelte hart am Wind. Ich begann meine Weltumsegelung. Ich blickte nicht mehr zurück. Nur noch nach vorn. Das musste es sein, was die Ramones gemeint hatten. *Hey ho! Let's go!*

Durch den Stillen Ozean zum Äquator – Woche 1

Ich war also tatsächlich unterwegs. Jede Menge Schritte vor und wieder zurück, Durststrecken und intensive Vorbereitung lagen hinter mir, aber jetzt, endlich, war ich auf Kurs.

Irgendwie fühlte sich all das in diesen ersten Stunden ganz merkwürdig an. All die Zeit hatte ich nur auf einen Moment hingearbeitet, den, in dem ich die Marina endgültig verlassen und starten würde. Das, was danach kommen sollte, schien mir immer in weiter Ferne zu liegen, nein, vielmehr der Ratten-schwanz zu sein. Dabei war dies mein eigentliches Abenteuer. Und ich hatte mich selber in dieses kalte Wasser geschubst, das hier, Gott sei's gedankt, noch ziemlich warm war.

Lausige Fahranfänger, die – weiß der Geier, wie sie es geschafft haben – ihren Führerschein in der Hand halten und das erste Mal ohne zweites Bremspedal auf der Beifahrerseite am Steu-errad sitzen, fühlen sich wahrscheinlich ganz ähnlich wie ich. Theoretisch wusste ich was zu tun war. Es bereitete mir auch keine Mühe. Aber ich beobachtete mich sehr viel besser als auf meinen Übungstörns. Erwartete mehr von mir. Ging jeden Handgriff ganz bewusst und überlegt an. Das würde sich legen, mit Routine und einem Weniger an Aufregung. Ich musste mich einfach nur gewöhnen an den Gedanken schlussendlich tatsächlich unterwegs zu sein. Bis dahin musste ich mit meiner Verunsicherung leben.

Die letzten Wochen waren wahnsinnig anstrengend gewesen. Ständig fielen uns kleinere und größere Mängel auf, Schäden, die bei Testfahrten angefallen waren. Kleinigkeiten, die wir schlichtweg übersehen hatten und die, so kurz vor Beginn sorgfältig behoben werden mussten. Mitunter gestaltete sich das arg aufwändig. In den Sommermonaten von Oktober bis März ist es in Neuseeland verboten, im Meer zu baden. In dieser Zeit tummeln sich die Jellyfische, rot-orange Quallen, die wie Feuerbälle durch das Wasser schweben, an der Küste. Wird man von einer von ihnen auch nur gestreift, fängt man sich Nesselzellen ein, die ziemlich giftig sind. Unangenehme Sache. Anfangs versuchten wir, Arbeiten am Unterwasserschiff zu bündeln, um die Thetis noch einmal aus dem Wasser zu kranen und das Ganze vom sicheren Ufer aus erledigen zu können. Aber da ich besonders in den letzten Wochen immer wieder üben wollte, um mehr Routine mit der Thetis zu bekommen, fanden wir einfach keinen geeigneten Termin. Also schwangen wir uns immer und immer wieder in futuristisch anmutende Schwimmanzüge. Solche, die den ganzen Körper von oben bis unten einpacken. Das Gesicht wurde mit Taucherbrille und sogar Mundschutz geschützt. Dennoch ein pures Glücksspiel, das wir aber, toi, toi, toi alle heil überstanden und an dessen Ende auch die dreißig Kilogramm schwere Windsteueranlage am Heck angebracht war – ein unabdingliches Helferlein, dass mir den elektrischen Autopiloten ersetzte. Das dreckig-brackige Hafenwasser trug seinen Teil zu unserem Vergnügen bei. Auf dem Wasser fühle ich mich bedeutend wohler als darin.

So arbeiteten wir oftmals bis nach Einbruch der Dunkelheit

auf der Werft und als wäre dies nicht schon anstrengend genug, schlief ich immer unruhiger, je näher wir meinem Ablegetermin kamen.

Dafür bekam ich jetzt die Rechnung. Ein ausgeruhter Körper hätte sicher weniger Schwierigkeiten, all die harten Arbeiten auf so einem Schiff ordentlich zu erledigen. Winschen, Reffen, all der Kleinkram, der anfiel und der auch nach achtundvierzig Stunden ohne Schlaf noch gewissenhaft erledigt werden wollte. Meine anfängliche Seekrankheit leistete da eher noch Schützenhilfe, als dass sie mir die ersten Tage erleichtert hätte. Sprichwörtliches Grün zog sich um meine Nasenspitze und die Fische im Kielwasser hatten ihre helle Freude an meinem aufmüpfigen Magen.

Aber davon wollte ich mir die Laune nicht verderben lassen. Ich war endlich unterwegs und wann immer ich mir das bewusst machte, wurden Unmengen Adrenalin in meinen Körper gepumpt und ich fühlte mich wie das stärkste Mädchen der südlichen Hemisphäre.

Außerdem konnte ich mich glücklich schätzen, eine recht angenehme Strecke zum Einsegeln direkt vor der Haustür zu haben. Der Pazifik wird ja auch gern als der Stille Ozean bezeichnet. Diesen Namen hat er von erleichterten Seeleuten, die von diesem freundlichen Stück Wasser nach der Umrundung von Kap Hoorn begrüßt wurden. Freilich ist auch das trügerisch. Orkane und Hurricans waren hier nicht gerade eine Seltenheit und die Südseeinseln Ozeaniens bildeten nur die Spitze eines gewaltigen Unterwassergebirges, das immer für den ein oder anderen Strudel gut ist. Abgesehen davon konnte ich mich nicht beklagen. Der Ostaustral- und der Südäquatorialstrom, auf die ich für den ersten Teil der Reise aufsprang, flossen zwar genau entgegengesetzt zu meiner Fahrtrichtung, waren aber warme und sympathische Reisepartner. Unterstützt wurde ich bei meinem Ankämpfen gegen die Strömung von tropischen Passatwinden, die den Pazifik von Ost nach West – also mit mir gemeinsam - überquerten. Wir wurden schnell gute Freunde und ich spürte langsam den Enthusiasmus aufkeimen, den ich bisher vergeblich zwischen Proviant und Werkzeug gesucht hatte und bereits vergessen wähnte.

Mister T. war zuversichtlich, dass ich in den nächsten Wochen von Stürmen weitestgehend verschont bleiben würde. Diese Hoffnung im Hinterkopf wirkte zumindest befreiend, auch wenn ich nicht bereit war, dem Frieden gänzlich zu trauen. Mister T. wusste das. Und ich wusste von Mister T., dass Vorhersagen von mehr als ein paar Tagen immer nur auf Computerberechnungen beruhten und die konnten sich schnell auch mal irren.

Darüber nachzudenken, hatte ich allerdings so überhaupt keine Lust. Im Moment stand im Vordergrund, meinen Alltag an den des Meeres anzupassen. Im Allgemeinen wird die See zwar gern als unberechenbar bezeichnet – und ab einem gewissen Punkt stimme ich dem auch zu – aber bisher präsentierte sie sich von ihrer pünktlichen, voraussagbaren Seite: täglich um die Mittagszeit schaltete der Wind sich beinah ab.

Zu Beginn schob ich massive Panik, dass die Strömung mich in diesen Stunden unaufhaltsam wieder zurücktreiben würde, beriet mich darüber auch per Satellitenhandy mit Benny und Vater und betete täglich, der Wind möge endlich konstant wehen, am besten aus Achtern. Das hier sollte schließlich nicht zum Barfusssegeln verkommen, sondern in einem Weltrekord münden. Ich wollte Geschwindigkeit und da die Thetis in der Kategorie aufgrund ihrer geringen Größe enorme Defizite hatte und ich mich schon über sechs Knoten freuen konnte, brauchte ich Hilfe von hinten. Scheinbar hatte ich aber keine Stimme hier draußen. Ich hatte mich zu fügen. Schwer zu verstehen, für ein Einzelkind, als das ich geboren wurde.

Hier draußen gab es keinen Prinzessinnen-Status.

Aber all der Groll half ebenso wenig wie meine komödiantischen Versuche, selbst die Segel aufzupusten. Wenn ich mir gar nicht anders zu helfen wusste, an besonders flauen Tagen, holte ich den Anker raus, um mich auf Position zu halten. Ein gänzlich unsinniges Unterfangen, wo sollten die Flunken schließlich Halt finden?

Immerhin gelang es mir ab und an wenigstens die Segel gegen die leichte Brise so auszurichten, dass ich mit wenigstens ein, zwei Knoten dahinkroch. Nicht ganz einfach, wenn der scheinbare Wind von schräg vorn kommt und allein die Luftströmung im Segel den Vortrieb erzeugt. Ein Nervenspiel. Aber nicht zu ändern. Hätte ich zu jenem Zeitpunkt geahnt, wie sehr ich mich später noch nach Flauten sehnen würde – ich wäre den unabänderlichen Bedingungen sicher ganz anders begegnet.

Ich verlegte mich darauf, den Delfinen bei ihren Spielereien in meiner Bugwelle zuzuschauen und nahm das als gutes Zeichen. Die Thetis, wie alle Meeresnymphen, reitet auf so einem Tier durch die See. Die Mannschaft war sozusagen vereint und ich genoss all diese Symbolhaftigkeit und all den Pathos, der sich mir, dem kleinen Mädchen auf dem größten Meer der Welt, bot und stellte mir vor, wie mir die Delfine in ihrer lustigen Sprache Mut zusprachen und ihren Beistand versicherten.

War ich in weniger träumerischer Stimmung, nutzte ich die Zeit zum Angeln. Hochseeangeln war ein Hobby, dass ich bei meinen Vorbereitungen gezwungenermaßen mit auf den Weg bekommen hatte und dass mir nunmehr wirklich Spaß machte und mir zuverlässig die Zeit vertrieb. Ich holte die prächtigsten Thunfische aus dem Wasser und briet sie am Abend in herzhafter Soße an. Die Biester werden oft größer als zwei Meter. In dieser Gegend aber gibt es eine Art, den Langschwanz-Thun, den selbst ich ohne große Probleme aus dem Wasser holen kann.

Dazu gab es meist Nudeln. Nicht geeignet für einen Gourmetgaumen und kein Vergleich zu einem saftigen Burger, aber ich konnte ja nun auch nicht jedes Talent mit in die Wiege gelegt bekommen haben und meinen Ansprüchen genügten meine zaghaften Versuche vollkommen.

Überhaupt war das Segeln selbst noch die leichteste Übung an der ganzen Sache. Ich hatte mir ja nicht träumen lassen, was man alles beherrschen muss, nur um mal eben um die Welt zu segeln – auf was man alles vorbereitet sein muss, meine Herren! Dass man sein Schiff kennen muss, leuchtet wahrscheinlich jedem ein, ist ja auch logisch. Dennoch schwieriger als man gemeinhin annimmt. Ich war mit der naiven Erwartung an die Sache rangegangen, dass all das so kompliziert nicht sein konnte, schließlich war ich auf Yachten groß geworden. Ich kannte Tricks und Kniffe und auch die Theorie ziemlich genau. Alles, was mir zu schwer erschien oder aber war, hatte immer Papa erledigt. Der ließ sich allerdings nur zu gern bitten, sobald klar war, worauf ich mich eingelassen hatte. Was ja auch nur richtig war. Hier gab es schließlich auch niemanden mehr, den ich mit Dackelblick anschauen und um Rat fragen konnte. Hier musste ich alles alleine entscheiden und durchführen, ohne Wenn und Aber und in den allermeisten Fällen auch noch ohne lang darüber nachdenken zu können. Blitzschnell. Jeder Handgriff musste sitzen, wenn es ernst würde. Da war es nur von Vorteil, wenn man im Vorfeld die Gelegenheit genutzt hatte, sich mit jeder Schraube und jeder Schot persönlich bekannt gemacht zu haben.

Ehrlicherweise musste ich mir aber eingestehen, dass ich einen Dreck wusste. Über das Einhand-Segeln und mein Boot. Aber das würde sich, so hoffte ich wenigstens, mit der Zeit einstellen. Konfrontationen konnte ich ohnehin nicht aus dem Weg gehen. Und aus jeder Überstandenen würde ich erfahrener hervorgehen.

Das redete ich mir zumindest ein. Menschen sind so. Mir fiel ehrlich gesagt auch keine Antwort auf die Frage ein, wie ich mich besser hätte vorbereiten können. Gänzlich hätte ich auf Beistand geübter Segler und Schiffsbauer einfach nicht verzichten können. Einen neuen Anstrich aufzubringen, beispielsweise, wäre für einen allein eine wahre Monsteraufgabe gewesen.

Das ganze Boot musste abgeschliffen und neu lackiert, anschließend, abgesehen vom Unterwasserschiff penibel abgeklebt werden, damit auch ja nirgendwo sonst etwas von dem schwarzen Antifouling landete.

Was die Farbgebung des Überwasserschiffs anging, hatte mich für ein Apfelgrün entschieden, dass nicht nur rotzfrech und ziemlich abgebrüht wirkte, sondern mir auch die Farbmonotonie auf See erleichtern würde. Als Abgrenzung zu all dem Blau und den vereinzelten Sonnenuntergangsrottönen quasi. Sah im Übrigen spitze aus und vor allem sah man mich, meinte ich, auch schon von Weitem kommen. Ein psychologisch und organisatorisch ausgeklügeltes Farbkonzept.

Psychologie – auch so eine Sache, die ich nie im Leben berücksichtigt hätte, gäbe es nicht Leute, die sich um mein Seelenheil ängstigten. Zwei Tage auf See sind ja gewissermaßen ein Witz. Zwei Wochen überlebt man auch ganz gut ohne Aussetzer. Bei zwei Monaten wird es schon kritisch und wenn man sich darauf vorbereitet, beinah ein halbes Jahr auf dem Wasser zu verbringen, dann – auch das habe ich gelernt – sollte man sich durchaus einen Moment nehmen, sich zu fragen, was diese Zeit in dieser Umgebung für lustige Dinge mit dem eigenen Geist anzustellen weiß.

Ich hatte da ein paar ganz abgefahrene Termine mit einem Psychologen, der unter anderem auch für das Militär arbeitet.

Den Kontakt hatte Mister T. hergestellt – wer sonst? Eigentlich taten wir nicht viel mehr, als uns zu überlegen, was für Situationen auf mich zukommen würden. Schlafentzug, Hitze, Kälte – all so was. Ich malte mir die wunderlichsten Möglichkeiten dabei aus und inszenierte wahre Horrorsituationen, die mich mehr ängstigten, als dass mich diese Art der Vorbereitung beruhigte. Aber ein Zurück war zu diesem Zeitpunkt schon nicht mehr möglich und so war es wohl doch ganz sinnvoll, dass ich die Möglichkeit hatte, mir in aller Ruhe, zusammengekauert in einem riesigen, kuschelweichen Sessel, angemessene Notfallpläne für jedweden Zwischenfall bereit zu legen. Was der Doktor dabei über meine Persönlichkeit erfuhr, mochte ich mir gar nicht ausmalen. Immerhin riet er mir von meiner Überfahrt nicht ab. Ich war scheinbar noch nicht verrückt genug dafür.

Und der Weg zurück, wie gesagt, der war verbaut. Die Medien wussten von meinem Plan, die Marina sowieso und wir hatten auch schon ein paar Yachtausstatter als Sponsoren gewinnen können, die für ein Hirngespinst, das nie zur Vollendung reifen sollte, logischerweise nicht bereit waren, Geld auszugeben. Ich nutzte die Aufmerksamkeit, um Kontakte zu jenen zu knüpfen, die das ganze Spektakel schon hinter sich hatten und mich mit wertvollen Tipps einzudecken.

Ich wäre beispielsweise nie auf die Idee gekommen, mir Bücher einzupacken, obwohl es eigentlich auf der Hand lag. Die längste Flaute, die ich bis dahin erlebt hatte, dauerte zwei Tage und die hatte ich bevorzugt zum Sonnenbaden genutzt. Wie im Film, im Bikini auf dem Vorschiff, eingepackt in eine dicke Hülle blütenreiner Sonnencreme. Aber das wird ja mit der Zeit auch fad, viel zu heiß außerdem und streng genommen auch nicht auszuhalten.

Mentale Stärke allein ist zwar viel wert, aber – wie sagte Mister T. immer so schön?

„Ein gesunder Geist wohnt in einem gesunden Körper."

Training. So richtig derbe Muskelplackerei stand auch auf dem Programm. Ausdauer, Muskelaufbau. Chips waren tabu, stattdessen gab es jede Menge Fleisch und Gemüse. Wenige Kohlenhydrate. Ein paar Sünden natürlich auch, aber wenn ich niemandem davon erzählte waren die offiziell nicht passiert. Zeitweise gab es auch hier schlimme Durststrecken. Mein Körper weigerte sich konsequent, Muskelmasse aufzubauen und einige Ärzte rieten meinen Eltern davon ab, mich fahren zu lassen, weil sie der Meinung waren, ich wäre nicht kräftig genug für so einen Ausflug. Banausen! Wenn schon der Psychodoktor keine Bedenken anmeldete, hätte ich aus dieser Ecke am wenigsten mit Widerstand gerechnet.

Lauter Miesmacher überall: Zu klein, zu dünn, zu jung, zu naiv. Mir ging es schon lange sonst wo vorbei, wenn Menschen, die mich im Leben noch nie zuvor gesehen hatten, der Meinung waren, sie müssten über meinen Zustand urteilen. Und meine Eltern lernten auch recht schnell, solche Äußerungen beim einen Ohr hinein zu lassen und zum anderen ganz schnell wieder hinaus zu schicken. Ehrensache. Von irgendwoher mussten schließlich auch die aufmunternden Worte kommen.

Eigentlich war es total klasse, sich auf tausend Dinge gleichzeitig zu konzentrieren. Das bewahrte mich davor, mich zu sehr auf eine Sache zu fokussieren und die Welt drumherum gänzlich zu vergessen. Eine Lektion für's Leben, wenn man so mag. Wenn auch in meinem Fall in einem, noch recht eng abgegrenzten Rahmen. Aber theoretisch hatte ich's jetzt wenigstens drauf, mit der Themenvielfalt.

Leider, leider verleitete ein derart vollgestopfter Terminplaner auch ganz gern zu Nachlässigkeiten in jenen Disziplinen, die mir, das zeichnete sich schnell ab, nicht zum Ruhme gereichen würden. Aber wer kann sich schon guten Gewissens fehlerfrei schimpfen? Mit Fleiß konnte ich zwar nicht perfekt werden, aber ganz gut aufholen. Aber zum fleißig sein, brauchte es Motivation und ohne Spaß - ach, was red' ich drumherum: ich war und bin wohl bis an mein Ende ein ganz mieser Navigator.

Ich hatte da auch nie wirklich Freude dran. So gar nicht. Was ich prima drauf hatte, war, das GPS-Gerät anzuschalten und die Koordinaten auf der Seekarte einzutragen. So hatte ich das Navigieren auf der White Hope gelernt und so war ich auch unschlagbar darin.

Das Gemeine aber war, dass ich das nicht durfte. Beziehungsweise vielmehr nicht tun sollte.

Die Ausstattung der Thetis war ja nun einmal recht minimalistisch, was nicht nur hieß, dass es alles Überflüssige nicht mehr an Bord geschafft hatte, sondern dass alles, was zur Ausstattung gehörte, auch nur in geradezu geizig bemessenen Mengen vorhanden war.

Worauf ich anspiele, ist das in meinen Augen viel zu kleine Stromaggregat mit den noch viel winzigeren Solarpanels, das Papa mir bei der Planung zugestanden hatte. Und das musste nicht nur das GPS-Gerät mit Saft versorgen, sondern auch das Handy und den Laptop. Und nein, im Internet surfen war auch nicht drin. Nicht übermäßig jedenfalls und schon gar nicht zum Zeitvertreib. Das hätte wohl auch nur bedingt Freude bereitet. Vor diesem Monster von Computer fühlte man sich nicht nur optisch, sondern auch von der Geschwindigkeit der Datenübertragung her in die Steinzeit zurückversetzt.

Lange Rede, kurzer Sinn: Die Navigationsgeräte waren, laut Gerhards Anweisung, ich zitiere:

„... zwar für den täglichen Gebrauch bestimmt, dennoch würde es dir ein Armutszeugnis ausstellen, müsstest du häufiger als zur Mittagsstunde darauf zurückgreifen."

Gerhard hatte diese furchtbare Art, gestelzt daherzureden und Dinge wichtiger zu machen, als sie es eigentlich verdienten, wenigstens war das mein Eindruck und darauf bestand ich.

Nicht, dass er unrecht hatte, mit dem, was er sagte. Weiß Gott, von Navigation hatte er Ahnung und vom Segeln auch, ich fand es nur schlichtweg unfair, wenn er so tat, als wäre mein ganzer Plan zum Scheitern, oder – in dem Zusammenhang vielleicht wahrscheinlicher – Absaufen verurteilt, würde ich die blöde Elektronik auch nur ein einziges Mal zu oft gebrauchen.

Navigieren war meine Achillesferse und zu allem Überfluss musste ich genau die immer und immer wieder dem Einzigen aus dem Team zeigen, mit dem ich nie wirklich warmgeworden war. Gerhard war ein Freak. Waren wir alle. Aber Gerhard war der Schlimmste. Und ich will gar nicht übermäßig viel von ihm reden, weil ich ihm übelnehme, dass er mir diesen ganzen Navigationskram nie schmackhaft genug gemacht hat, um mich ernsthaft damit zu beschäftigen. Weil er auch kein anderes Thema hatte. Tagein, tagaus. Arbeit auf dem Flughafen als Lotse von acht bis sechzehn Uhr. Raus auf die Marina, die Kids unterrichten. Abends war ich dann dran. Und er machte keinen Hehl daraus, dass ich immer die Enttäuschung des Tages war.

Wann immer sich seine Haustür öffnete, fröstelte es mich. Die nächsten Stunden verbrachten wir über Karten, sprachen über vorherrschende Strömungen und Winde und über die hohe Kunst des Koppelns. Ausschließlich darüber. Nie stellte er mir Fragen zu meinem Boot, fragte nach Fortschritten auf der Werft oder auch nur nach meinem Befinden. Er wusste eine Menge, auch über mein Vorhaben, allerdings nicht von mir. Wahrscheinlich war sein Ansprechpartner für solche Fragen mein Papa und ich wurde das Gefühl nicht los, dass Gerhard ihm auch die Lorbeeren vor die Füße werfen würde, sollte meine Reise ein frohes Ende nehmen. Umgekehrt freilich, wäre ich dafür verantwortlich, wenn die Thetis auf Grund liefe.

Es war ungerecht von mir, ihn jetzt dafür an den Pranger zu stellen, ich weiß. Eigentlich machte ich auch ihm weniger einen Vorwurf als mir. Ich tat halt lieber Sachen mit meinen Händen als mich mit grauer Theorie zu beschäftigen. Die war für's Navigieren aber nun einmal unabdingbar. Wahrscheinlich stand die ganze Sache von vornherein unter keinem günstigen Stern. Meine fehlende Ernsthaftigkeit tat da ihr übriges. Und völlig gleich ob ich oder Gerhard hier der Übeltäter war, ich klatschte nie in die Hände, wenn wir uns sahen.

Aber jetzt war ich es, auf die man mit dem Finger zeigen konnte. Nicht Gerhard würde sich dem Spott all jener aussetzen müssen, die es ja von vornherein orakelt hatten, wenn ich scheiterte. Und ich hatte mir all diese Arbeit nicht für ihn gemacht.

Es führte kein Weg daran vorbei – ich musste mit dem Schmollen aufhören und mich verbessern. Hier draußen. Und üben.

Behauptet ja niemand, dass man fertig ausgebildet sein muss und nicht auch auf dem Wasser noch etwas dazulernen kann.

Und soweit ich das überblickte, schien das mit dem Koppeln größtenteils auch ganz gut zu klappen. Ein paar Grad Abweichung hier und da. Aber das würde ich auch noch in den Griff bekommen. Ich hatte ja eben erst angefangen.

Und da es ja Leute geben soll, die sich auch für harte Fakten interessieren, hier die Eckdaten:

Tag acht meiner Reise.

Zurückgelegte Strecke: siebenhundertvierundneunzig Seemeilen. Durchschnittsgeschwindigkeit demnach: 4,7 Knoten. War jetzt nicht die Welt. Aber die kleine, dicke Thetis brachte nun einmal keine Geschwindigkeiten, die den Kollegen aus aller Welt das Neidgrün ins Gesicht treibt. Für den stillen Ozean und den Anfang fand ich es ganz ordentlich. Ich trieb mich inzwischen ziemlich genau zwischen Neuseeland und Neukaledonien herum. Also nicht mehr in heimischen Gewässern. Mein Abenteuer hatte offiziell begonnen.

41

Einen Lebenstag gutgemacht – über die Datumsgrenze
Woche 2

Der zweiundzwanzigste Tag meiner Reise. Ich befuhr nach wie vor den Pazifik, hatte aber erstmals an einem Tag mehr als einhundertzehn Seemeilen zurückgelegt. Und das Beste daran war: Ich hatte in der Zwischenzeit den hundertachtzigsten Längengrad passiert.

Hier verläuft die Datumsgrenze und da ich mich bekanntermaßen in östliche Richtung fortbewegte hieß das, ich hatte soeben einen ganzen Tag geschenkt bekommen.

Wobei das, soviel Spaß es auch macht, sich genau das einzureden, natürlich nicht ganz stimmte.

Zunächst einmal war ich natürlich trotz alledem einen Tag älter geworden – rein biologisch betrachtet, meine ich. Meine Entschuldigung für all jene, die mich bereits als Entdecker des Jungsbrunnens wähnten.

Und zum anderen tauchte dieses Großereignis gerade einmal als Randnotiz in meinem Logbuch auf – für den, der nicht schon bei meinen Positionsaufzeichnungen darauf gekommen war, wo ich mich hier gerade befand.

Logbucheinträge nämlich, wie überhaupt alles, was mit der Koordination an Bord zu tun hat, orientierten sich samt und sonders an der Greenwich-Zeit.

Greenwich ist ein Stadtteil Londons, durch den just der Nullmeridian führt, der als Maßstab für eine, überall auf der Welt geltende Zeitrechnung herhalten musste.

Den Grund dafür kann man sich recht leicht vorstellen: Allein schon die für die Navigation nötigen Berechnungen ließen sich nicht vornehmen, würde man sich immer nur auf den Höchststand der Sonne um die Mittagszeit verlassen.

Da die Erde um die Sonne wandert, sich dabei dreht und folglich immer nur der Teil der Erde beleuchtet wird, der der Sonne in just diesem Moment zugewandt ist, ergäben sich enorme Probleme für jemanden wie mich, der sich aufmacht, mindestens einmal jede Zeitzone zu durchqueren.

Der Stand der Sonne ist seit jeher ein elementarer Faktor in der Navigation. Und dass ich gerade wie Gerhard klang, ließ sich gar nicht vermeiden, zeigte aber wenigstens, dass ich ein klein wenig verstanden hatte, von dem, was er mir so beizubringen versucht hat.

Wenn die Sonne in Greenwich um zwölf Uhr mittags am höchsten stand, war es für mich an der Zeit, das GPS-Gerät anzuknipsen und meine exakte Position im Logbuch zu vermerken.

Diese Angabe war dann für die folgenden vierundzwanzig Stunden der einzige genaue Anhaltspunkt, den ich für meine Navigation auf der hohen Kante hatte. Alles Weitere war Spekulation und Beobachtung. Schlimm genug, welche Verantwortung auf meinen leidlich wachen Augen lastete.

So einfach wie mit meinem treuen, grauen Plastekasten war die Navigation den restlichen Teil des Tages über nämlich ganz und gar nicht. Aber es sollte ja schließlich wenigstens ein bisschen Abenteuer dabei sein und ein Hauch Risiko.

Den restlichen Tag über nämlich, kam ich in den Genuss des Koppelns. Aus rein energiesparenden Gründen. Zurück zu den Ursprüngen quasi. Ohne Strom, ohne Hilfe. Mit simplen Mitteln.

Oberstes Gebot beim Koppeln war die Genauigkeit. Ich brauchte dafür die exakte Geschwindigkeit, die ich in der vorangegangen Stunde gefahren war, die exakte Uhrzeit und – hier kam mein GPS-Gerät wieder ins Spiel – den genauen letzten Standpunkt. Außerdem musste ich wissen, aus welcher Richtung der Wind gekommen war, welchen Kurs ich fuhr und wie sich die Strömungen verhielten.

Aus all diesen, für sich schon schwer zu ermittelnden Faktoren, hatte ich dann die ehrenvolle Aufgabe, meinen momentanen Standpunkt zu ermitteln. Ganz ohne Fallstrick und doppelten Boden. Und einmal mehr natürlich möglichst exakt.

Diesen angenommenen Standpunkt wiederum trug ich dann in die Seekarte ein und dieses kleine Kreuz diente in der nachfolgenden Stunde schließlich als Ausgangspunkt für weitere Berechnungen – exakt oder nicht.

Erlaubte Hilfsmittel? Fast keine!

Meine eigenen Beobachtungen und eine Uhr.

Je weniger aufmerksam ich die herrschenden Verhältnisse studierte, desto weniger genau wurde die Standortbestimmung. Logisch.

In Anbetracht der Tatsache aber, dass dieses Studieren, Beobachten und Berechnen bei einer kompletten Segelcrew die einzige Aufgabe eines eigens dafür mitgenommenen Mannes ist und ich das als Einhandseglerin neben dem ganzen sonstigen Tagesgeschäft, welches auch nicht unbedingt nur aus Faulenzen bestand, irgendwie nebenbei mit erledigen musste, ließ meine Genauigkeit natürlich anzweifeln. Nicht, dass ich das irgendjemandem gegenüber eingestanden hätte.

Machen wir es kurz: Dem einzigen Faktor, dem ich bei jedem Koppelvorgang mein vollstes Vertrauen schenkte, war der Wert des Schiffschronometers.

Das hatte schon seit längerem seine Daseinsberechtigung auf so ziemlich jedem Segelschiff dieser Welt erfolgreich gegen Wind und Wetter behauptet und war nach all den Jahren für gut befunden worden. Während ich – nun ja – mich gerade einmal mit meinen Kenntnissen auf Jungfernfahrt befand. Auf die Erfindung dieser genau gehenden Uhr war im 18. Jahrhundert sogar ein Preis der britischen Krone ausgelobt gewesen. Weil sich immer wieder Flotten bei Manövern im Kurs irrten und sanken.

Wegen zu ungenau gehender Uhren, die die Bestimmung der geographischen Länge an Bord zu einem Glücksspiel machten, zig Schiffe und ein Vielfaches mehr Männer zu verlieren, kann sich eben selbst ein Königreich nicht auf Dauer leisten.

John Harrison, der sich das Uhrenbauen groteskerweise auch noch selbst beigebracht hatte, gewann den Entwicklungswettkampf. Aber erst, nachdem er zwanzig Jahre dafür gebraucht hatte, bis das Ding so lief, wie er es sich vorstellte. Und eine Menge Feinde machte er sich auch. Insbesondere die Astronomen waren der Meinung, die Lösung für das Problem wäre eines, das mit Hilfe der Sterne zu lösen sei.

Aber die Astronomen hatten schließlich schon ihre kugelförmige Welt durchgesetzt und John Harrison ein beeindruckendes Gerätchen gebaut, für dass man schon mal eine Zahl für den Geschichtsunterricht reservieren konnte.

Eine Uhr, die Stöße und Temperaturschwankungen ausgleichen kann und auf der ersten einundachtzigtägigen Testfahrt gerade mal eine Abweichung von ein paar Sekunden anzeigte. Das ist schon eine Leistung.

Und mit genau diesem Wunder an Präzision konnte man schließlich aus der Differenz der Greenwich-Zeit und der Ortszeit den Längengrad bestimmen.

Beim Breitengrad ist das übrigens ganz ähnlich, aber viel einfacher. Wenn es in London zwölf Uhr mittags ist, nimmt man sich einen Winkelmesser, misst den Abstand der Sonne zum Horizont und rechnet die ganze Chose aus. Fertig.

Gerhard wäre jetzt sicher sehr, sehr stolz auf mich. Ich übernehme das ausnahmsweise einmal stellvertretend für ihn.

Wenn ich mir die Grundzüge der Seenavigation selber erklärte, klang das alles sehr viel logischer, als wenn er das tat.

Ähnlich ausschweifend wie er bin ich am Ende aber dabei auch.

Was ich eigentlich einmal ganz grundlegend gezeigt haben

wollte ist eigentlich, dass die Überquerung der Datumsgrenze ein recht schmales Erfolgserlebnis mit nur wenig Unterhaltungswert war. Eigentlich schade.

Aber ich war auch gerade einmal etwas mehr als zwei Wochen unterwegs. Dass ich jetzt überhaupt schon Erfolgserlebnisse zu vermelden hatte, war allein schon wunderlich. Und ein klein wenig erfreulich natürlich auch.

Was blieb übrig?

Datumsgrenze erfolgreich überquert, 1778 Seemeilen sehr zufriedenstellend zurückgelegt, ein bisschen mehr als zwanzigtausend noch vor mir. Mindestens. Damit verbunden dann auch sehr wahrscheinlich noch das ein oder andere Abenteuer, das die Datumsgrenze in seinem Spannungswert toppen kann.

Ich freute mich drauf!

Kurs auf den Äquator – Woche 3

Macht es mich unsympathisch, wenn ich über jenes Elend meckerte, in dass ich mich doch aus eigenen Stücken und gewissermaßen im Alleingang manövriert habe? Oder gehörte ein wenig Unmut gar dazu?

Hier die Fakten: Ich konnte letzte Woche ein bisschen an Geschwindigkeit zulegen. Die meiste Zeit über fuhr ich Kurse mit halbem Wind oder sogar Vorwindkurse, was mir das ewige Kreuzen und damit eine Menge Weg ersparte. Zwei Sonnenhüte büßte ich bei meinem Flug über die Wellenberge ein. Fast neunhundert weitere Seemeilen die schließlich hinter mir lagen waren das allerdings wert. Ein bisschen Schwund war immer und wenn ich eines zur Genüge besaß, dann waren das Sonnenhüte, die ich fortan übrigens unter dem Kinn mit einer Schnur zusammenband. Trés chic. Bis auf die Delfine, die munter in der Bugwelle herumtollten, dürfte das auf dem offenen Meer allerdings niemanden interessieren und allein das machte diese Reise schon wahnsinnig entspannend.

Kurzum: Ein tolles Gefühl im ganzen Leib zu spüren, wie das, worauf man so lange hingearbeitet hatte, wahr wurde, vorankam und zu etwas Großem heranwuchs.

In der darauffolgenden Woche war von Vorankommen allerdings keine Rede mehr. Volle vier Tage lang kam ich in den Genuss einer vollständigen Flaute. Kein Lüftlein regte sich und die Wasseroberfläche sah aus wie ein blank gebohnertes Silbertablett. Hin und wieder sprang irgendwo ein Fisch in die Höhe. Ein ungeheurer Frieden überzog den Horizont von einem Ende zum anderen. Fast schien es, als hätte die Welt für einen Moment innegehalten um einfach nur zu sein. Schön zu sein. Sich an sich selbst zu erfreuen. Mit farbgewaltigen Sonnenuntergängen, strahlenden Blautönen, zarten Geräuschen. Hier ein leises Plätschern, dort ein winziger Lufthauch. Sonst nichts.

Mich machte diese Idylle wahnsinnig.

Drei Wochen waren auf See keine Zeit, nach der man sich nach einer Flaute sehnte. Noch war ich frisch und voller Tatendrang. Ich wollte Entfernungen zurücklegen und nicht still sitzen. Nicht gezwungen werden still zu sitzen.

Ich wuselte umher und versuchte, die Zeit für Notwendigkeiten zu nutzen, die es nicht gab. Ich tauchte am Kiel umher und schrubbte und scheuerte daran herum, bis er blitzblank poliert war. Ich kletterte den Mast hinauf, besah mir die Thetis aus jeder nur denkbaren Perspektive und stellte fest, dass wir ganze Arbeit geleistet hatten.

Keine Reparaturen, keine Ausbesserungsarbeiten, nicht einmal Schönheitsfehler konnte ich finden. Mir war fad. Fad genug, um mit Eimer und Lappen bewaffnet die komplette Kajüte auf Vordermann zu bringen. Fad genug, um mich Gerhards

Navigationslektüre anzunehmen und fad genug, um Fische zu angeln, die ich anschließend wieder ins Meer zurückwarf. Ein kurzer Kampf, ein schnelles Hallo, ein Abschied ohne Wehmut. Nichts kann belastender sein, als in seinem Enthusiasmus jäh gestoppt zu werden. Man rackert und schuftet, bemüht sich alles richtig zu machen und wird am Ende doch nicht belohnt. Äußeren Widerständen hilflos ausgesetzt hatte ich kaum eine andere Wahl als das Beste daraus zu machen, den Ärger zu unterdrücken, auf Änderung zu hoffen – ach, was rede ich? Das war einfach Mist. Ein unglücklicher Zufall. Und ich die Leidtragende. Ganz großes Kino. Ich war hier und blieb hier und saß hier fest. Wobei hier ein ziemlich begrenztes Areal markiert. Hier. Ich. Himmel, Arsch und Zwirn!

Ich versuchte, so viel Schlaf wie möglich nachzuholen. Konnte ich am Horizont oder auf dem Radar keine anderen Schiffe erkennen, kroch ich für dreißig Minuten in die Koje, sofern es dort nicht zu warm war. Dann wieder hoch an Deck, erneut die Lage peilen, Wecker stellen, schlafen, zwischendurch in ein paar Büchern schmökern, die ich mir vorsorglich eingepackt hatte. Aber wirklich richtig fühlte sich all das nicht an.

Langeweile war ein Zustand, den ich eigentlich nur vom Hörensagen kannte und mit dem ich hier, ganz ehrlich, nie im Leben gerechnet hatte.

Gerade in letzter Zeit war ich es gewohnt, stetig in Bewegung zu bleiben. Schule am Vormittag, die Arbeit an der Thetis vom Nachmittag bis zum Abend. Schulaufgaben, Treffen mit Freunden, wann immer sich die Gelegenheit ergab. Bootshows, Organisatorisches, Treffen mit Sponsoren und dieser ganze offizielle Klimbim an den Wochenenden. Und eigentlich hatte ich mich darauf gefreut, all das, den nervigen Part wenigstens, für die Zeit auf See hinter mir zu lassen. Hatte mir ausgemalt, wie ich abends an Deck sitzen und Sonnenuntergänge beobachten würde.

Dabei die Gedanken schweifen ließ. Mit dem gewissen Abstand vielleicht vieles, was ich erlebt hatte, anders zu sehen lernen würde. Aber all das war hier so weit weg. So unbedeutend auch, dass ich die Mußezeit nicht zu nutzen wusste.

Gut fühlte ich mich, wenn es etwas zu tun gab, was zu meinem Gelingen beitragen konnte: Geräte warten, Segel setzen, herausfinden, wie ich noch zügiger vorankommen konnte. Hier und da einen Bruchteil eines Knotens mehr an Geschwindigkeit herausholen. Experimentieren, dazulernen. Die See, den Wind beobachten und meine eigenen Schlüsse daraus ziehen ohne dass jemand mir die Lösung vorgab. Dieser Stillstand. Das süße Nichtstun – so sehr ich das in den letzten Monaten hin und wieder vermisst hatte, das bereitete mir keine Freude. Ich war zum Arbeitstier geworden. Wer hätte das gedacht?

Da sich wenigstens mein Solarpanel keine Auszeit gönnte und emsig Sonnenstrahlen nachjagte, kam ich nicht umhin, mich ab und zu vor den Computer zu setzen und meine E-Mails durchzuschauen. Ungeduldig wartete ich auf die Nachricht, dass der Wind in den nächsten Tagen wieder an Kraft zulegen würde und zu sehr interessierten mich die Neuigkeiten aus Kerikeri. Besonders Mala versüßte mir die Wartezeit mit allerlei Klatsch und Tratsch.

Benny steckte mir, dass Gerhard seine Verwunderung darüber, dass meine Positionsbestimmungen sich in den Tagen seit meiner Abreise immer mehr verbesserten, nur schlecht verbergen konnte, dass er sogar überall stolz herum erzählte, dass er derjenige gewesen war, der dem absolut untalentierten Mädchen unter Einsatz all seiner pädagogischen Fähigkeiten das Navigieren beigebracht hatte. Wir flachsten über seine Einfältigkeit herum. Benny konnte ihn auch nicht ausstehen. Mich machte Gerhards gönnerhaftes Daherreden insgeheim dennoch wütend. Wahrscheinlich wäre es zu harsch formuliert, wenn ich behauptete, er schmückte sich mit fremden Lorbeeren. Andererseits fand ich es übertrieben, dass einer meiner größten Kritiker sich plötzlich als mein stolzer Ziehvater präsentierte. Erst ab dem Moment, wohlgemerkt, an dem sich herauskristallisierte, dass das hier doch nicht der prophezeite totale Reinfall werden würde. Aber beurteilen konnte ich das von hier aus ohnehin nicht. Ändern auch nicht. Wenn er sich wenigstens in all der Zeit einmal bei mir gemeldet hätte!

Nicht nur mein Geist war unterfordert in diesen stillen Tagen. Meine Sinnesorgane waren es auch. Ich sah, hörte und schmeckte alle möglichen Unmöglichkeiten.

Ganz hinten am Horizont, wo das Auge nicht mehr mit Gewissheit zwischen Himmel und Meer zu unterscheiden weiß, verblutete die Sonne.

Diese Gewissheit des Auges übrigens, dieses von Geburt an gegebene Vertrauen in die Echtheit dessen, was man zu sehen glaubt, verliert man nach kurzer Zeit auf See.

Ich fand das faszinierend. Ganz von allein und ohne, dass mir diesen Kniff jemand beigebracht hätte, hatte ich begonnen, allein meinen Instinkten zu vertrauen. Ich lernte, dass ein Sturm allemal eine Option war, wenn der Luftdruck auffallend schnell sank und begann damit, das Schiff sturmsicher zu machen, obwohl die strahlende Sonne ihren vermeintlichen Hohn darüber nur mühsam verbergen konnte.

Ich schenkte meinem alter ego keine Beachtung mehr, ganz gleich, wie sehr es um deine Aufmerksamkeit rang, neben mir stand, mir den Vogel zeigte und sagte:

„Schau doch mal bitte genau hin! Jeder normale Mensch würde sich bei einem solchen Wetter mit einem Eis und genügend Sonnencreme auf eine Liege legen und sich braun brutzeln lassen!"

Und erst recht glaubte ich nicht mehr an die Tonne, die mir in allerhöchstens drei Meilen das Fahrwasser anzeigte. Dann nämlich begann ich unwillkürlich zu glauben, ich wäre in der Nähe von Menschen, würde jeden Moment Stimmen hören und war, enttäuscht, wenn eine Welle diese hoffnungsfrohe Fata Morgana einfach mit sich trug.

Erinnerungen wurden wach an das Lachen und Rufen auf der Farewell-Party und ich ärgerte mich, dass ich mich damals, vor einer gefühlten halben Ewigkeit mit negativen Gedanken herumgeschlagen hatte, anstatt all die Gesellschaft zu genießen nach der ich mich mittlerweile so sehr sehnte.

Nicht einmal der Gedanke daran, dass mein Abenteuer nach nicht einmal einer Woche beendet wäre, begäbe ich mich jetzt schon in die Gesellschaft von Menschen, konnte mich ablenken. Angelegt. Regeln gebrochen. Aus. Ende. Auf Wiedersehen, Weltrekord. Aber immerhin wieder Gesellschaft. Ich vermisste die Menschen.

Solche Fehler des Auges waren es, die mich am Anfang mürbe zu machen versuchten, die mir im sprichwörtlichen Sinne des Wortes all das zeigten, was mir fehlte – jetzt schon.

Strenggenommen lagen all meine Sinnesorgane solchen Trugschlüssen auf. Ich hörte Musik und dann das Klingeln von Telefonen. Und Vögel, jede Menge Vogelgezwitscher!

Ich roch, mein Gott, was nicht alles! Grillhähnchen, Straßenstaub nach einem Sommerregen, frisch aufgeschnittene Äpfel. Ganz besonders oft erinnerte ich mich daran, wie Simon gerochen hatte, als er sich von mir verabschiedete. Ich bekam diesen Duft nicht aus meiner Nase und nahm es meinen Sinnen übcl, dass sie sich auf derart anstrengende Weise mit meiner Fantasie verbrüderten.

Gründe, um mir und der Welt glaubhaft zu machen, dass ich langsam verrückt wurde, hatte ich genug vorzuweisen.

Warum hatte nicht ein Mensch den Mumm gehabt, mich dezent darauf hinzuweisen, dass das hier nicht nur ein Kampf gegen die

Natur werden würde, sondern auch einer gegen mich selbst?
Und noch etwas: Ich will, verdammt noch mal, Grillhähnchen!

Mister T. beruhigte mich. Er schickte mir eine lange Nachricht, in der er mich noch einmal darauf hinwies, dass mein Abenteuer, neben all den körperlichen Strapazen, die es mit sich brachte und auf die ich vorbereitet war, auch mentale Probleme mit sich bringen würde.

„Das Problem, mein liebes Blümchen, ist, dass du Stress nur als Resultat von Überforderung kennst. Du wirst das vielleicht ungern hören, aber du bist kein Fisch, der versehentlich an Land aufgewachsen ist. Du bist ein Kind der Zivilisation und an sie gewöhnt. Dein Unterbewusstsein ist normalerweise den ganzen Tag damit beschäftigt, wichtige von unwichtigen Informationen zu unterscheiden, ohne dass du es merkst. Und plötzlich findest du dich in einer Flaute wieder. Es ist still, es ist monoton, es ist nichts von alledem, was du kennst. Das unterfordert dich und vor allem stresst es dich und dagegen musst du ankämpfen.
Du musst versuchen, deine gewohnte Umgebung nachzuahmen. Sing so laut du kannst dein Lieblingslied. Nimm dir einen Kochtopf und einen Löffel und erfinde einen Rhythmus. Bald ist Weihnachten. Stell dir vor, wie der Baum im Haus deiner Eltern aussieht, wie er geschmückt ist. Versuche, alle deine Sinne irgendwie auf Trab zu halten und deine Halluzinationen werden verschwinden. Spätestens, wenn der Wind wieder auffrischt, wirst du ganz andere Probleme bekommen, also nutze die Zeit, um Unfug zu machen, hörst du?"
Tatsache! In etwas mehr als einem Monat war Weihnachten. Und ich sollte auf Töpfen herumtrommeln. Beschäftigungstherapie. Aber was Mister T. da schrieb, klang einigermaßen plausibel und ich war ja ohnehin zum Nichtstun verdonnert.
Ich tat, wie geraten und fand tatsächlich Gefallen am improvisierten

Musizieren. Allein die bunten Bilder, die ich in meinem Kopf malte, stimmten mich zunehmend traurig. An die einsamen Festtage, die mir bevorstanden, erlaubte ich mir nicht zu denken. Stattdessen ließ ich Erinnerungen aufleben: die bunten Lampions, mit denen Mala und Itchy den Garten meiner Eltern geschmückt hatten und die unseren intimen, leisen Abschied in schwaches Licht getaucht hatten, während das Lachen und Rufen der Möwen die Sommernacht zerschnitten hatte. Mister T.s moosgrüner Pullover, der langsam am Horizont verschwand und sich mit den Farben der Umgebung zu einem Einheitsbrei vermischt hatte, Mamas strohblondes Haar, das wüst in der Gegend umherflog, weil sie nicht die Zeit fand, zum Friseur zu gehen. Der Geruch von Simons Haar, als er mich wortlos in den Arm genommen hatte, Tage vor meiner Abreise, und mich dann hatte gehen lassen, ohne sich noch einmal zu zeigen.

Meine Einbildungen verschwanden tatsächlich, machten aber einem ernsthaften Heimweh Platz. Banale Erlebnisse verkamen in meinen Gedanken zu imposanten Momenten, die, wenigstens war ich mir dessen bewusst, in Wirklichkeit nie jene monumentale Tragweite erreicht hatten, mit der sie sich mir jetzt präsentierten.

Aber witzigerweise erscheinen kleine und große Alltäglichkeiten im Nachgang betrachtet ja immer viel bedeutungsschwangerer als in ihren eigentlichen Zusammenhängen. Man betrachtet sie dann irgendwie in einem anderen Kontext, losgelöst von ihren Begleiterscheinungen. Man erinnert sich nur an den Ausblick, den man genossen hat, nicht an den schweren Aufstieg, der diese Aussicht erst möglich machte. Und wahrscheinlich werde auch ich mich, ist dieses Prozedere hier eines Tages Geschichte – gleichfalls Erinnerung also - in erster Linie an die schönen Momente erinnern: an das erwartungsvolle Gefühl als ich die Thetis aus dem heimischen Hafen lotste, an die Freude, die mich bei jedem kraftvollen Windstoß in meinem Rücken überkam, an die schweren Situationen, die ich gemeistert hatte, um mich anschließend unbesiegbar zu fühlen. Eine Vielzahl solcher Momente lag zu diesem Zeitpunkt noch vor mir. Und sie waren es wert, erfahren zu werden. Heimweh hin oder her.

Ich würde eines Tages nicht von Trübsal berichten und nicht von unerträglicher Langeweile bei Flauten. Und vielleicht ist das auch wichtig. Vielleicht musste ich lernen, solche Momente zu ertragen und sie dann irgendwo in meinen Erinnerungen vergraben, um sie wieder hervorzuholen, wenn ich Probleme zu meistern habe. Um mir bewusst zu machen, dass ich schon ganz andere Hürden genommen habe.

Solche Erinnerungen sind wahrscheinlich dafür angelegt, nur in jenen Situationen ins Bewusstsein geholt zu werden, wenn sie helfen können. Um uns ein verträumtes Lächeln ins Gesicht zu zaubern, brauchen wir die verklärten Ereignisse vergangener Tage, die wir so oder ähnlich wieder erleben wollen und die uns dazu animieren, immer weiter zu machen, egal wie kompliziert sich der aktuelle Moment präsentiert.

Kurz vor dem Äquator – Woche 5

Endlich, endlich war es soweit. Das erste große Ziel meiner Reise, der Äquator lag direkt vor meiner Nase. Ich befand mich aktuell auf etwa zwei Grad südlicher Breite und 167 Grad westlicher Länge. Wenn meine Berechnungen stimmten, wäre ich noch etwa 155 Seemeilen vom Nullmeridian entfernt und das wiederum hieß, wenn ich weiterhin einigermaßen gut vorankomme, konnte ich am Folgetag in die nördliche Hemisphäre überfahren. Ein tolles Gefühl, wenngleich mir dabei ein klein wenig mulmig wurde. So ganz allein auf die andere Seite der Erde zu schippern mutete schon recht abenteuerlich an.

Benny freute sich natürlich schon jetzt wie ein kleines Kind und hatte mir im Namen Neptuns, des Meeresgottes, schon die ersten Instruktionen für meine Äquatortaufe zukommen lassen:

Betreff: erstmalige Einreise eines seefahrenden Weibes in die Breiten der nördlichen Hemisphäre

Im Namen Neptuns, seiner königlichen Majestät, des Herrschers über alle Meere, Seen, Teiche, Tümpel und Abwasserpfützen, tue ich folgendes kund:

Unsere stets anwesenden und wachsamen Späher verkündeten uns das stetige Näherkommen eines gar mutigen Seefahrerweibes, welches schon lange unterwegs und mit Schmutz der südlichen Hemisphäre reichlich ausgestattet sei. Unter diesen Umständen betrachten wir eine Aufnahme in die geweihte nördliche Hemisphäre als nicht möglich.

Sollte sich das Weib jedoch bereit erklären, sich nach Brauch und Ritus, wie es die Überlieferung verlangt, für die Nordhalbkugel salonfähig zu machen, so wäre es uns eine Freude, sie in diesem Teil der Welt auf's Herzlichste willkommen zu heißen und ihr alle nur denkbare Unterstützung zu versichern.

Dem Umstand geschuldet, dass sie sich allein auf weitem Wasser befindet und auf nichts als ihre eigene Kraft zurückgreifen kann, um ihr treues Schiff sicher zu lenken, verzichten wir darauf, das Mädchen bis zur Ankunft des Meeresgottes einzukerkern.

Mit dem besten Wünschen für eine schnelle und gute Reise und ein baldiges Wiedersehen in unseren Gewässern verbleiben wir

Neptun

Herrscher aus der Tiefsee, im Namen seines ergebenen Vasallen Benny

Keine Frage! Diese Nachricht machte mich noch viel hibbeliger. Ich konnte ahnen, dass Benny es dabei nicht belassen würde. Solche Dinge wurmten ihn ungemein: ein großer Moment und er konnte daran nicht teilhaben. So etwas ließ er nicht auf sich sitzen.

Und so beschloss auch ich, meine erste Äquatorüberquerung angemessen zu zelebrieren. Mit Logbuch, Stift und Taschenrechner bewaffnet hockte ich mich an Deck und begann zu überlegen, was ich alles bis zum nächsten Tag zu erledigen hatte.

Seit meiner Abreise hatte ich es mir angewöhnt, das Süßwasser, bevor ich es verbrauchte, in einen Messbecher zu füllen und die Menge am Ende des Tages zusammenzurechnen und mir zu notieren.

Ich hatte zwei fünfhundert Liter Tanks an Bord und verbrauchte pro Tag etwa vier davon. Das variierte natürlich.

Den größten Verbrauch hatte ich bei Trinkwasser, obwohl ich auch das stark rationierte. Maximal zweieinhalb Liter verbrauchte ich täglich um meinen Durst zu löschen oder um etwas zu essen zu kochen. Diese Menge benötigte ich auch dringend um mich vor dem Dehydrieren zu schützen. In diesen Breiten war selbst das schon fast zu wenig.

Was die Produktion von dreckigem Geschirr anging, versuchte ich mich, soweit es ging, einzuschränken. Nie verbrauchte ich mehr als eine Tasse und einen Teller am Tag. Meist wischte ich die Sachen direkt nach dem Essen mit einem feuchten Lappen aus. Mit den Töpfen verhielt es sich ähnlich. So konnten die Essensreste nicht eintrocknen und ließen sich ohne großen Aufwand wieder entfernen. War das nicht möglich, sammelte ich den Abwasch über mehrere Tage und erhitzte, sobald ich die Zeit fand einen Liter Wasser, um wieder klar Schiff zu machen. Wollte ich mich waschen sprang ich meist in den Ozean. Hier war das glücklicherweise noch kein Problem. Die Sonne brutzelte auf mich und die See herab und beide gerieten wir dabei ordentlich ins Schwitzen. Bei der enormen Luftfeuchtigkeit und den hochsommerlichen Temperaturen war es eine willkommene Erfrischung, wenn ich mich kurz im Meer abkühlen konnte. Das Salz trocknete meine Haut aus und auch meine Haare wurden spröde, aber das war zweitrangig. Die Sonnencreme, die ich ohnehin verwenden musste, um nicht gänzlich zu verbrennen, versorgte meine Haut mit ausreichend Feuchtigkeit und schaffte wenigstens diesem Problem Abhilfe. Was meine Haare anging – was soll ich sagen? Die waren mir noch nie so egal gewesen wie in den letzten Wochen.

Was die Körperhygiene anging, war ich also weitestgehend versorgt. Das heißt, noch war ich versorgt.

Den Luxus einer unendlich großen Badewanne, die von einem Horizont zum anderen reichte, würde ich einbüßen, sobald ich wieder Kurs gen Süden nahm und sich damit nicht nur die Umgebung spürbar abkühlen würde.

Aber daran wollte ich noch nicht denken und ausgehend von meinem momentanen Verbrauch berechnete ich nun, dass ich wenigstens acht Monate würde an Bord bleiben können, ohne verdursten zu müssen. Das wollte ich aber gar nicht.

Sechs Monate hatte ich für dieses Abenteuer eingeplant und da jedes Kilo weniger die Thetis einen Ticken schneller werden ließ, beschloss ich, einerseits zugunsten meiner Geschwindigkeit, andererseits aus gegebenem Anlass, mir eine Zehn-Liter-Süßwasser-Dusche zu gönnen, um Neptun zufrieden zu stellen.

Selbst in der Nacht war es auf dem Pazifik noch empfindlich warm. Tagsüber speicherte das Wasser Wärme sehr viel besser, als Landflächen das für gewöhnlich tun und nachts gab es diese nur sehr widerwillig wieder ab.

Nichtsdestotrotz tänzelte ich nach Einbruch der Dunkelheit

aufgeregt unter Deck und setzte einen großen Topf voller Wasser auf dem Herd auf. Trotz all der Vorfreude überkam mich dabei ein schlechtes Gewissen. In einer Tour würde ich diese Masse an Wasser nicht erwärmen können und je länger ich für dieses Prozedere brauchte, desto mehr Energie würde ich auch verbraten – und das für eine Dusche.

Zerknirscht machte mein Übermut meiner Vernunft Platz und ich gab mich mit nicht einmal der Hälfte der veranschlagten Ration Süßwasser zufrieden, die ich in eine große Gießkanne fühlte und an Deck hievte. Dort befestigte ich sie am Großmast und schon bald stand ich splitterfasernackt mitten im Atlantik und genoss die erste, echte Dusche nach sechs Wochen.

Ein eigenartiges Gefühl, wenn eigentliche Alltäglichkeiten plötzlich zu etwas ganz Besonderem werden, das mit ganzer Aufmerksamkeit wahrgenommen, ja zelebriert werden will.

Ich schäumte mich von oben bis unten ein und konnte wahrhaftig spüren, wie nicht nur der Schmutz der vergangenen Wochen, sondern auch die Anspannung, die Angst, der Druck von mir gespült wurde.

Als ich auch den letzten Tropfen Wasser erfolgreich breitgespritzt hatte, rannte ich in die Kajüte und kramte nach einem schneeweißen T-Shirt und khakifarbenen Shorts, die unberührt und in exakt dem Zustand, in dem Mama sie in den Stauraum der Thetis gepackt hatte auf genau diesen Augenblick gewartet hatten. Fast kam es mir vor, als röche ich den Geruch frischgewaschener Wäsche zum ersten Mal in meinem Leben. Eine willkommene Abwechslung zu meinem eigenen Mief, der sich in den letzten Wochen an mir festgesetzt hatte und den ich zwar nicht unbedingt gern ertrug, an den ich mich aber notgedrungen gewöhnt hatte.

Anschließend kämmte ich mir ausgiebig die Haare, die auch ganz ohne Fön schon fast wieder trocken waren und gönnte mir sogar einen Hauch Wimperntusche. Ich würde ziemlich schrubben müssen, um die hartnäckige Paste wieder von meinem Gesicht zu waschen und niemand würde meine Mühe mit einem Lob wertschätzen, aber das war mir egal. Ich tat es für mich und es fühlte sich gut an.

So angetan betrachtete ich mich im Spiegel. Die großen grauen Augen, die mir entgegenstarrten, kannte ich wohl. Der Rest schien zu einem Menschen zu gehören, der zwar Ähnlichkeit hatte mit der Fleur, die ich einmal kannte, aber abgesehen davon gänzlich fremd aussah. Meine Haut hatte einen völlig neuen Farbton angenommen. Quer über die Stirn bis zum Haaransatz zog sich ein schneeweißer Streifen, den ich wohl meinem inflationären Einsatz von Sonnenhüten verdankte, die ich trug, wann immer ich mich tagsüber an Deck aufhielt. Meine einstige Frisur war gänzlich verwachsen, die Haare standen kreuz und quer in alle Richtungen ab.

Auch meine Züge hatten sich gewandelt. Ich war hager geworden. Meine Wangen eingefallen. Die Knochen zeichneten sich darunter ab. Ich sah nicht schwächlich aus. Ganz im Gegenteil! Ich schien vor Kraft nur so zu strotzen. Kantig. Ja, markant wirkte ich. Selbst um meinen Mund spielte ein harter Zug. Ich wirkte stolzer, selbstsicherer, weniger kindlich als ich mich in Erinnerung hatte. Ich gefiel mir.

Spontan machte ich ein Foto mit dem Selbstauslöser meiner Kamera und beschloss, dieses Ritual von nun an zu wiederholen, wann immer ich ein großes Ziel erreicht hatte.

Auf diese Weise würde ich nicht nur meinen Weg, sondern auch meine Wandlung dokumentieren können. Und ich konnte sicherstellen, dass mich anhand der Bilder auch wirklich alle wiedererkennen würden, wenn ich eines Tages in Kerikeri einlaufen würde. Das alles, die ausgiebige Dusche, mein neues Ich, allein das machte schon den Eindruck einer Taufe auf mich.

Alles roch neu. Alles sah neu aus. Ich, die Welt, wie ich sie betrachtete, mein Abenteuer. Ich hatte bereits eine beträchtliche Strecke im Rücken, neue Erfahrungen gesammelt, Aufgaben bewältigt. Ich war stolz auf mich. Richtig stolz!

Aufgeregt notierte ich meine Position im Logbuch:

0°43'22.18"S 166°56'20.15"W: Der Ort an dem ich erwachsen wurde.

Ich nahm mir ganz fest vor, eines Tages an diesen Ort zurückzukehren. Vielleicht mit meinem Mann. Oder sogar meinen Kindern. Oder im Rentenalter. Und dann würde ich sagen können: Dieser Platz am Ende der Welt hat mich verändert. Hier ist die Fleur, wie ihr sie heute kennt, geboren worden. Alles nahm hier seinen Anfang.

Die romantische Träumerei hatte mich vom Boot abgelenkt und so wurden meine Gedanken jäh unterbrochen, als ich erschrocken feststellte, dass die Krängung der Thetis enorm zugenommen hatte. Der Seegang war stärker geworden.

Vom Deck her hörte ich lautes Knallen. Keine Frage! Die Segel killten. Der Wind musste gedreht haben.

So schnell ich konnte, stürmte ich an Deck. Noch vor ein paar Minuten war es hier über und über von Badeschaum bedeckt gewesen. Mittlerweile triefte alles vor Feuchtigkeit. Eine Welle musste die Thetis überspült und alle Spuren meines verschwenderischen Vergnügens gründlich beseitigt haben.

Ein Blick auf's Barometer bestätigte meine Befürchtungen: ein Sturm zog auf. Der Wind blies aus Nord-Nord-Ost. Schon jetzt hatten wir sieben Windstärken und mein Instinkt sagte mir, dass das Schlimmste noch vor uns lag. Die Thetis stand genau im Wind. Der Lärm war ohrenbetäubend.

Ich reffte das Groß und holte die Fock ein. Sofort wurde es viel ruhiger. Alles, was noch zu hören war, waren der tosende Wind und die kreischenden Wassermassen, die sich ächzend der gewaltigen Kraft des Unwetters unterwarfen.

Warmer Regen prasselte auf mich nieder. Binnen von Minuten war ich nass bis auf die Knochen. Die Dusche hätte ich mir sparen können. Schwarze Rinnsale bahnten sich unaufhaltsam ihren Weg über meine Wangen. Selbst schuld, dass ich aussah, wie ein Zombie.

Ich begann zu kreuzen, um einigermaßen auf Kurs zu bleiben. So hatte ich mir meine Äquatorüberquerung nicht vorgestellt. Ein Sturm war das Letzte, womit ich nach diesem harmonischen, hoffnungsfrohen Tag gerechnet hatte. Neptun wollte mich vorführen. Vielleicht war ich in den letzten Stunden meiner Sache zu sicher gewesen. Jetzt wollte er mir zeigen, dass, selbst wenn ich auf seiner Tochter, der Thetis durch die Meere ritt, noch immer er derjenige war, der hier das Sagen hatte. Situationskomik. Arg pathetisch von mir, ich weiß. Aber irgendwie machte es die Aufgabe erträglicher. Jetzt hieß es Meeresgott gegen passionierte Seglerin und selbst wenn er mit mir und den Wellen Ping Pong spielte, war ich gewillt, ihm die kalte Schulter zu zeigen und am Ende, einem Triumph gleich, den Äquator zu überqueren. Ein wenig zerzaust womöglich, aber unbeschadet. Das hier musste ich mir nicht bieten lassen. Unter meiner Würde. Mit so viel mobilisiertem Kampfgeist hatte ich das Gefühl, die Sache unter Kontrolle zu haben. Der Wind frischte weiter bis auf neun Windstärken auf und fauchte und tobte mit fünfundvierzig Knoten über mich hinweg.

Fast hatte ich Spaß daran, Wellenberge hoch zu reiten und unsanft mit dem Heck zuerst in Wellentäler geworfen zu werden, als plötzlich ein ohrenbetäubender Knall das Wüten des Windes übertönte: Ich hatte die Robustheit des Großsegels überschätzt und das Unterliek nicht dicht genug genommen. Die permanente Belastung mit UV-Strahlung hatte das Leinen spröde werden lassen und ein Riss zog sich nun bis an die unterste Segellatte heranreichend aufrecht über das Groß.

Schöner Mist. Im Moment konnte ich nicht viel dagegen tun. Meinem Sprint durch die See war damit wenigstens vorerst ein jähes Ende gesetzt.

Ich stabilisierte das Ruder, um nicht von meinem Kurs abgebracht zu werden und stürmte unter Deck. Irgendwo hier, ich wusste es genau, war Panzertape untergebracht. Die Orientierung in dem schlecht ausgeleuchteten Schiffsbauch war miserabel. Ich widerstand dem Drang, alles zu durchwühlen, um zu verhindern, dass all mein Hab und Gut bei dem wilden Geschaukel des Bootes durcheinanderwirbelte und das Chaos so perfekt würde und ging stattdessen koordiniert vor.

Alles hier hatte System und war durchdacht. Panzertape würde ich nicht bei meinen Klamotten finden, sondern wenn überhaupt – bei den Reparaturwerkzeugen. Und richtig! Genau neben der kleinen Tasche mit dem Nähzeug, dessen Aufbewahrungsort ich mir schon einmal für die nächste windstille Gelegenheit gut einprägte, fand ich gleich zwei Rollen des extrastarken Klebebandes.

Damit bewaffnet rannte ich wieder an Deck, barg das Segel und versuchte, den Schaden – so gut es ging – übergangsweise zu kitten.

Allein wegen seiner enormen Fläche und seinem Gewicht wäre es in dieser Wettersituation schlichtweg unmöglich gewesen, das Segel vom Mast zu holen und es direkt zu reparieren. Außerdem wurde ich grad an wichtigeren Orten gebraucht.

Das Groß musste warten. Um nicht gänzlich meine Geschwindigkeit einzubüßen, setzte ich die Fock und verbrachte, an das Steuerrad geklammert, eine unruhige Nacht. Erst bei Morgengrauen und nachdem ich ganz sicher war, die Situation an Deck entspanne sich langsam, traute ich mich zum Abwettern in die Kajüte. An Schlaf war dennoch nicht zu denken.

Wie durch ein Wunder hielt meine Konstruktion den Winden

statt und bei Tagesanbruch beruhigte sich die See langsam wieder. Delfine schwammen und sprangen an der Thetis vorbei, dem Sonnenaufgang entgegen, als wollten sie mich ermuntern, nicht aufzugeben. Die Späher Neptuns, die als Boten eingesetzt wurden, um mir Lob auszusprechen, wahrscheinlich.

Den Kurs zu halten, war mir mehr schlecht als recht gelungen. Die kleine Segelfläche hatte nicht genug Vortrieb erzeugt und die Strömung mich wieder ein Stück zurückgetrieben. Meine Äquatortaufe würde noch ein paar Stunden länger auf mich warten müssen.

Aber hey! Chapeau, Neptun! Guter Job – ich bin wieder auf dem Boden der Tatsachen gelandet.

Die Äquatortaufe – Woche 6

Am Tag nach dem überraschenden Sturm präsentierte sich der Pazifik in einem gänzlich anderen Licht. Als wäre nichts passiert, lag die See still und friedlich vor mir. Die Sonne kletterte immer höher den Horizont herauf, während ich den Frieden nutzte, um die Schäden der vergangenen Nacht zu beseitigen.

Die Kajüte war, bei aller Vorsicht, gehörig in Unordnung geraten und ich verbrachte den halben Tag damit, wieder alles an seinen Platz zu räumen und das Segel instand zu setzen. Das grobe Leinen wieder in eine kompakte Fläche zu verwandeln, war eine Nervenarbeit. Ich gab mir redlich Mühe, jedes noch so winzige Loch gewissenhaft zu flicken. In Handarbeit allerdings war ich noch nie eine Koryphäe gewesen und als ich endlich völlig entnervt an den Winschen stand und das Segel ächzend den Großmast hinaufhievte, glichen meine Fingerkuppen einem Schweizer Käse.

Aber mit blauen Flecken, Schürfwunden und allerlei anderen

wunderlichen Verletzungen, von denen ich in den meisten Fällen nicht einmal sagen konnte, wie ich sie mir eigentlich zugezogen hatte, war ich inzwischen vertraut. Ein paar zerstochene Fingerkuppen waren noch lange kein Grund herum zu weinen.

Was mir viel beträchtlicher an die Nieren ging, war meine Erschöpfung. Ich war hundemüde, wollte aber nicht darauf verzichten, die nächste Brise zu erhaschen und die Thetis und mich wieder auf Kurs zu bringen. Schließlich hatte das Unwetter unseren Terminplan gehörig durcheinander gebracht und ganz in der Nähe wartete ein Meereskönig darauf, uns endlich in der nördlichen Hemisphäre begrüßen zu dürfen.

Ich konnte nur schwer schätzen, wie weit uns der Sturm vom Kurs abgebracht hatte. Keinesfalls wollte ich noch mehr Zeit verlieren, indem ich meine aktuelle Position falsch berechnete. Ich gönnte mir GPS-Daten außerhalb der Norm und freute mich, wie unbedarft ich mittlerweile mit solch kleinen Abweichungen vom Masterplan umging.

Ich erinnerte mich, wie unsicher ich an den ersten Tagen an Bord der Thetis gewesen war. Wie viel Respekt ich vor all den Lektionen hatte, die man mir einzutrichtern versucht hatte und wie penibel ich mich daran zu halten versucht hatte.

Nicht, dass ich das nicht nach wie vor versuchte, aber ich war sehr viel sicherer im Umgang mit dem Boot geworden. Kein verängstigtes kleines Mäuschen mehr, das das Wort ihrer Lehrmeister als ultimative Wahrheit hinnimmt und danach, nur danach zu handeln versucht.

Meine eigenen Erfahrungen hatten mich bereichert. Mir war bewusst geworden, auf was es ankam - sei es bei der Wettervorhersage von Mister T. oder meinem ewigen Stiefkind, dem Navigieren.

Natürlich las ich Mister T.s Hinweise nach wie vor aufmerksam und bezog sie in meine Überlegungen ein. Aber ich weigerte mich, zu recht wie ich finde, mittlerweile all mein Glück auf

Computerberechnungen zu stützen, die sich, das hatten wir in der vergangenen Nacht nur zu überzeugend erleben müssen, allzu gern auch einmal irrten.

Was mich gestern überrascht hatte, war ein Sturmausläufer gewesen, der sich von einem weitaus größeren Tief, das an der Westküste Amerikas fest hing, gelöst hatte und sich mit rasanter Geschwindigkeit auf das offene Meer hinaus bewegt hatte. Kein Computer der Welt hätte das kommen sehen können.

Ein echter Glücksfall also, dass ich mir angewöhnt hatte, immer ein Auge auf das Barometer zu haben – abgesehen von dieser unglücklichen Minute gestern, in der ich nur Augen für mich gehabt hatte.

Wenn man mit so sensibler Technik umzugehen weiß, kann man – und das meine ich ganz ernst – eigentlich nur gewinnen.

Im Grunde macht dieser kleine Apparat nicht viel mehr als das Gewicht der Luft zu messen. Dabei ist der Wert als solcher eher zweitrangig. Viel interessanter ist, wie und vor allem wie schnell er sich verändert.

Ein relativ hoher Luftdruck bedeutet in aller Regel gutes Wetter – nicht unbedingt warm, aber freundlich. Weil kalte Luftmassen nach unten auf die Erde zuströmen und sich dabei erwärmen, können sich in den hohen Schichten der Atmosphäre keine Wolken bilden. Und wo keine Wolken, da kein Regen, kein Unwetter und all so was.

Diese warme Luft strömt dann ab in Regionen mit tieferem Luftdruck. Dort ist es kälter und da die Natur insgesamt ja an Gleichgewicht interessiert ist, sollen jene Temperaturunterschiede eben ausgeglichen werden. Die Luft im Auge eines Tiefs strömt nach oben, es entsteht Unterdruck, dem die warme Luft aus Hochdruckgebieten Abhilfe schaffen soll. Das Ganze äußert sich schließlich in jener Sogwirkung, die Winde heraufbeschwört, an denen ich auf der Thetis ja immer ganz besonders interessiert bin.

In den Zonen niedrigen Luftdrucks allerdings sind Unwetter mit heftigen Niederschlägen wegen der vermehrten Wolkenbildung immer recht wahrscheinlich und je schneller der Luftdruck in diesen Regionen sinkt, desto näher bewege ich mich auf das Zentrum des Tiefdruckgebietes zu und kann mich darauf vorbereiten, ein neuerliches Abenteuer genau steuerbord zu haben.

So viel zum Thema feindlich gesinnter Neptun. Alles nur ein bisschen Physik und das nötige Quäntchen Unglück. Kein Grund zur Aufregung. Wo es ein Tief gibt, gibt es auch irgendwo ein Hoch, das meine Anstrengungen zu würdigen wissen wird. Ich hatte ein herkömmliches Barometer an Bord. Mit diesem Instrument kann ich hervorragend umgehen, was nicht allein mein Verdienst ist – versteht sich.

Immer wieder stolperte ich bei meinen Überlegungen über kleine bruchstückhafte Erinnerungen, die mir scheinbar mitteilen wollen, dass es von jeher vorbestimmt war, dass ich eines Tages genau hier an Bord der Thetis stehen würde.

Meine Fähigkeiten nämlich, das Barometer zu lesen, verdankte ich einen ziemlich gemeinen, aber pädagogisch wertvollen Erziehungstrick meines Papas.

Auf unserer Frühstücksterrasse hing, seit ich denken kann, immer ein Thermometer direkt neben einem solchen. Ersteres zu lesen ist ja nun wahrlich ein Kinderspiel. Und ich war mir auch sicher, dass ich mit dem Ding umgehen konnte.

Papa allerdings, steckte mir manchmal noch dann einen Regenschirm oder einen Pullover in die Tasche, wenn die Quecksilbersäule schon morgens um sieben zwanzig Grad Celsius anzeigte und die Sonne vom Himmel prasselte.

Das verunsicherte mich. Und was mich noch mehr verunsicherte war, dass ich allzu oft die mitgenommenen Sachen tatsächlich nutzen musste.

Mala war sich hundertprozentig sicher, dass mein Papa ein Hellseher war – wir waren damals sechs oder sieben. Sie hatte nie einen Schirm dabei, wenn sich der Himmel plötzlich mit dicken, grauen Wolken verdunkelte. Und ich fragte mich, wie es dazu kam, dass er das Wetter so genau vorherbestimmen konnte.

Dass mein Papa zaubern konnte, wollte ich nicht glauben und nachdem ich mich ja zumindest als stiller Teilnehmer schon seit Ewigkeiten mit der Segelei beschäftigte, ahnte ich, dass es da einen Trick geben musste.

Ich beobachtete meinen Vater ganz genau und stellte fest, dass er morgens mehrmals auf die Sonnenterasse lief und nicht nur das Thermometer, sondern auch den ganz ähnlich aussehenden Kasten daneben genau studierte.

Ich fragte ihn schließlich, was es mit dem Ding auf sich hatte und er erklärte mir die ganze Sache mit den Isobaren, den Linien sinkenden Luftdrucks und worauf ich zu achten hätte. Natürlich merkte ich mir den ganzen Plunder nicht sofort, aber je mehr ich mich damit beschäftigte, desto einleuchtender erschienen mir seine Erklärungen.

Was ich aber ganz genau verstand und bis heute nicht wirklich begriffen habe, war, als er mir erzählte, dass in Australien schon im neunzehnten Jahrhundert tropische Tiefdruckgebiete mit Namen getauft wurden. Ich meine, warum macht man so was? Fehlte nur noch, dass man sich einander höflich vorstellte und die Hand schüttelte. Menschen sind schon recht eigenartig.

Aber sei es drum. Ich bin ihnen wenigstens recht dankbar für die Erfindung des Barometers. Ohne wäre ich dieser Tage ziemlich aufgeschmissen gewesen.

Natürlich gab es noch ausgeklügeltere Luftdruckmesssysteme als das kleine, popelige Barometer über meinem Kartentisch.

Gerhard zum Beispiel, der ja immer alles ganz genau wissen muss, hat auf seiner Yacht – sie heißt Navgathi, was ein Wort aus dem Sanskrit ist und „Führen eines Schiffes" bedeutet. Schon ein bisschen besessen, der Gerhard, oder? – jedenfalls hat er auf seiner Navgathi einen Barographen hängen.

Das ist am Ende nicht viel mehr als ein Barometer mit einem Stift und einem Stück Papier, das die Veränderungen des Luftdrucks gewissermaßen aufschreibt.

So etwas hat durchaus seine Vorteile, besonders dann, wenn man wie ich – allein unterwegs ist und nicht die Zeit hat, permanent auf den kleinen Zeiger zu starren. Andererseits nahm das Ding auch viel mehr Platz weg und funktionierte zudem mit Strom und Motor. Abgesehen davon, dass es das bisschen Energie, das meine Solarpanels produzierten, noch zusätzlich mit so einem Apparat hätten aufnehmen müssen, war das Ding natürlich auch viel komplizierter zu reparieren, sollte es einmal eine Macke haben. Teuer auch in der Anschaffung und insgesamt nichts für mich.

Ich hatte den Motor der Thetis weggeschmissen. Da brauchte ich doch auch keinen an meinem Barometer! Wichtig war mir ein Gerät, das präzise arbeitete und empfindlich genug ist, den atmosphärischen Luftdruck gescheit zu messen. Und das tat es. Und sollte ich tatsächlich einmal eine Luftdruckkurve brauchen, konnte ich mir die auch selber zeichnen. Man kann es mit dem ganzen High Tech auch übertreiben.

Ich merke gerade, dass ich offensichtlich schon ein fast amouröses Verhältnis zu meinem Barometer aufgebaut hatte. Vielleicht hätte ich ihm einen Namen geben sollen, wo wir doch ohnehin schon so gut befreundet waren. Wenn schon Tiefs zu dieser fragwürdigen Ehre gelangten.

Nein, Spaß beiseite. Ich nahm das als gutes Zeichnen. Scheinbar ist es tatsächlich so, dass ich mich mit meinem Tun hier identifizieren konnte und mich gewappnet fühlte, unabhängig von Mister T.s Computermeldungen zu arbeiten und zu entscheiden.

Und das war doch eigentlich eine gute Sache. Ein sehr lehrreicher Sturm offenbar, der mich da gestern übermannt hatte. Wenn ich aus allen Unwettern derart gestärkt hervorgehen würde, würde ich als vor Selbstbewusstsein strotzendes Ekelpaket in Kerikeri einlaufen.

Benny hatte sich über meinen knappen Bericht wohl ziemlich erschrocken, wenigstens las sich seine E-Mail nicht mehr gar so witzig, wie die vorangegangene.

Im Namen Neptuns, seiner Majestät, Herrscher über alle Weltmeere freuen wir uns, mutiges Seemannsweib, Sie heute Abend nach Einbruch der Dunkelheit in der nördlichen Hemisphäre begrüßen zu dürfen. Sie haben unsere Prüfung mit Bravour bestanden, was uns stolz macht und mit Freude erfüllt.

Der heutige Tag möge Ihnen mit der herzlichen Freundlichkeit begegnen, wie es der Abend tun wird, an dem allerlei Freud und Spaß auf Sie warten.

Ganz besonders freuen wir uns auch auf die Ankunft der Thetis, verschollener Tochter, Prinzessin des Meeres und erwarten in freudiger Erregung Ihre baldige Ankunft.

Neptun
Herrscher aus der Tiefsee, im Namen seines ergebenen Vasallen Benny

Wenn Benny mit seinen Berechnungen da mal richtig lag! Dass ich den Äquator heute Abend schon erreichen würde, hatte er sehr großzügig berechnet, aber jetzt war ich natürlich gespannt, was sich die Leute daheim wohl alles für Überraschungen überlegt hatten und hibbelig war ich natürlich auch. Ich wollte endlich diese Äquatortaufe hinter mir haben und diesen Part abhaken. Schließlich war dieser Umweg lediglich einer der wenigen menschlichen Regeln geschuldet, die ich hier zu befolgen hatte, einem der momentan einzigen Gesetze, das ich zu berücksichtigen hatte – den Wettbewerbsregeln, die einer Weltumsegelung eine Atlantiküberquerung voraussetzten.

Ich nahm all meinen Verstand zusammen und versuchte, den besten Trimm für meine Segel zu finden. Ach, was rede ich! Den perfekten Trimm.

Ich war auch der Meinung, genau das sei mir geglückt. Aber all meine Segeltrimmkunst änderte rein gar nichts an der Tatsache, dass der Wind einfach nicht auffrischen wollte. Schonzeit für mein frisch geflicktes Segel, Nervenspannung pur für mich. Noch immer gebeutelt von windseligen Adrenalinschüben.

Erst weit nach Mitternacht erreichte ich den Nullmeridian. Und die Uhrzeit war mir in diesem Moment völlig egal.

Ich hab den Punkt selbst ehrlich gesagt total verpennt. Ich saß grad unter Deck an meinem Kartentisch und brütete über irgendwelchem Kleinkram und als ich das nächste Mal auf das GPS-Gerät sah, war ich schon knapp über die gedachte Linie drüber. Aber gut. Hätte ich in dem Moment konzentriert auf das kleine LCD-Display gestarrt, hätte ich wohl dennoch vergeblich auf den Trommelwirbel und das Feuerwerk gewartet.

Sobald ich meine Koordinaten durch meinen E-Mail-Verteiler gejagt hatte, kam auch schon Bennys Antwort:

Liebe Fleur,
unser aller ganz herzliche Gratulation zu deiner Äquatortaufe. Wir sind wahnsinnig stolz darauf, dass du es so weit geschafft hast und wünschen dir und uns, diesen Augenblick zu etwas Besonderem zu machen. Vielleicht erinnerst du dich an die kleine Kiste in der Kajüte steuerbords, ganz hinten links in der Ecke. Falls deine Neugier uns nicht ohnehin schon einen Strich durch unsere Überraschung gemacht hat, dann solltest du sie jetzt öffnen.

Wir denken jede Minute an dich und freuen uns, dich schon bald wiederzusehen.

Papa und Mama
Benny
Richard Thomas
Gerhard
Mala
Und der Rest der Kerikerier und Segelnarren, die dein Tun gespannt verfolgen

Eine Geschenkkiste!
Grandios! Ich liebe Überraschungen und hatte mich, ganz entgegen meiner Natur, tatsächlich an die Post-it-Anordnung gehalten, mit dieser hier zu warten, bis ich zu ihrer Enthüllung angehalten wurde.
Ich stürmte nach steuerbord und suchte wie wild nach der versprochenen Box. Natürlich habe ich das Unheil anschließend gleich wieder in Ordnung gebracht. Aber wer will schon in Aussicht von Geschenken auf Sauberkeit achten?
In dem kleinen Päckchen jedenfalls war mein offizieller Taufschein, eine kleine Flasche Sekt, von der mir ziemlich schnell schummerig im Kopf wurde, Fotos all meiner Lieben mit Unterschriften und kleinen Anfeuerungsrufen und eine nagelneue Ausgabe von Joshua Slocuns Allein um die Welt.
Letzteres wusste ich nicht so recht einzuordnen. Keine Ahnung, ob ich noch über Weltumsegelungen lesen will, wenn ich doch eh den ganzen Tag schon um die Welt segle. Aber egal, ich freute mich riesig und ließ es mir gut gehen. Schon wieder. Insgeheim hatte meine wirkliche, ganz persönliche Taufe ja schon vor ein paar Stunden stattgefunden.
Ich wischte die Karten beiseite und breitete die Fotografien auf

dem kleinen Kartentisch aus. Ein bisschen wehmütig wurde mir dabei. Aber nur eine Winzigkeit. Ich prostete ihnen zu, meinen Freunden. Den Menschen, die zu Hause auf mich warteten und denen ich so viel bedeutete, dass sie dafür gesorgt hatten, dass sie bei mir waren und ich hier draußen nicht gar so einsam.

Es war eine stille Äquatortaufe. Aber sie war sehr schön. Vergessen werde ich all diese Emotionen wohl nie. Ich fühlte mich gut. Sehr gut. Ich war bis hierhin gekommen und hatte mich und andere stolz gemacht.

Jetzt würde ich auf den Humboldtstrom aufhüpfen, Kap Hoorn hinter mich bringen und dann auf schnellstem Weg wieder nach Hause segeln.

Ich hatte ein bisschen Heimweh, aber das würde vorübergehen.

Kreuz und quer durch den Pazifik – Woche 8

Irgendwie. Tja.

Klang meine letzte Wortmeldung noch so, als müsste ich nur noch eben um die Ecke biegen und wäre wieder in heimischen Gewässern, dehnte sich diese endlose Wasserfläche im Moment vor mir aus, wie der riesigste Kaugummi der Welt. Nichts ging voran. Ich war mittlerweile schon zufrieden, wenn ich nicht gezwungen war, rückwärts zu gehen.

Das war doch ungerecht! Warum wurde ich immer dann gestoppt, wenn ich grad richtig heiß war und Seemeilen machen wollte und Geschwindigkeit und mich für alles gewappnet fühlte, außer für – naja, das hier eben!

Dabei war es noch nicht einmal so, dass gar kein Wind war. Es wehte die ganze Zeit. Aber immer nur Lüftchen. Eine Ahnung einer Brise und die wechselte auch noch ständig ihre Richtung. Die Windsteueranlage drehte völlig durch. Was da tatsächlich an scheinbarem Wind an dem Fähnchen ankam, wenn man die Fahrtgeschwindigkeit abzog, reichte kaum, um das Gerät vernünftig arbeiten zu lassen. Also stand ich beständig am Ruder und übernahm das Steuern von Hand.

Das beraubte mich natürlich der Möglichkeit, mich mit anderen Sachen zu beschäftigen. Soviel Aufmerksamkeit hatte ich einfach nicht übrig.

Eine Flaute wäre mir im Moment fast noch lieber gewesen. Zwar bewegte ich mich noch immer entgegen der Strömung, aber zur Not hätte ich einfach die schlagenden Segel geborgen und den Dingen ihren Lauf gelassen. Um mir den Wind allerdings entgehen zu lassen, und war er noch so schwach, war ich zu stolz. Ich war schließlich zum Segeln hierher gekommen, also tat ich das auch.

Nichtsdestotrotz türmte sich mittlerweile ein Berg an Aufgaben, den ich in jedem Fall abzuarbeiten hatte, bevor ich Kurs auf die Antarktis nahm.

Am Kap Hoorn mussten wir beide topfit sein und ich hatte mir fest vorgenommen, der Thetis gehörig Shave and Haircut zu verpassen. Ihr also mal vom Kiel bis zum Masttopp eine Rundum-Schönheitskur zu verpassen, nachdem mir selbst dieses Vergnügen schon vor zwei Wochen zuteil geworden war.

Das Fouling hatte ich unbedingt vom Kiel zu schrubben und ich musste dringend alle Verbindungen prüfen. Nachsehen, ob vielleicht Segel an den Wanten gescheuert hatten – überhaupt musste ich mein angeknackstes Großsegel im Auge behalten und die Takelage prüfen. Beschädigte Schoten oder so was wollte ich bei meinem Kurs auf Kap Hoorn auf keinen Fall an Bord haben.

Mir war seltsam mulmig zumute. Der Kreuzkurs, die vielen Wenden – halbstündlich bis stündlich – machten mich müde. Wenigstens saß inzwischen jeder Handgriff. Reffen, winschen,

Schoten dicht holen. Ich war zum Profi im Wenden fahren verkommen. All das beherrschte ich im Schlaf und war unendlich dankbar dafür. Zum ernsthaften, bedachten Segeln hatte ich nämlich keine Lust.

Das Heimweh ließ mich nicht mehr los. Seit der Äquatortaufe ertappte ich mich immer häufiger dabei, wie ich über den Bildern aus der Heimat brütete, die ich mit Reißzwecken über meine Schlafkoje festgepinnt hatte. In zwei Wochen war Weihnachten und es würde das erste Jahr sein, in dem ich nicht mit meiner Familie versammelt war. Ich hatte nicht einmal Geschenke für sie vorbereitet. Mein Kopf war viel zu sehr mit meinem bevorstehenden Abenteuer beschäftigt gewesen, als dass ich an solche Details hätte denken können. Wahrscheinlich nahm mir noch nicht einmal jemand dieses Versäumnis übel.

Ich allerdings tat es. So viele Gedanken hatten sich meine Eltern, das Team und jeder, der auch nur einen Hauch Anteil an meiner Reise genommen hatte, gemacht, um mir die Überfahrt so angenehm wie möglich zu machen. Kaum einen Finger hatte ich gerührt, als es an das Einkaufen und Packen ging. Verpflegung, Klamotten – das kam mir alles so nebensächlich vor. Ich hatte mir lediglich Gedanken darüber gemacht, ob ich noch ein Hand-GPS-Gerät als Reserve einpacken sollte und ob das Ersatztauwerk für eine Weltumsegelung ausreichend war.

Im Leben hätte ich nicht daran gedacht, eine Ölhose und Gummistiefel einzupacken. Wie auch? Was ich mir unter Segeln vorstellte, war in erster Linie von den Wochenendtörns mit meiner Familie geprägt: Schönstes Wetter, entspannte Atmosphäre, wenn überhaupt, ab und an eine steife Brise.

Nur Papas Erfahrung und Mamas Sorgfalt hatte ich es zu verdanken, dass ich bei Regen einigermaßen trocken an Deck werkeln konnte und eine ausreichend große Speicherkarte in meiner Digicam vorfand, um mein Tun zu dokumentieren.

Und dann war ich auch noch vermessen genug, nicht einmal an Weihnachtsgeschenke zu denken.

Ich kam mir plötzlich wieder sehr egoistisch und naiv vor.

Die ganze Zeit über war ich der Auffassung gewesen, jedem aus meinem Umfeld etwas Gutes zu tun:

Papa, dessen Traum ich hier verwirklichte, der mit stolzgeschwellter Brust am Kai stehen und meinen Landfall mit den Worten

„Seht her! Das ist meine Tochter!", kommentieren würde.

Mama, der ich beweisen konnte, dass ich alt genug war, um mich aus ihrem Schoß heraus zu orientieren. Die mit eigenen Augen sehen sollte, dass ich erwachsen wurde und ihre Fürsorge nicht mehr so nötig hatte, wie noch vor wenigen Jahren.

Benny, der so viel Herzblut investiert hatte, dass meine Heimkehr an sich ihn für all die Mühe entlohnen würde.

Mister T. und Gerhard, die sehen sollten, dass ihre Fähigkeiten, Wissen zu vermitteln, ausreichten, um einen völlig unerfahrenen Segelfrischling mutterseelenallein um die Welt zu schicken.

Ich konnte mich kaum erinnern, einem von ihnen jemals aufrichtig gedankt zu haben. Ich hatte all diese Menschen immer nur als Helfer betrachtet, denen das Gelingen meines Plans ebenso sehr ein Bedürfnis war, wie mir.

Jetzt, und man mag kaum glauben, dass fehlende Weihnachtsgeschenke der Auslöser dafür gewesen waren, bemerkte ich, dass dem Großteil meiner Lieben ein Weltrekord nicht das eigentliche Ziel war. Ihnen war wichtig, dass ich glücklich war, dass ich meine Träume verwirklichen konnte. Dass ich dabei sicher und gut aufgehoben war. Dafür hatten sie still und heimlich Fäden an mir vorbeigelenkt und in den Händen gehalten, die essentiell für meinen Erfolg waren. Damit ich werkeln konnte, an Vorbereitungen, die ich für wichtig hielt.

Sie waren zurückgetreten und hatten mich den Ruhm auskosten

lassen und mir dabei noch das Gefühl gegeben, etwas Gutes zu tun.

„Pass mal auf, die Marina wird voll sein, wenn du zurückkommst. Das gibt eine super PR!", hatte Papa gesagt und mir anerkennend auf die Schulter geklopft, als wir eines Tages bei schwindendem Sonnenlicht vor der aufgebockten Thetis standen und das Werk des Tages bewunderten.

So war in mir mehr und mehr die Auffassung gereift, ich würde Geld in die Kassen spülen und alles, was bis dato an Finanzkraft aufzubringen war, waren lediglich Auslagen. Ich hatte kaum bemerkt, dass meine Eltern in einer Tour Verträge mit Sponsoren unterschrieben und ständig sorgsam darauf achteten, diese auch zu erfüllen, wo mir im Augenblick der Lieferung gesponserter Ware der Gönner eigentlich schon wieder egal war und ich seinen Namen nur noch aus Höflichkeitsgründen nannte.

Sogar Mala war in der Zwischenzeit verstummt.

Zu Beginn meiner Reise war sie diejenige gewesen, die mich auf dem neuesten Stand hielt, was Romanzen und Streitereien in unserem gemeinsamen Freundeskreis anging, die versucht hatte, mir den Wiedereinstieg in die alte Gruppe zu erleichtern. Ich hatte sie nach einer Weile recht barsch angefahren, dass mir Informationen über kaputte Handys und heimliche Knutschereien hier draußen unglaublich gleichgültig waren.

Dabei meinte ich das nicht einmal böse. Ich konnte diese Berichte nur einfach nicht zuordnen, solange ich mich hier draußen herumtrieb. Das alles erschien mir so fremd, so weit weg von allem, was mich tagtäglich beschäftigte, dass ich mir nicht bewusst machte, dass auch das Leben meiner Freunde weiterging, dass sich nicht alles um das drehte, was ich hier trieb. Dass nicht nur ich Aufregung verspürte und Wut und Freude. Dass nicht nur ich mich mitteilen wollte.

Dass wir im Augenblick nur in völlig verschiedenen Welten

lebten und eigentlich auch nur für eine recht überschaubare Zeitspanne.

Das Leben daheim ging weiter. Sicher dachte man in Kerikeri oft an mich. Aber nicht ausschließlich. Und wollte ich eines Tages wieder in meinen alten Kreis zurück und nicht fortan als Aussätzige behandelt werden, deren ganzes Sein sich ausschließlich um sechs Monate Lebenszeit drehte, würde ich aufhören müssen, mich nur um mich selbst zu drehen und wenigstens hin und wieder Anteil nehmen müssen.

Noch am selben Abend klemmte ich mich hinter meinen vorsintflutlichen Laptop und verfasste eine Reihe von E-Mails. Ich schilderte Benny überschwänglich, wie oft ich an unsere gemeinsame Vorbereitungszeit dachte und wie dankbar ich ihm dafür war, dass er mir beständig mit Rat und Tat beiseite gestanden hatte. Ich erkundigte mich nach Mister T.s Bein und erzählte meinen Eltern, wie sehr ich sie vermisste.

Die längste Nachricht bekam allerdings Mala. Ich konnte mir vorstellen, wie nervig es auf Dauer war, ständig Fragen nach meinem Ergehen beantworten zu müssen und immer nur der Übermittler von Nachrichten zu sein, an denen man selbst keinen Anteil hatte. Ich bombardierte sie mit allen möglichen und unmöglichen Nachfragen: Ob sie schon ihre Fühler nach einer Ausbildung ausgestreckt hatte, ob sie nebenbei noch immer in der Strandbar jobbte und versuchte, gutaussehende europäische Touristen anzugraben. Ob wir vielleicht nach meiner Wiederkehr ein paar Tage durchbrennen wollten, irgendwohin in Richtung Outback. Nur wir beide. Nur zum Quatschen und um uns zu feiern. Nichts erschien mir grad wichtiger. Um jeden Preis wollte ich das über Jahre hinweg aufgebaute Vertrauensverhältnis so schnell wie möglich wiederbeleben, sobald sich der Trubel einigermaßen gelegt hatte.

Die Nachrichten abzusenden dauerte eine Ewigkeit und

zwischenzeitlich packte mich die Sorge, ob mein neu aufge-flammtes soziales Bewusstsein meinen kleinen Stromaggregator überforderte.

Nachdem allerdings auch die letzte Nachricht scheinbar den Weg zu ihrem Adressaten gefunden hatte, ging es mir augen-blicklich besser.

Ich beschloss, dieses Verhalten, wann immer ich die Zeit fand, in meine Bordroutine einzubauen und die nächsten Wochen ein kleines Video zusammenzustellen, das ich meinen Lieben daheim an Weihnachten würde zukommen lassen.

So konnte ich mir einreden, bei ihnen zu sein und an ihrem Fest teilzuhaben, wenngleich ich Tausende von Seemeilen ent-fernt auf die Antarktis zusteuerte.

Und so deprimiert mich die Aussicht auf dieses einsame Weih-nachtsfest an Bord auch machte – irgendwie blickte ich ihm auch hoffnungsvoll entgegen.

Zum ersten Mal in meinem Leben würde ich die Festtage in knackig kalter Umgebung erleben, während man in Neuseeland bei hochsommerlichen Temperaturen vor sich hinschwitzte.

Unter meiner Ausrüstung befanden sich sogar ein paar Christ-baumkugeln, eine Papiergirlande und ein Weihnachtsmann aus Plastik, den ich in der äußersten Ecke des Kartentisches drapierte und der bei Seegang lustig mit den Hüften schaukelte. Kategorie unnützer Ballast könnte man meinen, mich stimmten die vielen Farben und die hoffnungsfrohe Dekoration unter Deck aber für den Moment friedlich mit meiner Situation.

Ich war kaum vorangekommen an diesen Tagen, aber hatte das gute Gefühl, wieder eine weitere Lektion gelernt zu haben.

Schneller als erwartet waren die Festtage herangeeilt und wieder vergangen. Ich hatte versucht, die Daten und alles, was ich damit unwiderruflich verband, stur zu ignorieren und mit stoischer Gleichgültigkeit meinem Tagewerk nachzugehen.

Eigentlich war es völlig widersinnig, dass mich das bisschen Weihnachten so weinerlich stimmte. Aber das geht vielen Seeleuten so. Die Weite des Ozeans und die Einsamkeit potenzieren sich um ein Vielfaches, wenn Tage anbrechen, die man normalerweise rot im Kalender anstreicht.

Die Nachrichten aus der Heimat leisteten in dem Fall nicht unbedingt aufmunternden Beistand.

„Wir vermissen dich und denken dieser Tage noch mehr an dich als sonst", schrieben meine Eltern.

Benny brabbelte etwas von einer guten Flasche Rum in seinem Lesesessel, während es draußen in Strömen goss und von Christbäumen.

Mala trug ihren Teil bei, indem sie mir erzählte, dass die ganze Clique sich am 23. Dezember zum Bowle trinken getroffen und gewichtelt hatte. Eine schöne Tradition, die wir seit dem Kindergarten pflegten.

Beim Gedanken daran wurde ich unsanft daran erinnert, dass ich nun wieder ein ganzes Jahr warten musste, um zu erleben, wie tollpatschig sich meine Freunde dabei anstellen konnten, dieses elendig süße Bowlegetränk zu brauen, das niemandem wirklich schmeckte, bei den Temperaturen daheim aber angebracht war und mittlerweile auch schlichtweg dazu gehörte.

Gänzlich unvorbereitet hatte Mama mich natürlich nicht auf diese Tage zuschippern lassen. Ich hatte allen bescheid gegeben, dass es zwar lieb gemeint wäre, aber wenig praktisch, mir Geschenke zu packen und an Bord der Thetis zu verstauen.

Mir stand nicht der Sinn danach, mir einen gemütlichen Abend unter Deck zu machen. Wenn ich nicht bei meiner Familie sein konnte, wollte ich Weihnachten nur so schnell wie möglich hinter mich bringen und es nicht auch noch übertrieben aufwendig zelebrieren. Das war mir schon vor der Abreise klar gewesen und bestätigte sich jetzt.

Natürlich kramte ich dennoch dankbar ein paar Stücken Marzipan und jede Menge Lebkuchen aus meinem Vorratsschrank hervor. Jetzt machten all diese weihnachtlichen Genüsse plötzlich auch Sinn – die Sachen passten tatsächlich zu der zunehmenden Kälte und allein ihr Geschmack vermittelte ein heimeliges Gefühl.

Nur auf die Bowle musste ich in diesem Jahr verzichten. Schließlich wollte ich auf Teufel komm raus manövrierfähig bleiben und die See nahm schließlich auch keine Rücksicht auf vor Gefühlsduseligkeit trunkene Seeleute.

Bei genauer Betrachtung und diese Tatsache außen vor gelassen, passten Weihnachten und die Seefahrt im Übrigen sehr gut zueinander.

Dass meine Eltern und Benny daheim unter einem Christbaum saßen und „Oh Tannenbaum" anstimmten, während sie hoffentlich auf mein Wohlergehen anstießen, verdankten sie streng genommen der christlichen Seefahrt.

Die hat nämlich jene Weihnachtsbräuche, die heute auf der ganzen Welt zelebriert werden, überhaupt erst breitgestreut.

Ein bisschen bereute ich inzwischen, dass ich mir nicht wenigstens einen Weihnachtsbaum aus Plastik eingepackt hatte, den ich an der Mastspitze hätte anbringen können. Dann wäre ich wenigstens um die Erfahrung, einen Teil eines typischen Weihnachtsfestes unter Segeln erleben können, reicher gewesen.

Um mir nicht gar so einsam vorzukommen, stellte ich mir vor, wie es wäre, diese Tage an Bord als Teil einer Crew zu erleben.

Ich saß am Kartentisch und spielte mit mir selbst Solitär. Nebenher schimpfte ich mit meinen imaginären Mitspielern, weil ich der Meinung war, sie würden beim Spiel betrügen und erzählte ihnen Geschichten von daheim. Meiner Kindheit, meiner Familie, Anekdoten wie wir die Festtage zu Hause immer begingen. Das half ganz gut, um gegen den aufkommenden Unmut anzukämpfen, wurde allerdings an der Stelle unglaubwürdig, an der ich versuchte, mit mir alleine eine Runde Skat zu spielen.

Neben all dem sentimentalen Gefühlsquatsch gelang es mir fast nebenher sogar noch, recht gute Fahrt zu machen. Immerhin 830 Seemeilen mehr hatte ich seit der letzten Woche schon wieder hinter mich gebracht und das, obwohl ich auch auf dem Humboldtstrom gegen die Meeresströmung anzukämpfen hatte. Die war zwar recht schwach, aber ich musste die meiste Zeit gegen die recht starken Passatwinde aus Südosten ansteuern. Erst auf etwa dreißig Grad südlicher Breite würde ich wieder in Segelreviere mit vornehmlichen Westwinden kommen, die mich dann auf direktem Weg, so hoffte ich wenigstens, direkt in die Höhle der Roaring Fourties tragen würde.

Wenigstens brauchte ich mir derzeit kaum Gedanken darum zu machen, dass der Himmel über mir wieder zu weinen beginnen könnte.

Dank einem stetigen Hoch vor der Ostküste Südamerikas war die Regenwahrscheinlichkeit im Moment in diesem Teil der Welt sehr gering. Ganz anders als zu Hause. Dort war es zu dieser Jahreszeit meistens recht ungemütlich, wenn auch nicht kalt.

Hätte ich mir für meinen Törn ein anderes Jahr ausgesucht, wer weiß, vielleicht wäre dann alles ganz anders gekommen.

Das Besondere am Pazifik ist nämlich ein Wetterphänomen, das in unregelmäßigen Abständen alle drei bis sieben Jahre auftritt, Tendenz steigend. Und das zumeist um die Weihnachtszeit herum, weshalb die Peruaner es liebevoll Christkind getauft haben.

Gemeint ist El Niño und so verheißungsvoll wie es sich anhört ist diese Sache bei weitem nicht.

Jahre, in denen El Niño wütet, sind für Segler, die auf meiner Route den Pazifik überqueren, auf den ersten Blick eine hübsche Sache: Hoch- und Tiefdruckgebiete verschieben sich dann so immens, dass die Passatwinde abgeschwächt oder sogar umgekehrt werden, weshalb auch die Strömung in die entgegengesetzte Richtung fließt. Das warme Wasser vom Westpazifik - der Küste meiner Heimat also - fließt dann für zwei bis drei Monate in Richtung Südamerika, was natürlich in meinem Fall eine enorme Erleichterung gewesen wäre. Zudem wäre es dann jetzt hier bedeutend wärmer.

Aber da ich ja nicht nur passionierte Seglerin, sondern auch Naturfreund bin, hat El Niño wenigstens aus meiner Perspektive auch immer noch Überraschungen im Gepäck, die weit weniger angenehm sind.

Das kalte, nährstoffreiche Wasser des Humboldtstroms ist Lebensraum für Unmengen von Plankton. Von dem ernähren sich wiederum die Fische in diesen Breiten.

Besonders in Peru und Chile lebt man vom Fischfang. Erwärmt sich das Wasser allerdings zu stark, können sich die Algen nicht mehr optimal vermehren und sterben ab. Die Fische, die dann nichts mehr zum Fressen haben, wandern in Regionen, in denen das Wasser kälter und die Umgebung insgesamt nahrhafter ist und die Leute, die hier wohnen, bekommen ernsthafte Probleme beim täglichen Brötchen verdienen. Ein völliges Wirrwarr also, dass niemandem wirklichen Nutzen bringt.

Ganz abgesehen von der wirtschaftlichen Katastrophe ist El Niño auch für das Klima der Welt selbst eine Zumutung.

Kam ich momentan in den Genuss totaler Trockenheit, hätte ich es in einem El-Niño-Jahr mit einer ordentlichen Menge Wasser von oben zu tun bekommen. In dieser Gegend, in der es im Normalfall um die Weihnachtszeit herum immer sehr trocken ist, lösen die enormen Niederschläge dann regelmäßig Erdrutsche aus. Außerdem bilden sich permanent Hurricans, die teilweise wirklich heftige Schäden anrichten, während daheim alles verdurstet und vertrocknet.

Ich habe sogar schon davon gehört, dass ein Segelflugzeug wegen des enormen Auftriebes, den die nach oben steigende Luft über dem zum Erliegen gekommenen Humboldtstrom erzeugt, nicht landen konnte. Der arme Pilot wurde einfach mitsamt seiner Maschine immer wieder nach oben getragen. Ob das stimmte – keine Ahnung.

Haben musste ich das alles nicht unbedingt, weshalb ich ganz dankbar war, dass ich just in diesem Jahr noch einmal Glück gehabt hatte.

Mit Computern und Daten der vergangenen Jahre konnte man die ganze Sache mittlerweile recht gut vorausberechnen.

Und wenigstens war für dieses Naturphänomen ausnahmsweise nicht die ausufernder Lebensweise von uns Menschen verantwortlich. Zumindest soweit mir das bekannt war.

Warum Strömung und Wind sich alle paar Jahre so unregelmäßig benehmen, ist nicht wirklich ergründet. Es scheint aber tatsächlich so zu sein, dass der Ausstoß von Abgasen und die Umweltverschmutzung dazu beitragen, dass sich die Perioden verkürzen, in denen der Pazifik von dem gemeinen Burschen verschont bleibt.

Eine unschöne Sache, aber bevor das nicht allen bewusst wurde, konnte auch ich nichts daran ändern und konzentrierte mich auf das Weiterkommen und auf mein einsames Weihnachten. Ohne Familie. Ohne Freunde. Ohne El Niño.

Nichts fühlte sich im Moment richtig an. Meine Gedanken kreisten um tausend Dinge, Fragen, Zweifel. Nicht um die Thetis, nicht um das Projekt. Eher um seine Ursprünge.

Ich dachte daran, wie ich an ungezählten Freitagen von der Schule nach Hause lief, voller Vorfreude auf das bevorstehende Wochenende. Wie ich eilig ein paar Sachen in meinen Rucksack geworfen habe und zu Mama und Papa ins Auto gestiegen bin, das mit laufendem Motor vor der Tür wartete. Ich erinnere mich an die Tage im Bootsclub, an stinkende Flüssigkeiten, mit denen wir die Schiffe so lange einrieben und –pinselten, bis man sich in ihren Rümpfen spiegeln konnte, wie ich mit Mala, die ich kannte, seit ich denken konnte und die mehr eine Schwester als eine Freundin für mich war, zwischen den Aufbauten Verstecken spielte, wie wir heimlich, verborgen im letzten Winkel der Bootshalle, Geheimnisse austauschten.

Und noch viel besser erinnerte ich mich an den Tag, als Simon nach Hause kam. Simon, der gut vier Jahre älter war als ich und schon getan hatte, wovon ich damals noch heimlich träumte: eine Regatta segeln.

Ich war lausige elf Jahre alt und eigentlich nur fasziniert von all dem Trubel, den Kameras und Reportern, die sich an diesem Tag auf den Stegen tummelten. Freilich wurde kein Geheimnis daraus gemacht, welch Großereignis unserem kleinen, verträumten Club bevorstand, sogar der Kommodore des Cruising Yacht Club of New Zealand stand am Kai, um der Crew zu gratulieren, die das jüngste Besatzungsmitglied überhaupt mit an Bord geholt hatte und sogar mit ihm im vorderen Feld mitgesegelt war. Ich war aufgeregt und hatte ungefähr eine Million Fragen im Kopf, die ich diesem Jungen, den ich nicht kannte, stellen wollte: Wie fühlt sich das an? Hattest du Angst?

Technische Details interessierten mich damals noch kaum. Darum kümmerte sich meist mein Vater. Was mich immer und immer wieder ans Wasser trieb, war die Sehnsucht auszubrechen aus meinem kleinen Alltag und Großes zu erfahren. Mag sein, dass ich all das im Nachhinein idealisierte. Gut möglich, dass ich mir nur wünschte, diese Sehnsucht hätte sich schon damals in mein Herz gepflanzt, um ihm den Triumph nicht zu gönnen. Simon, meine Muse. Simon, mein Untergang.

Sonnengebräunte Haut hatte er, blaue Flecken und Schürfwunden am ganzen Körper. Schwielen an den Händen. Und kein einziges Auge für mich übrig. Kein Fünkchen Aufmerksamkeit. Erst recht keine Antworten.

Seine Mutter knautschte und quetschte ihn zwischen ihren massigen Armen zusammen und mein Vater klopfte ihm anerkennend auf die Schulter als er auch schon in dem Gewühl von Menschen verschwand um die Aufmerksamkeit zu genießen.

Mala kniff mich in den Arm, dass es ordentlich weh tat und raunte mir ins Ohr:

„Genau den Typen will ich heiraten und in spätestens zehn Jahren wahnsinnig viele Kinder von ihm haben."

Ich lachte sie aus, dabei dachte ich genau das Gleiche. Hätte mir damals jemand gesagt, dass mein Kampf gegen Simon in einer Weltumsegelung münden würde, hätte ich mir wohl jedes Verliebtsein erspart.

Aber niemand warnt einen, wenn man im Begriff ist, Geister zu rufen.

Jetzt hatte ich es also doch getan. Habe mir eingestanden, was ich mir nie eingestehen wollte.

Ich segelte um die Welt, weil es mein Traum ist. Ich segelte um die Welt, um zu flüchten. Ich segelte um die Welt, weil ich Aufmerksamkeit wollte.

Aufmerksamkeit von einem Jungen, der so weit entfernt war,

nicht nur körperlich, auch geistig, dass es weh tat, daran auch nur zu denken.

Und wenn man Aufmerksamkeit brauchte oder flüchten wollte, sollte man so was hier auf keinen Fall tun. Weil man dann viel eher beginnt mit dem Zweifeln und die Lust verliert und sich nicht mehr traut, umzukehren, weil man sich keine Blöße geben will.

Dabei hatte Simon sich noch nicht einmal extensiv Mühe gegeben, mich zu verletzten. Er hatte nur den Moment versäumt, in dem es für mich noch möglich gewesen wäre, mich ohne größere Unannehmlichkeiten in mein Schneckenhaus zurückzuziehen und meine Wunden zu lecken.

Und es begann zu verheißungsvoll.

Wenn es um Partys ging, war Kerikeri ein Dorf. Wenn es um Scheunenpartys bei Sue ging, einem Mädchen aus der Schule, war es sinnvoll zu fragen, welcher Jugendliche aus der Umgebung nicht kommen würde. Sues Scheunenpartys waren legendär. Wenigstens ab dem Zeitpunkt, an dem sie und mit ihr gemeinsam auch ich begann, sich für Partys und Jungs zu interessieren.

Ihren Eltern gehörte die Farm am Maryvale Drive. Fürchterlich idyllisch und fast schon abgeschieden schmiegten sich die weitläufigen Gebäude an ein Waldstück, das direkt an den Homestead Creek grenzte. Von dort bis zur Brays Road erstreckten sich die Ländereien ihrer Eltern. Weit und breit niemand, der sich durch Lärm gestört fühlen konnte, abgesehen von ein paar tierischen Bewohnern aus Farm und Wald.

Und Sue hatte definitiv die lässigsten Eltern in Kerikeri. Denen war es schnurzpiepegal, wann ihre Tochter abends nach Hause kam oder mit wem sie sich traf. Nicht auf eine gleichgültige, eher auf eine „Wir waren auch mal jung und haben es überlebt"-Weise.

Und deshalb schmiss Sue bei jeder Gelegenheit eine Party. Wir grillten dann am Fluß, angelten, badeten und verkrochen uns bei Morgengrauen in dem kuscheligen Heuboden.

Und ich Depp hatte Simon dazu eingeladen. Weil wir uns endlich an den Bootsstegen über den Weg gelaufen waren und er mich nicht ignoriert hatte und ich nach den ersten, vagen Worten den Hals nicht voll kriegen konnte.

Mala fand das witzig. Die hatte sich einen neuen Mann zum Heiraten gesucht und großzügig das Feld geräumt. Weil Mala auch schon immer so wahnsinnig schön und klug war. War sie wirklich. Und wäre sie nicht meine beste Freundin hätte ich sie dafür gehasst.

Simon hatte zugesagt und während wir überlegten, was wir anziehen würden, hatte Mala, die barfüssig auf meinem Bett herumwuselte und in Klamottenbergen wühlte, sich dezent nach Itchy erkundigt. Itchy war bis zu dem Zeitpunkt mein aktueller Ex-Freund und hörte eigentlich auf den völlig dämlichen Namen Hudson. Seine Eltern hatten ihn so genannt, aus Ehrfurcht vor Hudson Taylor, der ein Missionar in China gewesen war. Das hatte mir seine quasselige Mutter erzählt, als wir schweigend und steif Kaffee getrunken hatten, während Hudson an meinem Fahrrad herumgeschraubt hatte, an dem eine Pedale lose war.

Itchy nannten wir ihn, weil er immer so hibbelig war und ständig davon redete, dass er schon zu lange an einem Ort wäre und wieder raus in die Welt müsste. Itchy to go lautete sein Spitzname übriges ausgeschrieben.

Das Witzige an der Sache war, dass er seit seinem dritten Lebensjahr nicht mehr aus Neuseeland weggekommen war. Davor hatte er seit seiner Geburt auf Kuba gelebt und wurde nicht müde zu betonen, dass er ja kein gebürtiger Neuseeländer sei. Seine Eltern waren – und hier schließt sich der Kreis – christliche Missionare und hatten auf der Insel ihr Glück versucht, bis sie entnervt nach Kerikeri zurückkamen, Klein-Itchy an der

Hand, und seitdem nicht einmal mehr in die Kirche gingen. Sehr amerikanisch, das Ganze.

Itchy würde auch da sein und war noch immer sehr verliebt in mich. Mir war er irgendwann zu trocken geworden. Blöde Geschichte. Aber wenig später schon hatten wir uns gefangen und wieder von vorn begonnen – als gute Freunde. Und der Gedanke an sein Gitarrenspiel auf meiner Farewell-Party und an sein lustiges Grinsen trieb mir auch auf See häufiger ein solches ins Gesicht. Mit manchen Leuten ist man einfach besser ,nur befreundet'.

Damals aber beschlich mich ein ungutes Gefühl darüber, dass er an dem Abend, an dem ich endlich mit Simon anbandeln wollte, auch da sein würde. Aber davon durfte ich mich nicht beeindrucken lassen. Sollte er doch denken, was er wollte.

Simon rollte, am Flussufer angekommen, seinen Schlafsack aus und lud mich ein, mit ihm darauf zu sitzen. Sue versuchte unterdessen, mit ein paar lagerfeuerversierten Jungen bewaffnet, das Feuer anzuzünden. Problematischerweise musste als Brennmaterial feuchtes Laub und Geäst herhalten, da wir alle es versäumt hatten, an trockenes Holz zu denken. Und so saßen wir schon bald bibbernd und mit leicht säuerlicher Stimmung um ein Stück glimmenden Grillanzünder, während der erbärmliche Qualm der Blätter nicht einmal ausreichte, um die Mücken fernzuhalten.

Immerhin verleitete dieser Umstand Simon, kritisch von Itchy beäugt, dazu, mir die nackten Füße zu wärmen. Ich nahm das als verheißungsvolles Zeichen und fühlte mich bestätigt, als Mala mir verschmitzt aus der Armbeuge ihres aktuellen Herzblattes heraus zublinzelte.

Die blaue Stunde erlebten wir in dieser Nacht nicht mehr am Flussufer. Zu stark hatte der Seewind das Szenario abgekühlt. Die Kälte als Vorwand nehmend, lag ich eng an Simon gekuschelt zwischen duftendem Heu, als Itchy vollends das Benehmen verlor und lautstark zu singen begann. Uralte Schinken, die kein Mensch hören wollte und die er, umnebelt von dem ein oder anderen Bier zuviel nur wenig textsicher zum Besten gab.

„Was für eine Nacht", raunte Simon mir grinsend zu und zog mich enger an sich.

Ich fror tatsächlich und dennoch spürte ich erwartungsvolle Wärme in mir aufsteigen, als ich mich der Hoffnung auf noch weitere derartige Nächte hingab.

Doch so weit sollte es nicht kommen. In den Wochen darauf war Simon vollends mit den Vorbereitungen für seine Segelschein-prüfung beschäftigt und ich sah ihn allenfalls in der Marina, wenn er mit Vater und den anderen Bootseignern fachsimpelte. Wir sprachen wenig miteinander. Er war nicht unfreundlich, schien aber auch nicht zu ahnen, wie sehr ich den Abend mit ihm genossen hatte.

Seine Segelscheinprüfung, die er mit Bravour absolvierte, was nun wirklich niemanden verwunderte, fiel mit seinem Schulab-schluss zusammen und beides veranlasste ihn dazu, eine kleine Feier zu geben. Das Datum fiel auf einen Samstag und in der Hoffnung, dass meine aufgezwungene Romanzenpause nun vorbei wäre, verzichtete ich auf einen wöchentlichen Törn mit der Familie.

Simon allerdings verfolgte ganz andere Absichten. Der gab auf seiner Party bekannt, dass er nun nicht nur Dinge vollendet hatte, sondern auch direkt neue anzugehen gedachte: Er hat-te von einem Segelclub in Sydney eine Ausbildungsstelle zum Sportassistenten angeboten bekommen. Zeitgleich konnte er sich zum Skipper qualifizieren und war so einem Ziel, das viele von uns, die wir mehr Fische als Menschen waren, verfolgten, ein gutes Stück näher: Am, auf dem, im Wasser leben und dafür bezahlt werden.

„Nicht unser Zeitpunkt", erklärte er mir später an diesem Abend mit einem entschuldigenden Lächeln und nahm mich fest in beide Arme.

Vielleicht war es ungerecht, ihn jetzt dafür verantwortlich zu machen, dass ich in den nächsten Jahren all meine Kraft auf meinen Weltumsegelungsplan konzentrierte. Aber ich denke, er war einer der Hauptgründe dafür: ich konnte nicht begreifen, dass ihm andere Dinge wichtiger zu sein schienen, als ich. Und das, obwohl wir auf der Kaimauer sitzend so viele wunderbare Gespräche geführt hatten und ich mich ihm so nahe fühlte, wie keinem anderen Menschen sonst.

Ich wollte seine Aufmerksamkeit erhaschen und ihm beweisen, dass wir sehr gut funktionierten und das zu jedem Zeitpunkt. Weil uns nicht nur die Leidenschaft zueinander verband, sondern auch die für das Wasser und den Segelsport.

Das war dumm und naiv von mir. Simon hatte diese ganze Angelegenheit wahrscheinlich in keinem Moment so ernst genommen, wie ich es tat.

Mala versuchte, mich aufzumuntern und Itchy sah seine Chance. Mir war das alles egal. Ich hatte jetzt ein Ziel und ganz gleich, wer oder was mich dazu gebracht hatte, ich wollte dieses Ziel um jeden Preis erreichen.

Was ich nicht bedacht hatte – und was vermutlich einer der Gründe war, jetzt an der Redlichkeit meines Vorhabens zu zweifeln – war der Preis, den ich zwar in jedem Fall zu zahlen, aber nicht bedacht hatte.

Eine alte Seefahrerweisheit besagt: Unterhalb von vierzig Grad gibt es kein Gesetz mehr. Unterhalb von fünfzig Grad gibt es keinen Gott mehr.

Im Moment befand ich mich auf achtunddreißig Grad südlicher Breite. Wenn ich mich weiter mit etwa sechs Knoten vorwärts bewegte, würde ich in vierundzwanzig Stunden den vierzigsten Längengrad überschreiten.

Die Drakestraße, die den Pazifik und den Atlantik verbindet, liegt zwischen dem sechsundfünfzigstem und dem sechzigsten Grad südlicher Breite und genau da musste ich durch – etwa vierhundert Seemeilen mit den südlichen Shettland-Inseln im Süden und Kap Hoorn im Norden und den Wassermassen des antarktischen Zirkumpolarstromes unter mir, die ungebremst um den gesamten Globus auf dieses Nadelöhr zurollten, hier stark verwirbelten und sich erst im Atlantik wieder mäßigten. Wenn alles gut ging, brauchte ich vielleicht zwei bis drei Tage für die Umrundung. Wobei hier gut nicht viel mehr sein würde, als das geringere Übel.

An dreihundert Tagen im Jahr herrscht am Kap Hoorn eine schlechte Wetterlage. Orkane, Tiefdruckwirbel, zehn Meter hohe Wellen erwarteten mich und die Thetis und ich hatte die unangenehme Befürchtung, dass keiner der Meeresgötter, die hier ihr harsches Regiment führten, auf das kleine Mädchen in ihrem winzigen Boot Rücksicht nehmen würden.

Fast hoffte ich darauf, dass Mr. T. mir ein neues Tief zu melden hatte. Einmal mehr nach Westen ausweichen zu müssen, gäbe mir noch eine kurze Schonfrist.

In den letzten Wochen war ich, ohne Mist, ein Meister darin geworden, hart am Wind zu segeln. Durch die relative Nähe zum Festland hatte ich immer wieder mit Tiefdruckausläufern zu kämpfen, die zu durchsegeln zwar meine Fähigkeiten nicht überstiegen, maximal gefördert hätten, denen ich aber doch lieber aus dem Weg gegangen war.

Ich wollte für die Route um Kap Hoorn kein unnötiges Risiko eingehen. Zuviel Zeit habe ich letzthin dafür aufgebracht, das Schiff zu einer sturmsicheren Festung umzurüsten. Ich hatte jede Winsch und jede Schot geprüft, war Stunden um Stunden in eisigem Wasser am Bug herumgetaucht, hatte Schwert und Ruder gesäubert und Fouling entfernt. Jeder Fehler konnte mir da unten zum Verhängnis werden und ich wollte mich der Herausforderung nur stellen, wenn ich auch ganz sicher war, dass sich an der Thetis alles, wirklich alles in einem top Zustand befand.

Komisch, welches siebzehnjährige Mädchen sagt so etwas und meint es ernst: ‚Jeder Fehler kann tödlich sein‘?

„Die Jugend ist dazu da, um Fehler zu machen", hat Papa immer gesagt, wenn ich mal wieder zu spät heimkam oder eine schlechte Schulnote nach Hause brachte und Mama ganz aufgeregt umhergackerte.

Tja, was sollte ich jetzt, in diesem Augenblick von diesem Gedanken halten?

Hach, herrje. Ich war kein sonderlich motivierender Zeitgenosse, wenn ich so wehleidig war. Blöd nur, dass ich gerade keinen anderen zur Hand hatte.

Also: tief Luft holen, weitermachen!

Kap Hoorn

Kap Hoorn zu beschreiben war - ich fange noch einmal von vorn an.

Es gab keine Worte, um Kap Hoorn zu beschreiben. Wer zum Teufel hatte sich ausgedacht, dass die Hölle aus Feuer besteht? Das hier, Freunde, das war die Hölle.

Ich wagte mich ohne Lifebelt schon seit Tagen nicht mehr an Deck. Selbst unter Deck war ich ständig damit beschäftigt, irgendwie, irgendwo Halt zu finden. An Schlaf war nicht zu denken.

Ich hatte noch nicht erlebt, dass die See in diesem Teil der Welt nicht wenigstens grob gewesen wäre. Die Wellen begruben die

Thetis und mich regelmäßig unter sich, das Wasser auf dem Boot war nach Sekunden gefroren. Ich kämpfte mit schwarzem Frost, jeder Schritt dauerte eine halbe Ewigkeit. Auf dem Deck hätte man Schlittschuh laufen können – wenn man den Mumm oder aber das Leben satt hatte. Ich gab mich damit zufrieden, dieses Ärgernis, das nicht nur eine Gefahr, sondern auch unnötigen Ballast darstellte, beständig mit meinem Hämmerchen zu bearbeiten.

Alles war eisig. Inklusive mir. Ich hatte fürchterliche Angst. Und konnte nichts dagegen tun. Nichts gegen das Chaos dort draußen. Nichts gegen das Chaos in mir.

Mein Kurs verlief weit südlicher, als ich ursprünglich geplant hatte. Eigentlich wollte ich die kürzeste Strecke durch diese unwirtliche Gegend nehmen und mich schnell wieder auf der Sonnenseite – im Atlantik – wiederfinden. Daraus wurde nichts.

Innerhalb von ein paar Stunden stürzte der Luftdruck auf dem Barometer rapide ab. Die Umgebung wurde dunkler und immer dunkler. Und das, obwohl ich ohnehin der Meinung war, dass die Sonne es bis hierher noch nie geschafft hatte. Gigantische Wolkenberge türmten sich hinter meinem Rücken auf und gewannen unaufhaltsam Raum. Immer schneller und immer härter schlugen die Brecher gegen den Rumpf der Thetis. Jetzt musste alles rasend schnell gehen. Ich schleppte Spinnaker und Genua unter Deck, barg das Großsegel, damit es dem Wind möglichst wenig Angriffsfläche bieten konnte, prüfte das laufende Gut und setzte die leuchtend orange Sturmfock. Ein Schlitterparcours. Blaue Flecken. Angstschreie, die niemand hören konnte. Den Vergleich mit einer Nussschale zu bemühen, erschien mir müßig. Und unpassend. Ich fühlte mich noch um ein Vielfaches winziger.

Unmöglich konnte ich der Ankunft des Unwetters däumchen-drehend entgegen blicken. Ich ging pragmatisch vor, überlegte, was mich erwarten würde und blieb bei der Aussicht auf eine wenig erholsame Nacht hängen. Hierfür musste ich vorsorgen. Ich würde jede Menge Proviant brauchen, um dem Sturm gut gestärkt gegenüber zu treten und nicht aus Energiemangel ein-zuknicken.

Ich schmierte mir Unmengen von Broten, kochte zuckersüßen Kaffee und Instant-Brühe und füllte alles in riesigen Thermos-kannen ab. Meine Fresspakete verstaute ich in den Taschen, die im Cockpit angebracht und eigentlich für die losen Leinen und Kurbeln gedacht waren. Keine Chance, dass das Meer sie mir so wegnehmen konnte. Ich war für den Kampf gewappnet.

Kaum hielt ich meine Vorbereitungen für abgeschlossen, begann der Wind auch schon zu drehen. Nach einer Stunde erreichte er elf Beaufort, ein Orkan, der sich aus nordwestlicher Richtung mit enormer Geschwindigkeit auf mich zubewegte. Haushohe Wellenberge türmten sich hinter mir auf. Die eiskalte Gischt knallte mir ins Gesicht und verpasste mir die Ohrfeigen meines Lebens – im Minutentakt. Ich konnte nichts mehr sehen, nichts mehr hören, wenngleich der Lärm um mich herum gigantisch war.

Schon seit Tagen hatte ich unter Deck alles sturmsicher festge-zurrt und alles direkt nach Benutzung wieder verstaut.

Kein Seeventil, keine Luke stand offen, kein Kochtopf konnte he-rumfliegen. Eine Sorge weniger. Der Respekt vor diesem Teil der Welt und die Erfahrung der vergangenen Wochen hatten mich vorsichtig gemacht. Dafür wurde ich jetzt belohnt – wenngleich das kein Wort war, das ich in diesem Zusammenhang ernsthaft benutzen mochte.

Noch immer stand die Entscheidung aus, wie es weitergehen würde.

Den Kurs nach Osten zu halten, erschien mir keine gute Idee. Würde der Wind weiter drehen und schließlich aus Norden kommen, böten wir ihm die volle Breitseite. Und dem Wind, diesem hundsgemeinen Grobian, traute ich nicht zu, dass er sich nicht verleiten ließe, mit dem Rigg der Thetis, das auch ohne Segel eine enorme Angriffsfläche bot, Schiffe versenken zu spielen.

Die Segel ganz wegzunehmen und nur vor Topp und Takel zu laufen, mich treiben zu lassen also, war mir auch nicht wirklich geheuer. Nicht nur wollte ich vermeiden, gänzlich abgetrieben zu werden und am Ende mein allzu frühes Seemannsgrab in der Antarktis zu finden - auch die Gefahr, dass der hohe Seegang die Thetis am Heck in die Höhe ziehen und den Bug unter Wasser drücken würde, erschien mir zu hoch.

Ich entschied mich dafür, vor dem Wind abzulaufen, meinen Kurs dem des Orkans anzupassen und den Treibanker auszuwerfen. Der beruhigte die Bewegungen der Thetis, ohne allzu enthusiastisch zu versuchen, sie an Ort und Stelle zu halten und gab mir dennoch die Möglichkeit zum Durchatmen. Unter Deck traute ich mich nicht. Ich verbrachte geschlagene achtundvierzig Stunden an das Ruder geklammert und vor Kälte und Müdigkeit zitternd, immer bereit, meine Strategie zu ändern, immer bereit wie ein Löwe zu kämpfen und mich und mein Boot heil aus diesem grausigen Szenario heraus zu manövrieren.

Immer aber auch bereit, die Rettungsinsel zu Wasser zu lassen, sollte ich das Schiff aufgeben müssen. Wenngleich ich mir kaum eine Überlebenschance ausrechnete, sollte die See das Boot in ihre eisigen Tiefen hinabdrücken. Niemand würde uns hier rechtzeitig finden. Von niemandem konnte ich ernsthaft verlangen, sein eigenes Leben bei dieser Wetterlage zu riskieren, um ein allzu dickköpfiges Mädchen zu retten. Ich war allein und wusste nicht, was mich mehr ängstigte: die Tatsache als solche oder das Bewusstsein darüber.

Ich versuchte, die Geräusche um mich herum zu ordnen. Geräusche des Bootes. Geräusche der See. Geräusche des Windes. Alles knackte, knarrte – ein Kampf der Elemente. Ich mittendrin.

Ein bombastischer Knall zerfetzte die Nacht. Der Wind hatte die Sturmfock besiegt. Ein gewaltiger Riss zog sich vom Vorstaag senkrecht nach oben. Noch nie hatte mich ein zerrissenes Stück Leinen so betroffen gemacht.

Hätte es irgendeine Möglichkeit gegeben – ich hätte die Sache abgebrochen. Zu naiv kam ich mir vor. Zu schwach, um diesen Naturgewalten zu begegnen. Der Wind und die Wellen spielten Ping Pong mit mir. Der Kiel hielt uns nur mühsam aufrecht. Die Krängung erreichte Neigewinkel, die ich nicht für möglich gehalten hätte, die ich mit hundert Kilo mehr auf den Rippen und auf der höchsten aller Kanten nicht in normale Bahnen hätte zurücklenken können.

Ich heulte, ich wütete, ich schrie. Niemand hörte mich. Nirgends öffnete sich eine Tür, durch die ich schlüpfen konnte, auf deren anderer Seite ein warmer Tee und eine breite Schulter warteten. Niemand sprach mir Mut zu.

Ich habe mich noch nie so einsam gefühlt.

Ich verfluchte jeden, der mich unterstützt hatte, gab jedem recht, der an mir und meinem Plan gezweifelt hatte. Miesepeter und Besserwisser - plötzlich glaubte ich ihren Meinungen.

Ich versuchte, an die Marina zu denken, an den Tag, an dem ich all das hinter mir haben und meine Eltern wieder in die Arme schließen würde. Das ließ mich noch mehr verzweifeln.

Also dachte ich an all die Presseartikel, die ich über gekenterte Yachten gelesen hatte. An die Fehler, die deren Crews gemacht hatten und die ich, soweit ich das überblicken konnte, vermieden hatte. Das machte mich noch ängstlicher. Schließlich beschloss ich, an gar nichts mehr zu denken und spürte die Müdigkeit und die Kälte intensiver als je zuvor in meinen Knochen. Uralt fühlte ich mich.

Ich hatte so ziemlich jedes negative Gefühl in diesen Stunden, das man nur haben kann. Aber irgendwann, nach einer Ewigkeit, hatte ich es überwunden. Alles. Den Sturm, den Hunger, die Kälte, die Müdigkeit, die Zweifel. Mich.

Die Thetis lag wieder sicher auf, im Vergleich zu vorher, ruhiger See. Es kehrte Stille ein. Das Barometer stieg. Ich bildete mir sogar ein, einen Sonnenstrahl hinter der massiven Wolkenwand entdecken zu können. Ein neuer Tag. Alles erschien sauberer, reiner, fast freundlich. Ich hatte die Hölle durchquert. Jetzt konnte mir nichts mehr passieren.

Noch ein bisschen durchhalten. Das Chaos wieder ordnen. Neu strukturieren, neu organisieren, alles für die Weiterfahrt herrichten, das Boot wieder auf Kurs bringen. Seekarten studieren. Die Route neu berechnen. Ein knapper Bericht nach Hause. Dann schlafen. Eine halbe Stunde den Autopiloten machen lassen. Nur eine halbe Stunde. Dann Wasser auftauen. Tee trinken. Kraft tanken. Den Mut wiederfinden.

Ich musste mich belohnen und ich wollte mich belohnen und ich belohnte mich, erfüllte mir jeden Wunsch, weil ich es verdammt noch einmal verdient hatte und weil ich stolz auf mich war.

Ich erhitzte mehr Wasser als nötig und schrubbte mich mit einem Waschlappen von oben bis unten ab. Heißer Kakao, wie ich ihn damals bei Marie getrunken hatte, köchelte auf dem Herd vor sich hin. Eine braune Masse, die man vor lauter Zucker kaum noch als flüssig bezeichnen könnte. Der die Konsistenz von Heizöl hatte – und auf mein Inneres auch die gleiche Wirkung. Der Geschmack von Siegen wird für mich ab diesem Tag immer mit dem Geschmack von überzuckertem Kakao gleichzusetzen sein. Frische Klamotten. Endlich wieder saubere Kleidung.

All diese Kleinigkeiten – ich weiß nicht, ob ich sie jemals so schätzen gelernt hätte, hätte ich dieses Abenteuer nicht gewagt. Man trauert zu häufig dem Unerreichbaren nach, denke ich. Verlangt zu häufig nach dem, was man nicht haben kann und unterschätzt die Dinge, die einem alltäglich erscheinen.

Erst, wenn nichts mehr alltäglich ist, nicht das Sonnenlicht, nicht die allabendliche warme Dusche, nicht das kuschelige Bett, lernt man den wahren Wert der Dinge zu schätzen.

Ich weiß nicht, ob man dafür mutterseelenallein durch die Weltgeschichte schippern muss. Wahrscheinlich gab es tausende von Wegen, um zu dieser Erkenntnis zu gelangen. Das hier war meiner und in diesen Momenten, in denen ich in den Spiegel schaute und das Mädchen sah, das erfolgreich den Naturgewalten getrotzt hatte, das müde aussah und abgespannt, dessen Augen aber blitzten vor Stolz und Zufriedenheit - dieses Mädchen, das kaum noch Ähnlichkeit hatte mit jenem, das vor über zwei Monaten von daheim aufgebrochen war – da wusste ich, das ich den richtigen Weg gewählt hatte.

Schon so viele Kapitäne waren hieran gescheitert. Ich hatte einen riesigen Schiffsfriedhof überquert ohne ‚Guten Tag‘ zu sagen. Sollte der Teufel nicht noch weitere Überraschungen für mich in petto haben, würde ich morgen früh im Atlantik sein. Wer als Siebzehnjährige dieses Abenteuer erlebt – überlebt hat, würde auch das Leben meistern. Würde allen Zweiflern und Nörglern den Finger entgegenrecken und fragen können:

- „Und? Glaubt ihr immer noch, dass ich es nicht schaffen kann? Ich finde, ich mache diese ganze Sache sehr gut und ihr, ihr hattet einfach nur Unrecht!“

Und jetzt, wo ich hier saß und mir bewusst wurde, dass ich jeden Tag bereitwillig Pflichten und Verantwortung übernahm, mich ohne Netz und doppelten Boden ganz großen Herausforderungen stellte und mich dabei - so weit so gut - gar nicht schlecht anstellte, da schwand plötzlich auch meine Angst vor dem „Leben danach" ein wenig.

Was hatte ich eine miese Angst vor dem Ende der Schule! Völlig planlos, völlig unvorbereitet auf das, was mich in der Welt nach der Kindheit erwarten würde, hatte ich mich gefühlt. Angst vor dem Sprung ins kalte Wasser gehabt und mich in die Weite des Wassers geflüchtet. Auf dem Rücken der Thetis, weil ich mich noch nicht bereit fühlte und hatte mich dabei, ohne mir dessen auch nur annähernd bewusst zu sein, ziemlich selbst veralbert und das Pferd von hinten aufgezäumt.

Wenn man so wollte, konnte man dieses ganze Unternehmen als Test begreifen, vor den ich selbst mich gestellt hatte: Wenn ich diese Reise, das Auf-mich-allein-gestellt-sein meisterte, dann schaffte ich auch dieses andere Projekt. Dieses Leben als Erwachsene unter Erwachsenen, das zwar ungleich länger dauern würde, aber mir wenigstens die ein oder andere, gern auch längere Verschnaufpause einräumen würde, ohne dass ich es gleich vermasseln würde.

Ich würde es schaffen. Vielleicht nicht perfekt – das war auch nicht zwingend mein Anspruch – aber doch wenigstens einigermaßen gut. Und allein diese Einsicht machte mich für den Moment unglaublich glücklich. Mir war nach Durchatmen.

Von einem Ozean in den nächsten – heute: der Atlantik
Woche 14

Ka-Tsching! Freunde, was soll ich sagen? Die beiden mächtigen Herren Atlantik und Pazifik haben mich gewähren lassen und wenigstens Ersterer präsentierte sich im Moment wie ein Schosshündchen.

Ich wüsste nicht, wie ich das Gefühl beschreiben sollte, als ich endlich, nach dem Sturm, nach all der Dunkelheit, nach Angst und Wut den ersten Sonnenaufgang über diesem Gewässer, dem zweiten Weltmeer meiner Reise beobachten durfte.

Es war ein Spektakel, das ich einfach nur genoss. Ich ließ Segel Segel sein, warf die Selbststeueranlage an und hockte mich mit einer Tasse dampfendem Tee an Deck. Ich beobachtete den Himmel dabei, wie er ganz hinten am Horizont, heimlich und kaum wahrnehmbar mit seinen Farben zu malen begann.

Der erste Strich war ein kleiner, silberner Lichtstreif dort, wo Meer und Himmel sich trennten, wo bis eben eine riesige, schwarze Leinwand darauf gewartet hatte, mit Leben gefüllt zu werden. Als nächstes wurde der Silberstreif breiter, heller, wurde zu leuchtendem Gelb, um schließlich mit Rot aufgefüllt zu werden.

Nun kam das Meisterstück. Langsam, langsam schob sich die Sonne aus dem Meer hervor, einer Diva gleich, die ihren großen Auftritt auf's Genaueste einstudiert hat und nun jeden Moment davon auskosten will.

Allmählich verschwanden die Rottöne und machten einem hellen, strahlend kräftigen Blau Platz, das mit der Sonne um Aufmerksamkeit rang.

Bald schon hatten sich beide geeinigt und das Schauspiel war beendet, ein neuer Tag geboren und ich mit ihm.

Ernsthaft! Genau so fühlte ich mich! Als Teil dieses romantisch-kitschigen Spektakels. Und alle Sorgen waren plötzlich Geschichte.

Nicht nur hatte ich in den letzten Tagen ernsthaft darüber nachgegrübelt, was mich überhaupt in dieses Szenario hineingeritten hatte, ich hatte auch nach seinem Ursprung gesucht. Nach dem Grund.

Ich meine, wie schon gesagt, die Idee - wahrscheinlich nicht bewusst, aber wenigstens unterschwellig - kam mir schon in einem Alter, an das ich mich kaum noch erinnerte. Auf einem der ersten Segelausflüge mit meinem Vater. Ich hatte vor ihm gestanden, am Ruder und seine Hände lagen auf meinen und ich hatte gejauchzt und geschrien und „Schneller, schneller!" gerufen.

Ich war vielleicht vier und neben diesem Traum hatte ich noch den von einem Schloss und einer Puppe, die trinken und „Mama" sagen kann. Ah ja! Und ein Meerschweinchen habe ich mir auch gewünscht.

Irgendwann hatte ich aufgehört, nach einem Nagetier zu verlangen. Auch die Puppe war recht schnell zur Nebensache verkommen. Nur das hier, der Wunsch, diese Reise durchzuführen, das hatte weiterbestanden. War gewachsen, zeitweise in den Hintergrund gerückt, aber nie verloren gegangen.

Vielleicht war das der Ursprung, die Antwort auf die Frage, warum ich mir nicht ein anderes Hobby gesucht hatte.

Aber was war der Grund gewesen, diesen Traum zur Vollendung reifen zu lassen? Dieses Projekt mit all seinen Tücken und Hindernissen in Angriff zu nehmen und bis zu diesem Punkt auch tatsächlich durchzuhalten?

Eine Frage, auf die ich auch nach intensiver Grübelei keine eindeutige Antwort finden konnte.

Vielleicht versprach ich mir von dem hier irgendetwas. Ruhm oder Aufmerksamkeit. Sehr wahrscheinlich versuchte ich hiermit auch davonzulaufen – vor Vergangenem und Zukünftigem. Vor dem, was nach der Schule andernfalls auf mich gewartet hätte. Vor Erwartungen, die ich noch weniger glaubte, erfüllen zu können.

Dabei war es gar nicht so, dass ich mir nicht vorstellen konnte, in den nächsten Wochen mit meiner Lehre zu beginnen. Veranstaltungskauffrau wäre wohl ein netter Zeitvertreib.

Viel wahrscheinlicher aber war, dass ich das hier tat, weil ich auf der Suche nach etwas war, was jeder irgendwann irgendwie suchte: Glück, Freiheit, das Gefühl lebendig zu sein und zu tun und zu lassen, was man schon immer tun und lassen wollte.

Ich könnte genauso gut jeden Langstreckenläufer fragen, weshalb er den Drang hatte, sich auszupowern, was er sich davon versprach, seinen Körper halbtot zu schuften, seine Gelenke zu strapazieren.

Oder die coolste Mädchenclique der Grundschule, die wahrscheinlich gerade jetzt ausschwärmte, um sich reiche Männer zu angeln, Familien zu gründen. Diese Mädchen, die nichts anderes vom Leben zu erwarten schienen, als Hausfrauen und Mütter in einem Wirrwarr von Zimmern und einem Gehege von Dienstmädchen zu sein. Was versprachen sie sich davon? Was versprach ich mir von dem hier?

Was uns alle verband war wohl am Ende eine Vorstellung davon, wie wir uns selber zu der Einsicht bringen konnten, dass wir glücklich waren. Nur sprachen wir alle verschiedene Sprachen und daher verstand keiner den anderen.

Am meisten fühlte ich mich noch immer denen verbunden, die nach der Schule loszogen, um die Welt zu erkunden. Fremde Kulturen zu erforschen. Ungekannte Düfte zu riechen und neue Geschmäcker kennenzulernen. Und in dem ein oder anderen, ganz schwachen Moment überlegte ich sogar, ob mir das nicht auch zum Wohle gereicht hätte. Ein Rucksack, ein paar Freunde an meiner Seite. Menschen zum Reden und Erfahrungen austauschen.

Ich aber hatte mich dafür entschieden, mit niemandem zu reden, niemanden zu sehen – ja, nichts zu sehen, außer dem weiten Blau. Ich hätte es einfacher haben können, viel einfacher. Sogar, wenn ich mich so gar nicht hätte durchringen können, mich eine Zeitlang vom Meer zu verabschieden.

Es gab Tausende von Menschen, die die Welt mehr oder weniger streng genommen, umsegelt hatten. Paare, Familien. Auch einzelne Personen.

Aber sie waren es gemütlich angegangen. Hatten viele Länder gesehen, Neues entdeckt, wahrscheinlich sogar Freunde gefunden. Und am Ende?

Ich wusste nicht. Noch war ich nicht an dem Punkt, an dem ich einschätzen konnte, was mit mir passiert sein würde, sobald ich wieder in Kerikeri einlief. Vielleicht würde ich viel ruhiger sein. Vielleicht vieles ganz anders beurteilen, als ich es in diesem Moment tat. Vielleicht wäre ich auch so verstört, dass ich mich niemals wieder auf ein Schiff trauen würde, oder ein Eremit, der mit anderen gar nichts mehr anfangen konnte. Mit Letzterem rechnete ich weniger. Streng genommen war es auch ziemlicher Quatsch.

Ehrlich gesagt hoffte ich, dass ich dann tatsächlich glücklich sein würde. Aber nicht wunschlos. Nur für den Moment. Und ich hoffte, dass ich dann wüsste, was ich tun wollte. Irgendwie so.

Das war der Teil mit der Zukunft. Der Teil mit dem Vergangenen – tja – das war so eine Sache, für die ich mich im Moment sogar ein bisschen schämte. Weil sie mir so nichtig vorkam, hier auf offener See und so weit weg.

Ich stellte mich dem Gedanken und mir die Frage, ob ich es vielleicht tatsächlich auch wegen Simon getan hatte. Nein, nicht wegen ihm. Ob er mir vielmehr zusätzlichen Ansporn gegeben hatte, endlich loszulegen mit dem Plan, den ich schon vor Ewigkeiten gefasst hatte und dem jetzt nichts mehr im Wege stand. Nicht er, nicht irgendwelche Gefühle für ihn. Das waren schließlich die Dinge, die ich ganz schnell wieder loswerden wollte.

Den Mut, mir diese Frage zu beantworten, konnte ich nicht aufbringen.

Aber irgendwie - ich weiß nicht, wie ich es sagen soll – war es doch am Ende auch völlig egal, welchem Auslöser ich auf den Leim gegangen war, oder?

Ich erinnerte mich noch daran, wie ich wieder und wieder, Stunden um Stunden auf Mister T.s Terrasse gehockt und mich gefragt hatte, was ich hier eigentlich tat. Wie dann, an irgendeinem dieser unzähligen Nachmittage, Mister T. plötzlich anfing zu erklären. Bis heute weiß ich nicht, was ich an diesem Tag richtiger gemacht haben könnte als an den anderen. Aber er erklärte – und er erklärte gut. Was er sagte, erschien mir logisch und richtig. Vor allem viel bedeutender als das, was ich in der Schule über das Wetter gelernt hatte. Und schon bald nach diesem Tag hockte ich mit Mister T. über Büchern und Seekarten, hörte mir Vorträge über Hochs und Tiefs an und – man mag es kaum glauben – war tatsächlich interessiert!

Was ich damit sagen will ist, dass es doch am Ende gänzlich unwichtig war, wer oder was mich jetzt zu diesem Entschluss, diesem Traum getrieben hatte. Fakt war, es hatte mir die Energie gegeben, das hier durchzuziehen. So viele neue Erfahrungen zu machen. So viele andere mit mir zu begeistern.

Was machte ich mir Sorgen? Ich saß irgendwo zwischen Atlantik und Pazifik auf einem Boot und grübelte. Ich konnte ja von hier aus viel, die Welt verändern konnte ich nicht. Und meine tatsächlichen oder herbei geredeten Probleme lösen auch nicht.

Aber ich konnte mich ernsthaft bemühen, mir keine neuen ans Bein zu binden. Und das würde ich jetzt auch tun. Und nebenbei machte ich mal eben die Sache mit dem Weltrekord klar. Wäre doch gelacht!

Ausgeknockt – ein kranker Körper manövriert nicht gern
Woche 15

Tja, liebe Freunde der gar merkwürdigen Meereskomik. Es bereitete der lieben See scheinbar große Freude, mich – wann immer es ging – auf's Neue zu schikanieren. Dieses Mal hatte sie sich allerdings Verbündete in den eigenen Reihen gesucht.

Meinen eigenen Reihen.

Mein Körper war gewissermaßen zu den feindlichen Reihen übergelaufen. Das Wetter und meine eigene Unvorsicht hatten ihm dabei geholfen.

Nun trieben alle gemeinsam Schabernack mit meinen Nerven und lachten sich dabei vermutlich gehörig ins Fäustchen.

Ich war dann jetzt also vorläufig krank. Und zwar nicht nur auf diese Ich-brauche-eine-Sportbefreiung-Art. Sondern so krank wie man wird, wenn man sich so richtig intensiv auf eine Mathearbeit vorbereitet hat und sich fast ein wenig darauf freute, das Ding endlich zu schreiben und eine großartige Note dabei abzusahnen. So krank, wie man nur dann wurde, wenn man Angst davor hatte, dass man all die Formeln und Lösungswege wieder vergessen würde, wenn man sein Wissen nicht ganz schnell an die richtige Adresse übermittelte. Weil dieses ganze Wissen sich nämlich in Ecken zwang, in denen für noch mehr Information eigentlich gar kein Platz mehr war.

War das bildlich genug? So krank bin ich!

Es war etwas Ernstes. Und mehr noch als das Fieber und der Husten und dieses Rasseln in der Lunge ärgerte mich der einfache Fakt, dass ich mich jetzt mit solchen Banalitäten auseinandersetzen musste.

Meine Beine und Arme schmerzten wie die Hölle. Ich bekam kaum etwas zu Essen runter. Selbst warme Brühe kratzte und hämmerte in der Kehle und die zuzubereiten, war bei der

Krängung da draußen auch nicht unbedingt ein Vergnügen. Seitdem mir das Missgeschick mit der kochend heißen Suppe einmal passiert ist, verzichtete ich auf Experimente und zog mir gleich die Ölsachen über. Kein Witz! Meine Oberschenkel waren knallend rot verbrüht. Zusätzlich zu den Gliederschmerzen.

Ich bekam es grad richtig dick ab.

Und hatte ich die Hühnerbrühe, instant versteht sich, dann endlich erfolgreich in meinem Mund platziert, wurde mir davon auch noch speiübel. Der Seegang vertrug sich nicht sonderlich gut mit Grippe. Ein Paar, auf das die Welt nicht unbedingt gewartet hatte.

Ich lag also, gelinde gesagt, flach und stöhnte vor mich hin.

Das hatte den unangenehmen Nachteil, dass mir bei all dem Flachliegen und Stöhnen eine Menge Zeit verloren ging für die Arbeiten an Bord.

Der Schnee auf dem Deck hatte sich inzwischen verflüchtigt. Vielmehr hatte ich ihn heruntergekehrt und das Eis abgekratzt. Neues bildete sich nicht mehr. Immerhin.

Wir waren wieder auf dem Weg in mildere Gefilde.

Nach diesem anstrengenden Kurs war es damit aber nicht getan. Ich hätte mir dringend die Planken ansehen müssen, um zu prüfen, ob die Versiegelung den Temperaturschwankungen standgehalten hatte oder ob sie undicht und damit feucht geworden war.

Das salzige Wasser fraß sich hier draußen in jede Pore, die es finden konnte. Ich hatte Angst, dass Metallteile rostig geworden waren und bei nächster Gelegenheit brechen konnten. Die Kajütenfenster wurden allmählich auch undicht. Manchmal konnte man den kalten Wind richtig in den Schiffsbauch hineinzischen hören.

Ich hatte Sikaflex an Bord. Und eine passende Kartusche. An Möglichkeiten, all diese Dinge zu prüfen und zu reparieren, mangelte es nicht. Ganz im Gegenteil! Es war bitternötig! Die Hälfte meiner Reise lag hinter mir. Noch einmal ziemlich genau diese Entfernung, den Berechnungen nach auch ein ähnlicher Zeitabschnitt, wie der, den ich seit meiner Abreise überbrückt hatte, lag nun zum wiederholten Male vor mir.

Allein diese Vorstellung für sich genommen war schon beängstigend genug. Ich hatte erst die Hälfte geschafft und fühlte mich jetzt schon völlig am Ende.

Und genau das war das Problem. Ich startete ja von hier aus nicht von Punkt Null. Ich war schon eine ganze Ecke Punkte weiter und genau wie ich mich nicht mehr topfit fühlte, machte auch die Thetis inzwischen nicht mehr den Eindruck, als wäre sie gerade frisch zu Wasser gelassen worden.

Ich allerdings zog es vor, krank zu werden. Was ich noch tun konnte, dauerte eine Ewigkeit. Jeder Schritt, jeder Handgriff eine Qual. Winschen war die Hölle, zumal sich hier tatsächlich ein wenig Rost gebildet hatte, der das Kurbeln schwergängiger machte. Ich hatte überlegt, ob ich vor Anker gehen sollte und Warten wollte, bis sich mein Körper wieder einigermaßen in den Griff bekommen hatte.

Aber aus irgendeinem Grund kam ich zu dem Entschluss, dass mir das zu lange dauern würde. Ich tat mir das alles hier ja nicht an, um am Ende Eine zu sein, die die Welt umsegelt hat. Mein Ziel war der Rekord und um zu Ankern und ein wenig Schönheitsschlaf zu betreiben, war ich einfach nicht aufgebrochen. Und für diese Tätigkeiten war das hier auch wirklich die falsche Umgebung. Grau in grau. Verregnet. Böig. Kalt.

Nein, hier wollte ich es mir nicht gemütlich machen.

Und so raffte ich mich auf und reffte die Segel, überwachte den Kurs, studierte Wetter- und Wellenprognosen, überließ mich aber auch häufig der Windsteueranlage, die ihren Job hier ganz gut machte und versuchte mich, so gut es ging, zu pflegen.

Ich schlief an manchen Tagen sogar mehrmals bis zu zwanzig Minuten am Stück, wenn ich dem Radar nach sicher sein konnte, dass in keiner Richtung irgendwelche Überraschungen lauern konnten und mein Verstand momentan nicht gebraucht wurde.

Was die tatsächliche Gesundheitspflege anging, war ich natürlich eingeschränkt. Ich hatte entsprechende Medikamente dabei und ein Fieberthermometer, das mich mit einer unangenehmen Wahrheit konfrontierte, Tendenz vorläufig steigend.

Ich erhitzte Unmengen an Wasser für Wärmflaschen, trank viel Tee, köchelte mir viel von dieser Instant-Brühe und hielt auch häufiger mal die Nase in eine Schüssel mit dampfendem Wasser und China-Öl.

Ein Erkältungsbad lag leider nicht im Budget. Aber mein Wasserverbrauch erhöhte sich auch so enorm - allerdings ohne, dass sich dieser Fakt in wieder erstarkenden Kräften oder gar einem Hauch körperlicher Gesundheit widerspiegelte.

Diese blöde Erkältung hatte sich festgesetzt und ich rätselte ernsthaft, ob meine Garderobe am Kap Hoorn tatsächlich zu leichtsinnig gewählt gewesen sein sollte.

Von daheim kamen die absonderlichsten Gesundheitsratschläge. Irgendjemand erzählte mir etwas von einer Frucht, die wahre Wunder wirken sollte, aber unglaublich stinken würde und auch nur sehr schwer zu beschaffen sei.

Ich bekam nicht die Gelegenheit, diesen Tipp auszuprobieren. Ich hatte dummerweise meine Stinkfrucht in der Marina liegen lassen und der hiesige Supermarkt führte derartige Seltenheiten nicht.

Aber erheitert hat es mich ungemein, dass ich tatsächlich sämtliche Hausmütterchen-Ratschläge mitgeteilt bekam und so ein Stückchen normales Leben erhaschen konnte, in dem niemand sich um Machbarkeit an Bord scherte. Und Lachen hilft ja bekanntlich auch.

Ich gab mich stattdessen mit jeder Menge Süßkram zufrieden. Müsliriegel, Unmengen an Erdnüssen, Schokolade mit hohem Kakaoanteil. Allesamt Nahrungsmittel, die Energie brachten und gute Fette in meinen Körper schwemmten. Zum ersten Mal seit meiner Abreise nahm ich dabei, glaube ich wenigstens, wieder ein bisschen zu.

Aber das war nun wahrlich kein Anlass zu Freudensprüngen. Es würde nicht lange dauern und auch dieser winzige Vorrat würde wieder aufgebraucht sein.

Ein paar Wochen an Bord eines Segelschiffes wirken wahre Wunder für die schlanke Linie. Die schwere Arbeit und das ständige "überall gleichzeitig sein" steigern den Grundumsatz enorm. Hinzu kommen die ständigen Seebewegungen, die man, völlig ohne es zu merken, auszugleichen versucht. Allein das Wahren der aufrechten Körperhaltung strengt die Muskeln schon an. Und ganz ohne es zu merken und vor allem mit Spaß an der Sache wird man so zum Topmodell. Vielleicht sollte man derartige Törns als Schlankheitskuren verkaufen. Eine echte Geschäftslücke.

Was mich neben meiner Erkältung noch nervös und hibbelig machte, war die Ehrfurcht vor der Kreuzsee. Vielmehr meine mangelnde Bereitschaft, mit ihr Bekanntschaft zu schließen.

Ich befand mich hier in Gewässern, die noch relativ nah an der südamerikanischen Küste liegen. Gleichzeitig aber auch weit genug davon entfernt, dass in diesen Gegenden schon wieder ganz anderes Wetter herrschen konnte, als an der Küste selber. Wenn der Wind vom Festland weg und gleichzeitig von der Stelle aus betrachtet, an der ich stand, zur Küste hin weht oder das Wetter plötzlich wechselt, passiert es häufig, dass Wellen aufeinanderprallen und sich überlagern. So ein Wellenkamm kann enorm hoch werden und ist nahezu unberechenbar. Ich hatte keine Lust, krank, erkältet und geschwächt, wie ich war, auch noch ins kalte Wasser gestoßen zu werden.

Nachdem Kentern keine Option darstellte, entschied ich mich für die einzige Alternative: stetigen Kurs Richtung NordNord-Ost. Dorthin, wo es hoffentlich wieder eine Winzigkeit warm und flauschig sein würde und ich vielleicht ein bisschen schneller wieder gesund werden würde.

Ich hatte also, nachdem ich gerade ein Ziel erreicht hatte, schon wieder ein Ziel. Und ich war gewillt, es zu erreichen. Echter Ansporn und stoische Dickköpfigkeit können eine Erkältung überwinden.

Ich hatte seit Kap Hoorn nicht viel Fahrt gemacht – 340 Seemeilen, um genau zu sein.

Aber ich wollte jetzt wirklich hier weg und jeder Zentimeter Abstand, den ich zwischen Kap Hoorn und mich bringen konnte, war ein kleiner Erfolg.

Ich konnte das nicht länger ertragen - diese Kälte, diesen Schnee. Das war einfach nicht meine Welt und der einzige Grund, warum ich mich hierher überhaupt verirrt war, lag in der einfachen Tatsache begründet, dass ich es tun musste. Wettbewerbsregeln befolgen und so.

Nun lag dieses Abenteuer aber glücklicherweise hinter mir. Sobald ich einen angenehm temperierten und besser zu besegelnden Breitengrad gefunden hatte, der auch noch zufällig auf meiner Route lag, wollte ich den Kurs weiter Richtung Osten ausrichten und den Atlantik auch noch hinter mich bringen.

Von da an war es dann vorbei, mit den riesigen, furchteinflößenden Meeren und ich konnte meine Ziele ein wenig kleiner stecken: Kap der Guten Hoffnung, Indischer Ozean, Tasmanisches Meer. Das waren natürlich für sich genommen auch alles noch einmal Strecken. Aber deutlich Kürzere.

Ich hoffte, dass sich die Erfolgserlebnisse dann häufen würden. Und außerdem ging es von jetzt an ja auch irgendwie schon wieder zurück nach Hause. Ich war auf dem Heimweg und sobald ich den nächsten großen Gipfel, den Atlantik überwunden hätte, so dachte ich, könnte ich mein zu Hause schon sehen.

Dann wären es nur noch kleinere Hügelchen.

Der Vergleich hinkte natürlich auf beiden Beinen und war recht bunt gemalt. Jedes Meer hat so seine Tücken und Macken. Allein, keines davon ist ein – Hügelchen.

Aber ein bisschen Schönmalerei half mir eben ganz gut dabei, meine Selbstmotivation bei Laune zu halten. Und am Ende war es ja auch völlig egal, welche Hilfsmittelchen ich eingesetzt hatte – mentale meine ich natürlich. Nichts, was gegen die Regeln verstoßen hätte – die Hauptsache war, dass ich ans Ziel kommen würde.

Und von daher nahm ich das alles mit Humor. Ein paar Hindernisse gehörten eben dazu. Sie würden mich nicht niederraffen und dass ich an den wichtigsten, ja bedeutendsten Tagen meines bisherigen Lebens krank und ächzend danieder lag, war so richtig typisch für mich. Verlieh der Sache gewissermaßen Charakter.

Ich klang wie Rumpelstilzchen und hüpfte vermutlich auch ganz genauso in der Gegend herum, wenn ich auf den Wind und die Gegend schimpfte, mit meiner fipsigen Stimme.

Aber genau so hatte ich es auch als Kind schon immer gemacht, wenn mir etwas nicht in den Kram gepasst hatte.

Die wirklich wichtigen Dinge im Leben beherrscht man nun einmal schon von Kindesbeinen an und so richtig herumpoltern und Dampf ablassen gehörte definitiv dazu.

Allein schon, weil es einem danach gleich soviel besser geht.

Langsam aber sicher ging es mit meiner körperlichen Verfassung wieder aufwärts. Mein Hals fühlte sich noch recht kratzbürstig an und nach meiner Stimme suchte ich noch immer vergebens, aber das nahm ich ausnahmsweise auf meine eigene Kappe und schob es nicht auf meinen regenerationsmüden Körper. Ich hätte wohl einfach nicht so viel rummeckern sollen. Neptun hatte wahrscheinlich die Nase voll davon, dass ich die ganze Zeit nur unschöne Gedanken äußerte und hatte mir kurzerhand den Mund verboten. Ich glaube, Meereskönige können solche Dinge.

Nichtsdestotrotz war die Laune an Bord wieder besser. Nach und nach konnte ich mich der diversen Schichten Klamotten entledigen, ohne einen Kälteschock zu erleiden, wobei wir von meiner Definition von wohliger Wärme noch immer weit entfernt lagen.

Abgesehen davon gab es hier im Südatlantik, der eines der am wenigsten besegelten Reviere überhaupt ist, jede Menge andere, ungleich tollere Dinge zu entdecken.

Die Farben, die die Sonne hier bei Auf- und Untergang an den Horizont malt, sind wahnsinnig imposant. So etwas hatte ich überhaupt noch nie gesehen. Das milde Wetter erlaubte es mir zudem eigentlich täglich, dieses Kunstwerk aufmerksam zu betrachten und die Gedanken einfach mal schweifen zu lassen.

So viel war passiert in den letzten Wochen, dass mir das mäßige Vorankommen, auf das ich kaum einen Einfluss nehmen konnte, im Moment recht gelegen kommt. Hektik und Aufregung gehörten hier auch irgendwie grad nicht hin. Zumindest war das mein Eindruck.

Wenn die See nachts rauer wurde und der Wind auffrischte, passierte es hin und wieder, dass morgens fliegende Fische an

Deck lagen, die in Mehl gewendet und in der Pfanne gebraten ein echter Hochgenuss sind. Und eine willkommene Abwechslung zu der auf Dauer recht einseitigen Ernährung mit Müsliriegeln und Hühnerbrühe der letzten Zeit.

Meinen bisherigen Atlantikhöhepunkt hatte ich allerdings in einer ganz besonderen Nacht erlebt:

An das nächtliche Segeln musste man sich zu Beginn einer Reise erst gewöhnen. Vor allem dann, wenn man so etwas zuvor noch nie getan hatte. Im Grunde war alles ganz genau so, wie am Tag, aber doch ganz anders.

Wer es noch nicht erlebt hat, nachts mutterseelenallein auf dem offenen Meer herumzugurken, kann sich das wahrscheinlich auch schwer vorstellen.

Da ich, um Strom zu sparen, nachts keine Positionslichter führte, war es nach Einbruch der Dunkelheit an Deck stockfinster. Abgesehen von einer schier endlosen schwarzen Fläche konnte man nichts, aber auch rein gar nichts erkennen. Vor allem, wenn dicke, dichte Wolken den Mond verdunkelten, waren die schneeweißen, dann gräulich wirkenden Segel alles, was sich gegen den Nachthimmel abzeichnete. Ein gespenstischer Anblick, der mir auch nach all den Wochen auf See noch gehörigen Respekt einflößte.

In sternenklaren Nächten schien es fast, als würde man auf einem blankpolierten Silbertablett dahin gleiten - vorausgesetzt, die See war ruhig. Bei Wellengang funkelte und glitzerte das Wasser vor sich hin, hier und da durch das Gluckern eines, in die Höhe springenden Fisches - meist waren es bisher aberwitzige Delfine gewesen - aufgewühlt. Sein Topping erhielt dieses sagenhafte Schauspiel noch durch das farbenfrohe Wimmeln aufgewühlten und in seiner Nachtruhe gestörten Planktons, dass gespenstisch grün im Wasser schimmerte.

Nur selten waren mir bisher andere Schiffe begegnet. Eigentlich konnte ich mich an keines erinnern, seit ich die küstennahen Regionen hinter mir gelassen hatte.

Meist trieben sie weit von mir entfernt am Horizont dahin und waren eigentlich nur auf dem Radar erkennbar. Wenn mir doch eines näher gekommen oder gar auf Kollisionskurs war, leuchtete ich mit einer Taschenlampe in die Segel, um mich zu erkennen zu geben.

Kleine Fahrtenyachten entgehen selbst guten Radargeräten gern mal und nach Kollision stand mir nach wie vor nicht der Sinn. Im Zweifelsfall hätte ich bei einem Zusammenstoß auf meiner Nussschale wahrscheinlich in den meisten Fällen den Kürzeren gezogen.

Obwohl mein energiesparendes Vorgehen ausreichte, um mich und andere Boote vor bösen Überraschungen zu schützen, war es natürlich nicht unbedingt gern gesehen, wenn man sich ohne Positionslichter auf dem Meer herumtrieb. Da ich mich aber von Regionen mit hohem Schiffsverkehr größtenteils fernhielt und sich die Küstenwache selten in diese entlegenen Gebiete wagte, ging ich kaum ein Risiko ein, erwischt zu werden.

Hier draußen, mitten im Atlantik, kurz vor Kap Hoorn fürchtete ich erst recht nicht auf andere Menschen zu treffen – wenngleich ich mir wahrscheinlich ein Loch in den Bauch gefreut hätte, kurzzeitig wenigstens Funkkontakt zu einem anderen Boot zu haben.

Abgesehen von einem einmal in der Woche stattfindenden Telefonat mit meinen Eltern, hatte ich mit niemandem mehr gesprochen. Die letzte Erinnerung an mein jüngstes Zusammentreffen mit anderen Menschen war Mister T.s tiefgrüner Pullover, den ich mehr als all die anderen Kleinigkeiten mit meinem Abschied von der Marina verband. Und diese Erinnerung lag immerhin schon vier Monate zurück.

Mit solchen Gedanken trug ich mich in einsamen Nächten und

als ich mich gerade wieder einmal fragte, ob ich bei meinem bevorstehenden Landfall überhaupt noch fließend würde sprechen können, unterbrach das Radar jäh meine Grübeleien.

In nicht allzu großer Entfernung meldete es mir ein Hindernis, dass sich zwar nicht allzu schnell, aber dennoch stetig auf mich zu bewegte und auch nur sporadisch angezeigt wurde.

Ich rannte an Deck und versuchte in der undurchdringlichen Dunkelheit etwas mit dem Fernglas zu erkennen. Was immer es war, es befand sich gerade einmal knapp eine Viertel Seemeilen von mir entfernt und hätte eigentlich erkennbar sein müssen. Was ich sah war allerdings: nichts.

Ohne Mist! Ich war wirklich verwirrt und zweifelte, einmal mehr, an meinem Verstand.

Es wollte mir nicht in den Kopf, was hier gerade passierte. Natürlich dachte ich sofort panisch an Riffs oder Sandbänke. Irgendetwas, was sich nur knapp überhalb der Wasseroberfläche befand. So intensiv hatte ich mich mit dem Unterwasserrelief des Atlantiks nicht auseinandergesetzt. An dieser Erklärung allerdings störten mich genau drei Dinge:

- Warum hatte mich niemand gewarnt?
- Warum bewegte es sich?
- Warum hatte es keine Lichter?

Das Echolot hatte sich seit Wochen nicht mehr zu Wort gemeldet.

Zur Sicherheit leuchtete ich in die Segel und fierte die Schoten, um mich langsam und aus sicherer Entfernung an die Lösung des Rätsels heranzuwagen.

Als ich mich schließlich mit respektvoller Geschwindigkeit näherte, staunte ich nicht schlecht, als plötzlich direkt vor meinem Fernglas, eine riesige Fontäne aus dem Wasser schoss.

Natürlich! Warum hatte ich daran nicht gleich gedacht? Die Blauwale wanderten in dieser Jahreszeit in Richtung Antarktis um dort zu fressen und sich zu paaren und just in diesem Moment kreuzten sie dabei meinen Weg.

Einem ersten Instinkt folgend, wollte ich die Schoten sofort wieder dichter nehmen, um mir dieses Spektakel aus der Nähe anzusehen, besann mich schließlich aber doch eines Besseren.

Ähnlich wie Delfine sind Wale zwar sehr friedliche und gesellige Zeitgenossen, aber ich war Versprechungen, die ich selbst noch nicht überprüft hatte, gegenüber vorsichtig geworden. Bisher hatte ich noch nicht das Vergnügen gehabt, einem dieser Giganten die Flosse zu schütteln und ihm das „Du" anzubieten und so mutterseelenallein stand mir auch nicht der Sinn danach. Wer konnte schon mit Sicherheit sagen, ob die Wale das Gerücht über ihre angenehmen Umgangsformen nicht nur in die Welt gesetzt hatten, um damit kleine, neugierige Weltumseglerinnen anzulocken, die eine nette Abwechslung von Plankton und Thunfisch darstellte?

Immerhin frisst so ein Fischlein glatte vier Tonnen am Tag. Wahrscheinlich würde er mich, wenn überhaupt, nur als störendes Überbleibsel in einer Zahnlücke wahrnehmen. In einer Zahnlücke, die ein Wal nicht hat, weil er keine Zähne hat, aber das nur nebenbei.

Ich hatte mir in meiner Zeit auf den Ozeanen dieser Welt nicht nur angewöhnt, jedes Ding und jedes Tier in irgendeiner Form zu vermenschlichen, ich hatte mir auch angewöhnt, den natürlichen Ablauf der Dinge, soweit das ging, nicht zu stören und so fuhr ich mit lockeren Schoten, bis ich sicher sein konnte, dass die gigantischen Tiere und ich uns nicht gegenseitig auf die Füße treten würden und verlegte mich für die folgende Stunde darauf, mir das Spektakel, an Deck sitzend, aus sicherer Entfernung anzuschauen. Hätte ich zufällig Popcorn bei der Hand gehabt, wäre dieses Erlebnis besser gewesen, als jeder Kinobesuch. Und es war tatsächlich wie im Film.

Jedes Bild, jedes Geräusch, das sich einem als Überbleibsel ungezählter Naturdokumentationen förmlich aufdrängt, wenn man an Blauwale denkt, konnte ich in diesen stillen Minuten persönlich überprüfen. Und ehrlich! Wer saß nicht schon einmal völlig fasziniert vor derartigen Fernsehbildern und konnte seinen Augen nicht trauen?

Imposante Schwanzflossen, die mit lautem Knall im Meer eintauchten. Gigantische Fischrücken. Fontänen bis zu acht, wenn nicht mehr, Metern Höhe schossen in die Luft. Ein Respekt einflößendes Schauspiel.

Nachdem diese sanften Riesen und ich uns leise auf Wiedersehen gesagt hatten und wir alle wieder unserer Wege gingen, beschloss ich, diese Tiere zu mögen.

Ich hatte meine Untersuchungen über diese Meeresriesen aufgrund meiner eigenen Ehrfurcht nicht abschließen können, war nicht mit ihnen auf Tuchfühlung gegangen, spürte aber irgendwo in meinem Bauch ganz deutlich, dass diese Giganten der Ozeane niemandem etwas Böses wollten.

Sie versprühten ein wenig den Charme des dicken Klassenkameraden, von dem man instinktiv spürt, dass er ein herzensgutes Wesen hat, dem man aus genau diesem Grund auch nie etwas Unangenehmes antun wollte.

Wahrscheinlich klingt es völlig übertrieben, aber der Gedanke, dass ich neue Freunde auf der Welt gefunden hatte, versetzte mich in eine Hochstimmung, die mich durch den gesamten weiteren Tag trug und die sich, wenigstens meine ich das, sogar förderlich auf meine angeknackste Gesundheit auswirkte.

Langsam aber sicher verflüchtigte sich meine hartnäckige Erkältung wieder und ich muss sagen: es wurde auch endlich Zeit.
Hier auf See eine Grippe auszukurieren war eine sehr garstige Aufgabe. Die gängigen Tipps und Kniffe, viel Ruhe, viel trinken und so weiter, waren entweder schlichtweg nicht realisierbar oder schlugen nicht an.
Mich trieb die Panik, nein, eigentlich mehr die Gewissheit, dass ich an Bord zu wenige Vitamine zu mir nahm, um meinen geschundenen Körper auf Dauer am Laufen zu halten.
Ein bisschen wehmütig dachte ich an den riesigen Stapel Bananen zurück, der sich in den ersten Wochen meiner Reise unter Deck getürmt hatte und von dem ich in der Hitze des Äquators einen großen Teil über Bord werfen musste, weil er anfing zu vergammeln. Es hatte mir in der Seele wehgetan, war aber immer noch besser, als das faule Obst zu verspeisen und anschließend mit den Überresten die Fische zu füttern.
Alles, was mir jetzt noch an Vitaminen blieb, war Trockenobst und zig Röhrchen dieser Sprudeltabletten, die man in Wasser auflösen musste.
Geschmacksrichtung: Orange und Zitrone.
Für mich schmeckten die Dinger nur nach Chemie. Es gab eine Zeit, in der ich das Zeug gern getrunken hatte. Aber irgendwie hatten sich meine Geschmacksnerven dem Seeleben angepasst. Was ich entweder frisch aus dem Meer holen konnte, oder aber was lange haltbar war, ohne speziell behandelt worden zu sein, schmeckte mir am allerbesten.
Kein Wunder also, dass ich ständig frischen Fisch mit Nudeln oder Reis aß. Nicht, dass ich letzteres selbst machte oder irgendwo am Vorderdeck eine kleine Reisterasse versteckt gehabt hätte – aus welchem Grund auch immer – dies waren jedenfalls

die Dinge, auf die sich mein Gaumen freute. Zuckerbonbons oder Tütensuppe bekam ich inzwischen gar nicht mehr herunter. Eine Wahl aber hatte ich nicht.

Mein Speiseplan setzte sich nun einmal gezwungenermaßen zu allergrößten Teilen aus meinem Vorrat zusammen und der war nicht dazu angedacht, mir die große Auswahl zu bescheren. Die Kalkulationen sahen nicht vor, dass ich am Ende noch große Überreste nach Neuseeland zurückschippern würde.

Also mussten auch die unangenehmen Nährstofflieferanten an das Übel glauben und zwar in unvorstellbaren Mengen.

Ich verdrückte gut und gern viertausend Kalorien täglich seit ich unterwegs war. Das ist das Doppelte von dem, was ein normaler, erwachsener Mensch pro Tag zu sich nehmen sollte.

Eigentlich tat ich nichts anderes, als ständig an irgendetwas zu Knabbern oder zu Kauen.

Diese Mengen an Essen brauchte man hier draußen aber auch. Die viele Bewegung, all die frische Luft, der wenige Schlaf ging enorm an die Kraftreserven. Und die fehlenden Vitamine – das merkte ich immer wieder – die machten mir mittlerweile ernsthaft zu schaffen. Ganz zu schweigen von den gedanklich ermittelten Werten, die wir zu Grunde gelegt hatten, als wir meine Lebensmittelvorräte berechneten.

Was die Menge an Nahrung anging, hatten wir eigentlich mit unseren Vermutungen ganz gut gelegen und die Realität sogar ein wenig überschätzt und fünftausend Kalorien kalkuliert. Ich hatte ja schon häufiger mehrere Tage hintereinander auf See verbracht und konnte daher ganz gut einschätzen, wie viel ich brauchen würde.

Zwei Dinge aber störten mich ganz gewaltig:

Zum Ersten waren wir von einer Reisezeit von etwas weniger als sechs Monaten ausgegangen. Plus zwei Wochen mehr, die wir mir an Kulanzspielraum eingeräumt hatten.

Das bedeutete, ich müsste in neun Wochen in Kerikeri einlaufen, was ich, soweit ich es bisher beurteilen konnte, nicht ganz schaffen würde.

Zum anderen hatte ich in den letzten Tagen noch mehr gegessen als sonst, schon um meinen Körper schneller wieder auf Einsatzbereitschaft zu trimmen.

Und wenn ich so nachrechnete und überlegte, dabei immer wieder mit Zahlen und Kalkulationen durcheinander geriet, fiel mir auf: allein die Tatsache, dass ich über solche Dinge nachzudenken begann, sollte bei mir alle Alarmsignale klingeln lassen. Das machte mir Angst!

Genau betrachtet, war uns da ein furchtbarer Fehler unterlaufen, den wir eigentlich hätten erkennen müssen:

Es war vorhersehbar gewesen, dass meine Kraft nicht dauerhaft gleich bleiben würde. Vorhersehbar, dass mein Körper sich ständig mehr verausgaben und ständig mehr Treibstoff brauchen würde, um weiter am Laufen zu bleiben.

Wir hätten einfach daran denken müssen, dass ich von Woche zu Woche mehr Nahrung zu mir nehmen würde.

Und dieser blöde Fehler war schon jetzt so gegenwärtig, dass ich wirklich Angst bekam, dass er mir meinen Erfolg rauben würde.

Würde mir der Proviant ausgehen, müsste ich aufhören. Dann war es das mit dem Weltrekord.

Die Regeln untersagten es mir, Material oder Ausrüstung von anderen Schiffen anzunehmen. Würde es soweit kommen, dass ich diese Regel brechen müsste, weil ich schlichtweg nichts mehr zu essen oder zu trinken hatte, müsste ich mich offiziell geschlagen geben.

Um es soweit nicht kommen zu lassen, beschloss ich, schon jetzt zu reagieren, um nicht am Ende mit völlig leeren Händen dazustehen. Ich beschloss, schon jetzt meine Speisen zu rationieren.

Und zwar konsequent. Durchaus möglich, dass ich Glück haben würde. Und die passenden Winde. Und durchaus möglich, dass sich am Ende unsere Kalkulationen doch noch als richtig erweisen würden.

Aber auf hoffen hatte ich in diesem Augenblick so gar keine Lust. Das war mir eine zu unsichere Taktik.

Ich hatte mir eine große Lektion eingeprägt, seit ich ununterbrochen auf dem Wasser war: Hier draußen musstest du immer und zu jeder Zeit die volle Kontrolle über alles haben. Und wenn du diese Kontrolle einmal verloren hast, dann ist deine vornehmlichste Aufgabe, sie dir zurück zu erobern. Wenn du das nicht kannst, wenn du dich darauf verlegst zu hoffen, dass der Zufall dir schon alles richten wird, dann hast du verloren! Diese kleine Behäbigkeit kann dir dann zum Verhängnis werden. Und dann hat man den Salat, greift sich an den Kopf und ist wütend, weil man das Unglück ganz einfach hätte verhindern können.

Wenn ich schon jetzt mit der genauen Zusammenstellung meiner Nahrung begann und dabei darauf achtete, dass ich auch die restliche Zeit noch ausreichend Nahrung an Bord haben würde, dann konnte ich wenigstens mit dem guten Gefühl weitermachen, dass ich nicht in naher Zukunft Durst und Hunger würde leiden müssen.

Besser schon jetzt hier und da den Gürtel ein wenig enger schnallen als das Problem am Ende zu einer riesigen Kugel geballt am Bein hängen zu haben.

So richtig begonnen hatte ich meine Atlantiküberquerung noch immer nicht.

Inzwischen hatte ich mich vom Falklandplateau an der Südwestküste Amerikas verabschiedet und war im argentinischen Becken gelandet. Hier allerdings wehte mir ein stetiger Wind mit einer Stärke von vier bis fünf Beaufort die Haare um die

Nase – allerdings aus Richtung Steuerbord und das ohne Unterlass.

Ich hatte zwar in der letzten Woche trotzdem wieder knapp siebenhundert Seemeilen zurückgelegt, war meinem Ziel durch das ständige Wenden tatsächlich aber nur fünfhundertdreißig Seemeilen nähergekommen.

Noch ritt ich wenigstens mit dem Falklandstrom in Richtung Nordnordost und kämpfte mit ihm gemeinsam gegen die vorherrschende Windrichtung.

Der Falklandstrom – ein Absprengsel meines liebgewonnenen Zirkumpolarstromes. Zwar kalt, aber wenigstens mit beständigem Bestreben in Richtung Heimat.

Der Falklandstrom trifft bei etwa vierzig Grad auf den warmen Brasilstrom und wird nach Osten abgelenkt. Und da ich zufällig auch in die Richtung wollte, würden wir bis zum Kap der guten Hoffnung gemeinsam reisen. Parallel zur Westwinddrift, die mich dann bis ins Tasmanische Meer mitnehmen würde.

Soweit der Plan.

Aber obwohl ich mittlerweile der Meinung war, das Schlimmste hinter mir zu haben, steckte mir irgendwie ein Kloß im Hals, den ich erst loswerden musste, bevor ich wieder beginnen konnte, über mein Schneckentempo zu meckern. Es störte mich gerade nicht, dass ich die Atlantikquerung noch ein bisschen vor mir herschieben konnte.

Vielleicht war es die Aussicht auf das nächste große Meer, das mich innehalten ließ.

Noch konnte ich mich an der Küste entlang nach oben hangeln. In respektvollen Abstand, aber doch immer noch so nahe, dass ich mir einreden konnte, nicht weit von mir gäbe es Zivilisation, Menschen.

Bald schon aber, würde ich mich wieder mutterseelenallein auf einem endlosen Teich wissen.

Als Seefahrergebiet ist der Atlantik zwar bedeutend besser erschlossen als der Pazifik, die meiste Schifffahrt findet aber dennoch im Nordatlantik statt. Und dort würde ich ja nicht hinkommen.

Den Plan hatten wir verworfen. Ursprünglich hatte meine Route direkt durch den Pazifik und erst im Atlantik über den Äquator führen sollen.

Es gab allerdings eine ganze Reihe von Gründen, weshalb wir uns letztlich dagegen entschieden hatten:

Zum einen hatten Mister T. und wir anderen unsere Bedenken, gleich die Breiten des kalten Zirkumpolarstromes anzusteuern und direkt Kurs auf Kap Hoorn zu nehmen.

Ich hatte mich natürlich vorbereitet auf meine Reise, auch praktisch, und habe viel geübt. Aber ich musste zugeben, dass es für diese Wetterbedingungen bis dato noch nicht gereicht hätte.

Von daher wollte ich die ersten Wochen nutzen, um mich wirklich auf meine Aufgaben einzustellen, alles zu automatisieren, Routine in meine Abläufe zu bringen. Und das in einer netten Umgebung. Manchmal zu warm, aber warm und schneefrei.

Der zweite Grund war die Jahreszeit.

Man konnte bei den Vorbereitungen auf so einen Törn grob planen, wann man in etwa starten wollte. Auf den Tag genau bestimmen konnte man es aber erst unmittelbar davor.

Ziel war es natürlich so schnell wie möglich abzulegen. Und bestenfalls in einigermaßen günstigen Winden. Schließlich war es auch ein Wettrennen um die Zeit. Aber wenn dann beim Umbau und Testfahren, Ausrüsten und Warten doch hier und da Probleme auftreten und sich alles nach hinten verzögert, kann man auch nicht ein ganzes Jahr damit verschwenden, ähnlich günstige Bedingungen abzuwarten.

Und so war es bei uns auch.

Als sich abzeichnete, wann ich endlich starten konnte, beschlossen wir, die Route erst über den Äquator zu führen und dann im

Hochsommer an Kap Hoorn vorbei. Eine spontane aber durchdachte Entscheidung, die sich, abgesehen von ein paar stürmischen Aufregern ja durchaus als gerechtfertigt erwiesen hatte.

Endlich hatte ich mich auch standhaft geweigert, den Atlantik in den Rossbreiten zu befahren.

Das sind Gegenden, viel weiter nördlich, etwa zwischen fünfundzwanzig und fünfunddreißig Grad südlicher und nördlicher Breite, in denen praktisch kein Lüftchen weht.

Warm ist es dort und zwar so sehr, dass nicht der Ausgleich von warmen und kalten Luftmassen das vorherrschende Hoch bedingt, sondern das immens warme Wasser selbst.

Es hat seinen Namen übrigens den Spaniern zu verdanken, die dort manchmal viele Wochen lang einfach in der Flaute feststeckten und dann ihre armen Pferde töten mussten, weil das Trinkwasser langsam ausging und die edlen Rösser den größten Bedarf an Süßwasser hatten.

Martialisch, aber macht wahrscheinlich jedem sehr anschaulich verständlich, warum ich da unter keinen Umständen durch wollte.

Glücklicherweise war mir diese ungastliche Gegend ja erspart geblieben und endlich, endlich wurde es mir auch fad, vor der südamerikanischen Küste herum zu dümpeln und keine Fahrt machen zu können. Langsam freute ich mich tatsächlich auf die Atlantikquerung. Das heißt, wenn ich mich endlich dazu durchringen könnte, den Atlantik in Angriff zu nehmen. Aber ich musste mir nur noch einen letzten Schwung geben. Schon sehr schnell würde die Sehnsucht nach meiner Heimat die Oberhand über den einsamen Angsthasen in mir gewinnen. Und dann ginge es hoffentlich in einem Rutsch.

Außerdem wurde ich von jetzt an weiterhin von stetigen Hochdruckgebieten begleitet, was mich hinsichtlich einer gemütlichen Überfahrt ohne unangenehme Überraschungen zwar nicht beruhigte, aber wenigstens positiv stimmte. Ich hatte in den letzten Tagen sogar schon begonnen, vorsichtig darüber nachzudenken, was das Erste wäre, was ich mir wünschte, sobald ich wieder heimischen Grund und Boden betreten würde.

Aber mir fiel nichts Nennenswertes ein! Natürlich würde ich erst einmal duschen, in frische Klamotten schlüpfen und lange, lange schlafen.

Aber neben diesen banalen Dingen gab es nichts, was mich hätte mehr locken können als die Aussicht, einen neuen Weltrekord aufzustellen. In einer Sache der erste Mensch zu sein, der etwas vollbracht hatte. Einen Moment lang einmalig sein. Ich stellte mir diesen Moment großartig vor und unvergesslich.

Dafür kämpfte ich. Nicht um das Herz irgendeines Jungen. Nicht um die Anerkennung irgendwelcher Möchtegern-Experten, die gar nicht wussten, wie sich das hier anfühlte. Nicht um die Zufriedenstellung meiner Anhänger.

Nur für meinen Moment. Und von dem würde mich auch dieser popelige Atlantik nicht mehr länger zurückhalten können.

Ich war wieder motiviert. Und wenn ich eines so richtig gut konnte, wenigstens mittlerweile, dann war das: mich selbst zu motivieren! Auf in den Kampf!

Auf zu neuen Ufern – Woche 18

Oh Gott! Mir ist etwas Furchtbares passiert! Beinah wenigstens. Noch immer zittern mir die Knie, wenn ich daran zurückdenke.

Um ein Haar wäre ich von einem riesigen Frachter überrollt worden. Kein Scherz!

In der Ecke, in der ich mich gerade befand, gab es erstaunlich viel Berufsschifffahrt. Aber niemand scherte sich wirklich um die, eigentlich auf allen Meeren, ja der ganzen Welt verbindlichen

Seefahrtsregeln. Vermutlich hatte das etwas damit zu tun, dass ich hier in Gewässern rumschipperte, die fernab lagen von jenen Küsten, an denen man es gewohnt ist, sich penibel an geltende Regeln zu halten. Europa etwa oder Nordamerika.

Wenn man nun gerade ein Tollpatsch war – wie ich – und dumme Zufälle geradezu magnetisch anzog, passierte es in diesen Breiten sehr leicht, dass man mit einem Mal aus der Kajüte stiefelte, den Blick aus diesem Grund zufällig nach Achtern richtete und dort, in beängstigend wenig Entfernung mit einem Mal einen jener stählernen Giganten erblickte.

Und eines weiß ich seit diesem Moment: dieser Anblick ist lähmend, was in solch einer Situation natürlich nicht unbedingt von Vorteil ist.

An und für sich hätte ich in diesem Moment ohne Diskussionen Vorfahrt bekommen müssen, aber auf Paragraphen herumzureiten, während sich so ein schwarzes Ungetüm stampfend und dampfend auf mich zubewegte, hielt ich für sehr gewagt.

Glücklicherweise erinnerte ich mich in diesem Moment an die Gespräche mit meinem Psychodoktor und daran, dass ich genau diese Situation schon einmal im Geiste minutiös durchgespielt hatte.

In dem Moment habe ich es sicher anders wahrgenommen oder gar nicht, besser gesagt. Aber rückblickend meine ich, allein das Bewusstsein, mich genau hierauf vorbereitet zu haben, hat mich sicher gemacht, in dem was ich anschließend tat.

Ich schaltete meinen Kopf aus, dachte gar nicht mehr nach. Bisher hatte alles, was ich geübt hatte, auch seine Feuertaufe bestanden. Warum sollte es dieses Mal anders sein?

Ich rannte zum Cockpit und änderte hart den Kurs. Ein sogenanntes Manöver des letzten Augenblicks. Als ich sicher sein konnte, aus dem Kielwasser des Frachters noch einmal heil herausgekommen zu sein, sprang ich nach unten in die Kajüte und versuchte, Funkkontakt mit dem diensthabenden Steuermann aufzubauen.

Dieses Prozedere dauerte eine halbe Ewigkeit, was sehr gut darin begründet liegen konnte, dass die Besatzungen solcher Schiffe meist ganz andere Pläne haben, als das korrekte Steuern.

Meist machten sie sich gar nicht erst die Mühe, selbst großartig Hand anzulegen. Diese Schiffe hatten hervorragende Autopiloten, die einen Großteil der Arbeit zuverlässig erledigten – aber eben nicht darauf getrimmt waren, die kleine Thetis rechtzeitig zu entdecken und Alarm zu schlagen.

Während sich also der Mensch, der sich gerade in diesem Moment eigentlich überlegen sollte, wie er aus dieser Nummer wieder herauskam, ohne sich meinen Zorn einzuhandeln, wahrscheinlich grad mit seinen Kumpels eine Partie Skat spielte, kämpfte ich hier um mein Überleben.

Was waren gleich die Gründe dafür, dass ich Menschen in letzter Zeit so vermisst hatte? Das große Maß an Aufmerksamkeit für andere zählte wahrscheinlich nicht dazu.

Nach einer gefühlten Ewigkeit meldete sich endlich eine tiefe, raue Männerstimme. Gut möglich, dass ich da grad jemanden um sein Nickerchen betrog. War mir in dem Moment allerdings völlig gleichgültig.

Ich glaube, ich klang ziemlich sauer, als ich ihn fragte, ob er in den letzten Minuten zufällig mal einen Blick nach steuerbord geworfen hätte.

Als wäre es die normalste Sache der Welt, seinen Pflichten nicht nachzukommen, murrte er eine Entschuldigung zurück und der Frachter drehte ab. Dieses Manöver wäre nun auch nicht mehr nötig gewesen.

Ich fierte die Segel und wartete ab, bis das Schiff in sicherer Entfernung an mir vorbeigezogen war.

Wenigstens hatte diese Begegnung den Effekt, dass ich mich

nun voller Vorfreude in den Atlantik stürzte, wo die Wahrscheinlichkeit solcher Begegnungen mit wachsender Entfernung zur Küste immer geringer wurde.

Erst, als ich schon Kurs auf den offenen Ozean genommen hatte, wurde mir bewusst, dass dies seit über vier Monaten die einzigen Menschen in Sichtweite gewesen waren.

Es machte mich traurig, dass diese Begegnung so barsch verlaufen war und gleichzeitig war ich unendlich froh, dieses Aufeinandertreffen heil überstanden zu haben.

Ich stellte mir vor, wie der Mann wohl aussah, mit dem ich gesprochen hatte.

Im Geiste nannte ich ihn Juan. Sein Englisch hatte einen starken spanischen Akzent gehabt. Gut möglich also auch, dass der Frachter von der südamerikanischen Küste aus gestartet war. Allerdings fand ich es beinah anmaßend, eine derartig unaufmerksame Arbeitsweise zu pflegen, wenn man erst so kurze Zeit unterwegs war. Würde ich so arbeiten, wäre ich schon lange gesunken. Und mir zahlte niemand einen Lohn für das hier.

Aber sei es drum. Eine Wasserschutzpolizei, der ich den Vorfall hätte melden können, gab es hier draußen ohnehin nicht und sich künstlich über eine Situation aufzuregen, an der man nichts mehr ändern konnte, raubte nur Energie.

Außerdem hatte der Juan vor meinem inneren Auge ein derart spitzbübisches Lächeln, das sich hinter einen leicht gekräuselten Vollbart versteckte, dass ich ihm nicht einmal großartig böse sein konnte. Bei genauer Betrachtung sah er aus wie der Weihnachtsmann und immerhin hatte mich das Ganze aus meinem Trott herausgerissen. Wenigstens einen Moment lang.

Und ich war wieder hellwach – ein weiterer angenehmer Nebeneffekt. Hatte ich nicht gesagt, ich hätte mich inzwischen zu einem Superhelden in Sachen Selbstmotivation entwickelt? Bitteschön, hier der Beweis!

Ich hätte um ein Haar mein frühes Seemannsgrab gefunden und zog noch Kraft aus diesem Erlebnis. Positives Denken hieß das Zauberwort und positiv gedacht befand ich mich nunmehr endgültig auf dem Heimweg.

Ich begann mich zu fragen, wie sich der Moment anfühlen würde, in dem ich endlich wieder in die Marina einlaufen würde. Wer alles versammelt sein würde, um mich zu begrüßen. Wie viele von den Menschen, die mich verabschiedet hatten, auch an diesem Tag am Steg warten würden, ganz so, als hätten sie sich keine Sekunde von dort fortbewegt.

Aber das hatten sie doch. Die Welt hatte sich weitergedreht. Kerikeri war seit meiner Abreise nicht in einen Dornröschenschlaf gefallen und ein bisschen fürchtete ich mich vor dem, was sich seit meiner Abreise verändert hatte.

Dass mein Team und ganz besonders meine Eltern meiner Rückkehr entgegenfieberten, daran hatte ich noch nie eine Sekunde gezweifelt. Aber was war mit den anderen?

Den Menschen, die sich vielleicht weniger stark für mein Tun interessierten, mit denen mich andere Interessen verbanden und die sich von mir nun schändlich vernachlässigt fühlten?

Fühlte sich überhaupt jemand vernachlässigt oder würde ich mich daheim wieder völlig neu integrieren müssen, in meinen Freundes- und Bekanntenkreis, in mein altes Leben? Wollte ich das überhaupt? War eine vollständige Rückkehr zu dem, was ich damals, vor so vielen Monaten zurückgelassen hatte, überhaupt noch möglich? Passte ich noch hinein, in dieses Leben?

Keine Frage! Ich hatte mich verändert in diesen Tagen und ich glaube, das war auch daheim niemandem verborgen geblieben.

„Die See scheint eine gute Lehrmeistern zu sein", hatte meine Mutter in einer ihrer E-Mails geschrieben, „sie macht mein kleines Mädchen jeden Tag ein Stück mehr zu einer erwachsenen Frau."

Im ersten Moment hatte diese Nachricht mich unglaublich gefreut. Es fühlte sich gut an, ernst genommen, ja, ein Stück weit respektiert zu werden.

Aber war es nicht genau das gewesen, was ich mit dieser Reise vor mir hatte herschieben wollen?

Erwachsen zu sein hatte natürlich einige Vorteile: man war sein eigener Herr, traf seine eigenen Entscheidungen – im Grunde hatte meiner Mutter recht. Das war es, was ich hier draußen in jeder Minute tat. Entscheidungen treffen. Und waren die falsch, bekam ich das mehr als deutlich zu spüren.

Das war mir auch vor meiner Abreise bewusst gewesen und bei genauer Betrachtung ist es überhaupt nicht verwunderlich, dass es so viele junge Menschen gibt, die bei der ersten Gelegenheit ihre Taschen packen und sich erstmal für eine Weile aus dem Staub machen.

Der Abschied von der Schulzeit kommt immer auch einem Abschied von der Kindheit gleich.

Bis zu diesem Moment braucht man sich ich in keiner Sekunde darum zu kümmern, wie es weitergeht: man hangelt sich von Jahr zu Jahr in eine höhere Klassenstufe hinauf, schreibt brav Leistungskontrollen und Klassenarbeiten und macht seine Hausaufgaben – wenigstens hin und wieder. Um mehr muss man sich kaum kümmern.

Die Eltern sorgen dafür, dass man ein Dach über dem Kopf und einen gefüllten Küchentisch hat, unter dem man die Beine lang machen und sich den Bauch vollschlagen kann.

Damit verbunden sind allenfalls noch kleinere Aufgaben im Haushalt.

Und danach? Plötzlich verlangt alle Welt Entscheidungen:

- Wie geht es nach der Schule weiter?

- Welchen Beruf wollte man erlernen?

- Und würde man für diese Zeit noch zu Hause wohnen oder wegziehen?

Natürlich ist man damit überfordert, wenn man zwar mehr oder weniger Algebra und Geometrie beherrscht, aber nie beigebracht bekommen hat, wie man eine grundständige Entscheidung überhaupt fällt.

Von wegen, man lernt für's Leben!

Ich hatte immer ein sehr zwiespältiges Verhältnis zu jenen Mitschülern, die alle obengenannten Fragen wie aus der Pistole geschossen beantworten konnten.

Auf der einen Seite habe ich sie für ihre Entschlossenheit bewundert. Sie hatten einen Plan, würden den Absprung von der letzten Klassenstufe in die Welt da draußen gezielt angehen und wahrscheinlich entsprechend gut meistern.

Auf der anderen Seite habe ich mich immer mehr denen verbunden gefühlt, die darauf warteten, dass sich Türen öffneten. Die sich das Leben nach der Schule als Abenteuer vorstellten. Als eine Mischung aus Freiheit und Ungebundenheit und ständiger Spannung, welche Aufgaben einem die Welt da draußen als nächstes vorsetzen würde.

So ähnlich wie in einem Computerspiel, in dem es Missionen zu erfüllen galt. Ein Schritt nach dem anderen. Stück für Stück.

Natürlich auf die Erfüllung des großen Ganzen hinarbeitend, aber dabei doch immer konzentriert auf den nächsten Teil.

Meine derzeitige Mission war eine Weltumsegelung. Die Mission vieler anderer waren Reisen in aller Herren Länder. Entwicklungshilfe. Soziale Projekte. Zeitlich und meist auch räumlich begrenzt.

Aber – das sah ich jetzt ganz deutlich – ein Entlanghangeln an solchen Abenteuern füllte weder ein ganzes Leben aus, noch konnte es ein ganzes Leben lang erfüllend sein.

Mittlerweile beneidete ich alle Menschen, die in der Lage waren, sich langfristig Ziele zu stecken und diese zu verfolgen. Die nicht davor zurückschreckten, ihre Kindheit gänzlich aufzugeben und an ihren Aufgaben zu wachsen, sich auch von Rückschlägen nicht einschüchtern ließen und kontinuierlich lernten, sich zu Recht zu finden.

Die Parallelen zu meiner Reise waren augenscheinlich zahlreich. Und was begonnen hatte in dem Versuch, meine Kindheit künstlich zu verlängern und Entscheidungen zu vertagen, mündete in der Erkenntnis, dass ich in mein altes Leben nicht ohne Weiteres würde zurückkehren können.

Die See machte mich jeden Tag ein bisschen erwachsener.

Und wenn eines fatal ist, dann das Verhalten der See zu ignorieren. Sie gibt dir Zeichen, beständig. Wenn du auf diese Zeichen nicht reagierst, ist das Meer dein Untergang.

Dieses Mal war eine angemessene Reaktion nicht das Reffen der Segel, das Setzen des Spinnakers oder das Ändern des Kurses. Dieses Mal galt es einen Plan zu fassen.

Diese Gedanken schockierten mich. Mit dem festen Willen, etwas zu ändern, ausgestattet zu sein, mag ja schon einen gewissen Wert haben. Die Richtung der Änderung zu bestimmen, stellt sich allerdings schon als bedeutend schwieriger heraus.

Wie machten das all die anderen Menschen nur? Woher nahmen sie die Gewissheit, den richtigen Weg eingeschlagen zu haben und was würden sie tun, wenn sich dieser Weg als falsch herausstellte?

Ich meinte die Antwort auf diese Frage inzwischen gefunden zu haben. Sicher war ich mir da allerdings nicht ganz. Ich hatte im Moment dummerweise niemanden bei der Hand, der mir meine Überlegungen als richtig oder falsch attestieren konnte, aber ich denke, dass jeder sich von seinen Vorlieben leiten lässt. Ich käme im Leben nicht auf die Idee, einen Bürojob zu machen. Die Aussicht, den ganzen Tag in einem kahlen, womöglich schlecht belüfteten Raum vor dem Computer sitzen zu müssen, jagte mir kalte Schauer über den Rücken. Die Vorstellung, dabei gezwungen zu sein, seriöse, nett anzuschauende, aber völlig unpraktische und unbequeme Klamotten tragen zu müssen, tat da ihr übriges.

Aber offensichtlich gab es da draußen genügend Menschen, die genau daran ihre Freude hatten, die es geschafft hatten, ihre Vorliebe in ihr Leben einzubinden und zwar so, dass sie sich auch andere Vorlieben, oder schlichtweg Notwendigkeiten davon finanzieren konnten.

Und so etwas musste es doch in meinem Fall auch geben! Eine Sache, an der ich Spaß hatte und für die andere Menschen bereit waren, mich zu bezahlten. Alles, was ich noch tun musste, um den ersten Schritt in diese Richtung erfolgreich gehen zu können, war diese Sache zu finden.

Und während ich mich umblickte, stellte ich fest, dass ich offensichtlich den Wald vor lauter Bäumen bisher nicht gesehen hatte.

Oder besser: das Meer vor lauter Blau.

Ich war doch erst vor Kurzem mit der Wahrheit konfrontiert worden: es gab Menschen, die zur See fuhren und dafür bezahlt wurden!

Und mich auf den Meeren dieser Welt herumtreiben, gelang mir ganz gut, das bewies ich mir gerade eindrucksvoll.

Warum also nicht versuchen, Skipper zu werden? Sicher war das ein harter Kampf, in dem ich Ellenbogen würde einsetzen müssen, um ihn zu gewinnen.

Aber mehr und mehr reifte in mir die Gewissheit, dass dieser Kampf es wert war, in Angriff genommen zu werden.

Allein der Gedanke daran stimmte mich fröhlich: Regatten segeln, die Welt sehen, irgendwo in der Karibik reichen, gelangweilten Managern das Segeln beibringen.

Die Folge dessen war, dass ich mir wieder einmal nichts sehnlicher wünschte, als im nächsten Augenblick in die heimische Marina einzufahren und genau diesen Plan, den ich ohne großes Federlesen gefasst hatte, in Angriff zu nehmen. Geduld war noch nie meine große Stärke. Aber irgendwie beeindruckte mich meine plötzliche Entschlossenheit auch.

Noch bis vor wenigen Wochen war ich von dem Wunsch beseelt gewesen, diesen Törn ganz schnell hinter mich zu bringen und wieder Festland zu betreten.

Dass ich danach ernsthaft noch einmal auf ein Boot steigen würde, hätte ich vermutlich für sehr unrealistisch gehalten, hätte ich damals die Zeit und die Ruhe gehabt darüber nachzudenken.

Und jetzt war ich hier, war mir meiner Sache sicher, war überzeugt davon, dass ich ganz gut war, in dem, was ich tat und trug mich tatsächlich mit dem Gedanken, genau diese Tätigkeit für den Rest meines Lebens auszuführen.

Vielleicht unterschied ich mich von den Ehrgeizigen, den Planern und Zielstrebigen nur in einer einzigen Sache: dem Selbstbewusstsein.

Vielleicht hatte ich mir einfach bisher nicht zugetraut, eine Entscheidung mein ganzes Leben betreffend zu fällen. Und vielleicht war dieser Törn genau das Richtige, um mir selbst eine Hilfe an die Hand zu geben. Meine Leidenschaft gewissermaßen auf die Probe zu stellen und zu überprüfen, ob das, was ich an und für sich gerne tat, nur bis dato wenig routiniert, mir wirklich ausreichend Spaß machte, um es langfristig und auch unter anderen Umständen zu tun.

Diese Frage bejahte ich inzwischen aus vollem Herzen.

Ich hatte eine Entscheidung getroffen, eine Richtung bestimmt, etwas sehr Erwachsenes getan und nebenbei eine Beinahe-Kollision mit einem Frachter völlig souverän gemeistert.

Ich war stolz auf mich – auch, wenn ich dieses Hochgefühl schon bald wieder einbüßen und meine Pläne auf's Neue anzweifeln sollte.

Überall Wasser, aber nichts zu trinken – Woche 19

Der Atlantik war ein ziemlich hinterhältiger Zeitgenosse, zu der Überzeugung gelangte ich recht schnell.

Wo mir der Pazifik scheinbar noch Welpenschutz gewährt hatte, meinte dieser Herr es so richtig schlecht mit mir und stellte mich immer und immer wieder vor neue Bewährungsproben.

Vielleicht hätte ich letzte Woche einfach nicht so rumprahlen, nicht so kaltschnäuzig daherreden dürfen, wie einfach mir die ganze Segelei von der Hand ging und dass ich gar nicht mehr schnell genug vorankommen konnte, dass ich am liebsten gar nicht mehr runter wollte vom Wasser.

Jetzt bekam ich scheinbar die Quittung dafür, denn wenn nicht noch ein Wunder geschah, würde mein Törn schneller beendet sein, als ich es mir erträumt hatte, dafür aber auch mit einer sehr großen Niederlage.

Als ich mir eines Tages meinen allmorgendlichen Kräutertee zusammenbrauen und den Haferschleim zum Frühstück zusammenrühren wollte, stellte ich fest, dass die Handpumpe, die Frischwasser vom Tank zum Waschbecken beförderte, zwar ganz erbärmlich gluckerte und wimmerte, aber nicht einen Tropfen Wasser mehr ans Tageslicht befördern wollte.

Eine elektrische Pumpe hatte ich gar nicht an Bord, um zu vermeiden, dass das Ding seinen Geist aufgab und ich mich mit einem schier unüberschaubaren Gewirr von Kabeln und Drähten auseinandersetzen musste. Und natürlich verbrauchten die Dinger auch Strom ohne Ende. Die manuelle Pumpe hatte mir bis dahin gute Dienste erwiesen und so glaubte ich auch in diesem Fall nicht daran, dass die Schläuche verstopft waren.

Immer erst einmal die logischste und am einfachsten zu behebende Fehlerursache überprüfen lautete die Devise. Danach konnte man immer noch in Panik ausbrechen.

Dass sich der Inhalt meines ersten Tanks schon sehr dem Ende entgegenneigte, war mir schon vor ein paar Tagen aufgefallen. Insofern ging ich fest davon aus, dass sich mein Frühstück nur wenige Handgriffe nach hinten verzögern würde.

Ich zerrte also die Bodenbretter der Kajüte beiseite, um in den Zwischenraum zwischen Schiffsboden und Außenhaut zu gelangen und das Ventil des zweiten Wassertanks zu öffnen.

Dort in der Bilge wartete allerdings eine böse Überraschung auf mich: alles war voller Wasser.

Panisch versuchte ich die Ruhe zu bewahren und mir einzureden, das sei Meerwasser, das bei einem der vergangenen Stürme ins Boot gelaufen sei. Meerwasser. Ich würde es abschöpfen und die Bilge trockenlegen und alles wäre wieder gut.

Erstmal die am einfachsten zu behebende Ursache. Immer daran denken!

Meine vermeintliche Sicherheit legte ich allerdings sofort wieder ab, als ich den zweiten Tank aufschraubte. Das Wasser in der Bilge war mitnichten Meerwasser. Wenigstens nicht nur und das war das eigentlich Schlimme daran.

An der Außenwand des Tanks, fast am Boden, zog sich ein mindestens zwanzig Zentimeter langer Riss entlang. Ich hatte ein Leck.

Ich konnte mir nicht erklären, wie das hatte passieren können. Fakt war: in dem Tank waren allenfalls noch zehn Liter Trinkwasser, die ich würde retten können.

Vierhundertneunzig Liter hatten sich also mit dem Salzwasser vermischt, dass sich in der Bilge angesammelt hatte und waren somit ungenießbar geworden.

Zehn Liter, das reichte gerade einmal für zwei, bestenfalls drei Tage und ich hatte noch gut zehn, elf Wochen auf See vor mir. Und dann passierte etwas, was mir seit meiner Abreise nicht passiert war: Ich wusste partout nicht, was ich tun sollte.

Ich konnte mir nicht erklären, warum so ein Unglück mir ausgerechnet jetzt passieren musste, wo endlich einmal alles so richtig wunderbar lief.

Bisher hatte mich alles, wirklich alles hin und wieder enttäuscht und gereizt. Stürme hatten mich wütend gemacht, Flauten hatten mich wütend gemacht und die verdammten Wellen sowieso.

Meine Ausrüstung hatte es bisher noch nie getan und sie war das Einzige, in das ich wirklich Vertrauen gehabt hatte.

Bis zu diesem Moment.

Ich heulte los, wie ein Schlosshund. Ich war mitten auf dem Atlantik. Ich hatte kein Wasser mehr und ich würde an dieser Stelle abbrechen müssen, um zu überleben.

Sollten diese blöden zehn verbliebenen Liter auch nur zu irgendetwas gut sein, dann, um mich wenigstens am Leben zu halten, bis mich hier draußen einer fand. Wenn mich hier jemand finden würde.

Viereinhalb Monate für nichts und wieder nichts. Ich war gescheitert und alle würden behaupten, sie hätten es kommen sehen.

Hätten gewusst, dass ich nicht erfahren genug war, um mit den Schwierigkeiten einer solchen Reise fertig zu werden und dass es am Ende viele Menschen sehr viel Geld kosten würde, um mich mit einer aufwändigen Rettungsaktion wieder in Sicherheit zu bringen, weil ich Fehler gemacht hatte.

Moment! Hatte ich das? Fehler gemacht?

Hatte ich mich zu sehr auf die offensichtlichen Aufgaben konzentriert und zu wenig Aufmerksamkeit auf die fiesen, kleinen Details verschwendet? Hatte ich die Bilge zu selten kontrolliert? Hätte mir auffallen müssen, dass die Luftfeuchtigkeit unter Deck schlimmer war, als normalerweise?

War sie das? War ich tatsächlich so leichtsinnig?

Herrgott! Ich war auf dem offenen Meer. Hier war nur Wasser. blau und feucht. Wie hätte mir denn auffallen sollen, dass es feucht war, wenn ich mich die ganze Zeit nur und ausschließlich von Feuchtigkeit umgab?

Mir wurde ganz schlecht. Ich rannte an Deck und übergab mich über die Reling. Futter für die Fische.

Schlechter Zeitpunkt. Ich hatte von nun an mit den Wasservorräten in meinem Körper zu haushalten. Auffüllen würde schon sehr bald sehr schwierig werden.

Ich atmete einige Male sehr tief ein und aus, um mich wieder einigermaßen zu fangen.

Jetzt in Panik zu verfallen war keine Option.

„Ganz ruhig, Fleur", beschwor ich mich selbst, „das ist nur eine weitere Probe. Auf dieser Welt gibt es nun mal nichts geschenkt. Erst recht keinen Rekord. Bisher hast du noch nie so einfach aufgegeben. Du hast immer gekämpft. Immer einen klaren Kopf behalten. Also denk nach: Was kannst du jetzt tun?"

„Eine E-Mail schreiben", schoss es mir ein.

Ich hatte drei Tage Zeit. Vielleicht gab es noch eine andere Möglichkeit, wie ich diese Tage nutzen konnte.

Ich verfasste eine knappe Nachricht an Papa, versehen mit der Bitte, sie an Mister T., Benny und jeden anderen weiterzuleiten, der jetzt etwas Schlaues beitragen könnte.

Ich schilderte kurz die Situation und erkundigte mich nach der Aussicht auf Regen. Möglicherweise gab es irgendwo in der erreichbaren Umgebung ein Tief, in das ich geradewegs hineinfahren könnte. Das bedeutete Gefahr, es bedeutete ein gehörige Portion Glück, aber vor allem bedeutete es frisches, süßes Wasser direkt aus dem Himmel und vor allem direkt auf dem Atlantik, wo es klarer und reiner war, als irgendwo sonst.

Es war eine Chance!

Dort wo der Großbaum endet, gab es eine Stelle, an der sich bei jedem Niederschlag das Wasser sammelte und in einem dicken Strahl abfloss. Der anliegende Wind formte dann im Segel einen

Bauch, der das Wasser für mich auffing und bündelte. Würde ich von diesem Punkt aus eine Drainage direkt in meinen intakten Tank legen, könnte ich das Wasser umleiten und meine Vorräte wieder auffüllen.

Das war nicht besonders kompliziert zu realisieren, würde mich bei der Weiterreise nicht erheblich behindern und war, sollte es klappen, allenfalls einen kleinen Umweg teuer, nicht gleich den Abbruch meines Törns.

Ganz beflügelt von diesem genialen Gedanken machte ich mich sofort an die Vorbereitungen, während ich auf die Antwort von zu Hause wartete und nach kaum einer halbe Stunde war es soweit.

Tatsächlich befand sich direkt hinter mir ein Tiefausläufer, der sich zwar in meine Richtung bewegte, aber nicht schnell genug war, um mich einzuholen und schon vorher in eine andere Richtung abwandern würde.

Achtzig Seemeilen etwa würde ich entgegen der Strömung und entgegen der Windrichtung ankreuzen müssen, um seine Position zu erreichen. Die vielen Wenden, die dabei erforderlich würden, würden den Weg noch verlängern.

Das war der einzige Lichtschimmer, den Mister T. mir geben konnte.

Aber es war einer. Ein kleiner, aber auch ein glücklicher.

Bei genauer Betrachtung war die Strecke, die ich in diese Richtung zurücklegen konnte, zwar geringer als die, die mit Kurs nach Osten und achterlichen Winden machbar war, aber dieser günstige Kurs würde mich nur noch weiter auf den Atlantik tragen.

Eine Bewegung nach Westen bedeutete zeitgleich eine Bewegung zurück an die südamerikanische Küste und mit dieser Information wäre es möglich zu versuchen, dort die Küstenwache zu informieren, die mir zumindest entgegenkommen würde und vielleicht da war, wenn etwas schiefgehen sollte. Ich hatte keine andere Option.

Entschlossen wendete ich die Thetis und segelte gegenan.

Ich informierte das Team daheim über meine Entscheidung und erfuhr kurze Zeit später, dass man sich von einem amerikanischen Militärstützpunkt in Paraguay aus meiner annehmen würde. Vom Landesinneren Südamerikas aus wohlgemerkt.

Militär besaßen die vielen armen Länder auf diesem Kontinent meist nur zur Selbstverteidigung. Die Soldaten waren kaum mit dem Nötigsten ausgerüstet und hätten mir ohnehin wohl nicht geholfen. Ein Vermögen ausgeben um ein Mädchen zu retten, nur für die Anerkennung der restlichen Welt konnten sich diese Regionen überhaupt nicht leisten.

Ich setzte all meine Hoffnung auf einsetzenden Regen.

Natürlich hätte ich in diesem Fall umsonst einem ganzen Haufen Menschen eine Menge Stress und Ärger bereitet, aber damit würde ich mich dann abfinden müssen. Und ich war mehr als bereit damit zu leben, wenn ich im Gegenzug genug Trinkwasser bekam, um meine Reise fortzusetzen.

Warum hatte mir das alles nicht schon eher passieren können?

Warum jetzt, wo es dazu führte, dass ich unter enormem Zeitdruck stand? Wo beide Tanks leer waren.

Diese und andere Fragen schossen mir im Kopf herum.

Darüber zu grübeln war allerdings mehr als sinnlos, das sah ich schnell ein.

Das hier war das Leben. Da passierten Dinge nun mal. Ohne dass man sie planen oder koordinieren konnte.

Ich brauchte etwa neununddreißig Stunden. Viele lange Minuten also, in denen ich zitterte, versuchte, schneller zu sein, kürzere Wenden zu fahren. Minuten, in denen ich einen Eimer Wasser nach dem anderen aus der Bilge an Deck hievte und über die Reling kippte, um die Thetis leichter zu machen.

Ungezählte Sekunden, in denen ich kaum mehr tat, als zu hoffen und immer und immer wieder den günstigsten Kurs zu ermitteln.

Eineinhalb Tage, in denen ich dem Autopiloten eine lange, mir hingegen keine einzige Pause gönnte und dann war es geschafft.

Ich gab Entwarnung nach Hause. Ich war direkt auf das Tiefdruckgebiet getroffen. Der Wellengang war nicht stark genug, um das Deck zu überspülen, aber die Tropfen prasselten nur so darauf hernieder.

Dicke, schwere, saftige Tropfen. Ich gab vielen von ihnen erst gar nicht die Chance, in meinen Tank zu fließen. Sie landeten direkt in meiner Kehle. Und nicht nur mein ausgedörrter Körper machte einen Sprung, mein Herz tat es auch.

Seitdem ich das Leck bemerkt hatte, hatte ich kaum einen Liter Wasser zu mir genommen. Ich war am Ende.

Ich sah kleine Lichtpunkte vor meinen Augen flimmern und spürte plötzlich, wie sehr die Anspannung an meinen Kräften gezerrt hatte. Wie müde ich war, nach all dem Adrenalin, dem sturen Funktionieren, dem Kämpfen.

Dicke, schwere, saftige Tropfen. Ich konnte sie in das Segel prasseln hören, während draußen der Donner grollte.

Panisch rannte ich immer wieder unter Deck um zu kontrollieren, ob wenigstens der intakte Tank noch dichthielt und war immer wieder entzückt, wenn ich sah, wie viel Wasser sich seit meinem letzten Besuch schon wieder angesammelt hatte.

Es schien, als hätte mein Dickkopf dem Schicksal einmal mehr ein Schnippchen geschlagen. So leicht würde ich mich nicht einschüchtern lassen. Obwohl der Plan dieses Mal wirklich gut gewesen war.

Ich erledigte die letzten Handgriffe, wendete die Thetis und hauchte dem Autopiloten neues Leben ein. Wind von achtern in einem nicht sehr ausgeprägten Sturm würde die Windsteueranlage auch ohne meine Hilfe meistern. Ich zog es vor, unter Deck abzuwettern. In meiner Koje, in der ich mich durch die Krängung fühlte, wie in der Trommel einer Waschmaschine. Auf einer Matratze, die gut Feuchtigkeit von unten abbekommen hatte, festgezurrt an Gurten. Aber alles das störte mich überhaupt nicht. Einen schöneren Ort konnte ich mir kaum vorstellen. Einfach nur einen Platz zum Schlafen – mehr wollte ich nicht.

Und das tat ich dann auch.

Als ich wieder einigermaßen bei Kräften war, etwa drei Stunden später, mit Unterbrechungen versteht sich, begann ich Pläne zu schmieden, wie es jetzt weitergehen sollte.

Allmählich hatte ich doch ein wenig schlechtes Gewissen, dass ich eine Rettungsaktion angefordert hatte und ihr jetzt vor der Nase davon gesegelt war. Wenn mir so ein Missgeschick noch einmal passierte, würde die Entrüstung erst recht groß sein.

Andererseits wäre es doch auch blöd gewesen, jetzt die Segel zu streichen, nur um jemanden nicht umsonst bemüht zu haben.

Das Militär war schon ein wenig sauer, hatte Papa berichtet. Aber man hatte wohl offiziell bekannt gegeben, dass man froh war, dass es mir gut ging und dass ich weiterfahren konnte. So recht glauben konnte ich daran nicht.

Das verunsicherte mich extrem.

Ich glaube, daheim war so richtig Rummel um die Sache.

Natürlich wollte ich, dass die Leute auf meine Reise aufmerksam wurden, aber ich wollte das nicht auf diese negative Art erreichen.

Ich schrieb Mala eine E-Mail, um zu erfahren, wie jemand, der mich zwar kannte und mich bei meinen Vorbereitungen begleitet, aber doch nicht dabei geholfen hatte, das alles beurteilte. Es interessierte mich, wie sie über meine Entscheidung dachte. Ob sie an meiner Stelle auch weitergefahren wäre.

Gute Seele, die sie war, versuchte sie mich zu beruhigen. Sie schrieb, dass sie bisher niemanden getroffen hatte, der sich den Mund darüber zerrissen hatte, dass ich völlig umsonst um Hilfe geschrien hatte, dass vielmehr alle froh darüber waren, dass ich mich aus eigener Kraft aus meiner misslichen Lage hatte befreien können und dass alle Daheimgebliebenen jetzt umso mehr mit mir mitfieberten und gespannter als vorher auf den Ausgang meiner Reise waren.

Ein bisschen zerstreuten diese Informationen meine Bedenken. Mala hatte mich noch nie belogen und ich schätzte sie auch nicht so ein, dass sie es jetzt tun würde. Das machte mir Mut und gab mir ein bisschen Selbstvertrauen zurück.

Ich war trotz meiner unfreiwilligen Umkehr in der vergangenen Woche immerhin 540 Seemeilen gefahren und befand mich noch immer in Begleitung meines lebensrettenden Tiefs.

Meine Chancen standen recht gut, dass wir noch ein Stück Weg gemeinsam würden zurücklegen können, was mir einerseits Trinkwasser sicherte, andererseits Winde von Achtern, die mich vor sich hertrieben.

Ganz auf der sicheren Seite war ich damit zwar immer noch nicht, aber die Bedingungen machten wenigstens Hoffnung auf einen glimpflichen Ausgang der ganzen Geschichte.

Ich würde die restliche Zeit über strengstens meinen Wasserverbrauch kontrollieren und einteilen müssen, um keinesfalls noch einmal in so eine Durstphase hinein zu purzeln.

Noch so eine Geschichte würde mir endgültig die letzte Kraft rauben und so langsam hatte ich auf Abenteuer wirklich keine Lust mehr. Ich wollte endlich wieder nach Hause, meine Eltern in die Arme nehmen, Landluft schnuppern.

Vor allem wollte ich Gras sehen und Pflanzen und Bäume. Grüne Dinge. Alles musste grün sein, wenn ich wiederkam. Und zwar strahlend grün. Nicht das Grün der Algen, die sich wie wild am Rumpf vermehrten und die Thetis schwergängig machten.

Ich hatte keine Lust mehr auf Blau. Blau raubte mir im Moment den Nerv. Und ich verlor die Freude an Sonnenaufgängen. Ich vermisste mein Bett und eine warme Dusche.

Ich wünschte mir, das Tief hätte die gleiche Strecke vor sich wie ich.

Völlig gleich, wie stürmisch und unangenehm es werden würde – Kälte, Nässe und Schmutz, inzwischen war ich an diese Zustände gewöhnt.

Ich kannte sie in beinahe jeder Ausformung und traute mir zu, mit ihnen umgehen zu können.

Völlig gleich also, wie ungemütlich eine Weiterreise mit meinem Tief sein könnte, ich würde mich unmöglich darüber beschweren. Tiefs bedeuteten viel Wind. Viel Wind bedeutete viel Strecke. Viel Strecke bedeutete jede Menge Zeitersparnis. Je schneller ich segelte, umso schneller würde ich zu Hause sein.

Ich war jetzt mitten auf dem Atlantik. Es machte keinen Sinn, das nächste Ziel anzupeilen. Nicht auf Kap Hoorn oder die Tasmanische See nahm ich jetzt Kurs, sondern einzig und allein auf Kerikeri.

Dort wollte ich hin. Und dort würde ich jetzt hinfahren.

Sollte der blöde Atlantik doch weiter seine fiesen Gemeinheiten aushecken. Darauf würde ich nicht hereinfallen.

Ich hatte ein Ziel vor Augen, von dem mich kein Element der Welt abhalten konnte.

Vor meinem inneren Auge sah ich die Küste dieser roten Welt, meiner roten Welt vor mir. Sah den Boden, über dem die Sonne flimmerte, die tiefe Wildnis, die den Reiz dieses kleinen Kontinentes ausmachte. Ich sah mein zu Hause und dieses Bild, zusammengetragen aus Fetzen meiner Erinnerung, das trieb mir die Tränen in die Augen.

Wer hätte gedacht, dass man einen Ort so sehr vermissen kann, dass man vom vermeintlichen Erwachsenen so schnell wieder zum

kleinen, heulenden Kind wurde, das sich nach Schutz sehnte?
Jetzt war mein Trotz auf Krawall gebürstet. Jetzt würde ich nicht
mehr stillhalten und abwarten.

Der Wunsch nach Wasser hatte mich die vergangenen Tage zum
erbitterten Kampf gezwungen. Nun war es die Sehnsucht nach
Land, die diese Reaktion bei mir wecken sollte. Und die mich
antreiben sollte. Zu Spitzenleistungen.

Ein Flug über den Atlantik – Woche 20

Kaum zu glauben, aber mein Tiefdruckausläufer, der übrigens
auf den liebevollen Namen Vivien hört, hat sich noch immer
nicht von mir verabschiedet. Seit über einer Woche fahren, ach
was, fliegen wir regelrecht über den Atlantik dahin. Mister T.
hatte sich in seiner Prognose also getäuscht.

Der Niederschlag hatte nachgelassen, dafür nahm der Wind
mittlerweile stark zu. Sechs bis sieben Beaufort erreichte er, unter Böen sogar bis zu neun. Das war schon gewaltig und zerrte
enorm an den Kräften, wenn es sich derart lange hinzog.

Andererseits brachte Vivien mich minütlich ein Stück näher an
mein Ziel und allein dafür war ich ihr schon dankbar.

Neunhundert Seemeilen etwa, sogar noch etwas mehr, lagen
schon wieder zwischen mir und meiner letzten Katastrophe.

Ich wollte mich um Gottes Willen nicht beschweren. Wirklich
nicht. Ich hatte Neptun ja förmlich darum angebettet, schneller
voranzukommen.

Aber ich wollte ganz gern mal wieder eine kleine Pause haben.

Beinah schon mechanisch fierte ich Schoten, belegte Klampen,
holte Schoten an. Immer wieder. Laufendes Gut gab dem
Druck der Winde nach, ich tauschte es aus. Ich war schon so
geübt in all diesen Vorgängen, dass ich sie nur noch wie durch

einen Schleier wahrnahm. Mein Geist war völlig ruhig gestellt. Ich dachte dabei an gar nichts mehr.

Aber mein Körper, der nahm mir die ständige Aufmerksamkeit für mein Boot, die viele Anstrengung langsam übel und war sich nicht zu schade, mir genau das in aller Deutlichkeit mitzuteilen.

Immer wieder nickte ich kurz weg, stolperte über irgendetwas oder verlor den roten Faden. Ich war einfach nur noch kaputt. Aber all das half nichts. Ich musste weiter durchhalten. Je eher ich schlapp machte, desto mehr dehnte sich das alles vor mir aus. Zog sich hin, wie ein zäher Kaugummi. Und genau das zu verhindern war ja mein ausdrücklicher Wunsch.

Die wenigen Pausen, die ich mir notgedrungen immer mal wieder gönnte, leisteten zwar einen Kleinen, aber dennoch kaum den erforderlichen Beitrag, um diesem Zustand abzuhelfen.

Die Kajüte war zu einem feuchten, dreckigen Ort verkommen. Überall klebten Salzränder und Schmutz. Jedes Mal wenn ich hier her kam, schleppte ich von draußen noch mehr Wasser herein und tropfte alles voll.

Wann immer ich einen Augenblick Zeit hatte, wischte ich das Wasser vom Boden auf, kontrollierte die Bodenbretter, immer getrieben von der Angst, der zweite Tank könnte auch noch leckschlagen, ohne dass ich etwas bemerkte.

Dort unten war glücklicherweise alles in Ordnung, aber nicht einmal das nahm mir das fortwährende Gefühl, alles wäre feucht.

Und da täuschte ich mich nicht einmal. Es war tatsächlich alles feucht. Die Matratze, die Klamotten – alles, was Wasser irgendwie speichern konnte, war voll davon.

Alles, inklusive mir. Die Nässe kroch mir in die Knochen, alles tat weh, ich fühlte mich wie achtzig. Wenigstens nahm ich an, dass man sich in diesem Alter so fühlte.

Meine klammen Finger waren aufgeschunden und rau. Jedes Anholen der Schoten war die reinste Qual. Selbst durch dicke Handschuhe hindurch konnte ich fühlen, wie die rauen, starren Seile meine Haut aufscheuerten.

Und mein Geist indes, völlig zur Nutzlosigkeit verbannt, weil ich viel zu erschöpft zum aufmerksamen Denken war, der trug seinen ganz eigenen Teil zu meinen Problemen bei.

Immerhin flogen wir hier geradewegs auf das Kap der guten Hoffnung zu und mit „Fliegen" war dem Kino in meinem Kopf auch schon das perfekte Stichwort gegeben.

Es war wahrscheinlich unglaublich kindisch von mir und auch völlig unnötig, aber ich konnte die Legende vom Fliegenden Holländer einfach nicht aus meinen Gedanken vertreiben.

Als ich in einer E-Mail nach Hause berichtete, dass ich nun Kurs auf die Südspitze Afrikas nehmen würde, hatte Benny sich wieder einmal nicht zusammenreißen können und sich den Spaß gemacht, mich auf das vor mir liegende, verfluchte Seegebiet hinzuweisen.

Natürlich war mir klar, dass es den Fliegenden Holländer aus der Legende nicht wirklich gab. Aber ich kannte die Hintergründe, wie es zu dieser Sage gekommen war und die für sich genommen waren schon gruselig genug für mein zartes Gemüt.

Die Geschichte von dem Geisterschiff, das ohne Winde segelt und in keinem Hafen anlegen darf, hatte jedenfalls in diesen Breiten ihren Ursprung genommen.

Der „Fliegende Holländer" war eigentlich ein neuartiger Bootstyp des 17. Jahrhunderts gewesen, der vornehmlich in den Niederlanden gebaut wurde.

Der Kapitän eines dieser Schiffe, der für sein wildes Fluchen bekannt war, schwor damals angeblich bei stürmischer See, er würde das Kap der guten Hoffnung umrunden – ganz gleich, ob er einen Pakt mit dem Teufel eingehen musste, um dieses

Ziel zu erreichen. Das Schiff verschwand in derselben Nacht ohne Spuren und seitdem wird immer wieder berichtet, dass es wieder gesichtet wurde, wie es unerfahrene Segler vor aufziehenden Gefahren warnte oder versuchte, Briefe an Menschen aus längst vergangener Zeit zu übermitteln. Die Besatzung erwachte nur in der Nacht zum Leben, wenn der Mond das Schiffsdeck in ein silbern funkelndes Licht tauchte.

Das ist natürlich Seemannsgarn. Und zwar solches von der allerersten Sorte.

Aber es gab – oder gibt, wer weiß – tatsächlich solche Geisterschiffe. Und das war der Teil, den ich so unheimlich fand.

Im Mittelalter brachen auf Schiffen ständig Krankheiten aus. Seuchen, Skorbut. Ansteckende und gefährliche Angelegenheiten für alle in der direkten Umgebung.

War eine solche Krankheit erst einmal ausgebrochen, verboten viele Häfen diesen Schiffen anzulegen. Schnell war die Besatzung häufig so dezimiert, dass die Verbliebenen das Schiff nicht mehr selbstständig segeln konnten und somit wild umher trieben. Solche Schiffe wurden von vorbeifahrenden Seglern oft als Geisterschiffe wahrgenommen. Man sah Unmengen toter Menschen an Bord und hörte unheimliche Stimmen.

Das Schlimme daran ist, dass es zeitweise Hunderte davon gab. Herrenlose, umherirrende Barken, die plötzlich aus dem Nebel auftauchten.

Ich machte mir fast in die Hose, bei dem Gedanken, dass es solche Schiffe noch heute geben könnte und dass ich am Ende einem solchen begegnete.

Natürlich waren das zutiefst alberne Sorgen, mit denen ich mich da zusätzlich belastete.

Aber ich will nur einmal jemandem begegnen, der abgebrüht genug ist, im Nebel, der das Deck in mancher Nacht einhüllt und die eigene Hand vor Augen nicht mehr erkennen lässt, nicht das ein oder andere Schreckensbild zu sehen. Ich tat das nämlich sehr wohl und ich hatte immerhin schon die eine oder andere solcher Nächte erlebt. Nix da mit Abstumpfen.

Das Knacken und Ächzen des Rumpfes, das Schwappen der Wellen, Geräusche, die man nicht recht zu orten wusste, unerklärbare Punkte, die das Ortungsfeld des Radars streiften und schon bald wieder verschwanden. All das zusammengenommen erzeugte eine prima Atmosphäre für Gruselgeschichten.

Als ich mich bei meinen düsteren Gedanken ertappte, musste ich unwillkürlich über mich selbst lächeln. Das war doch wirklich zu abgedreht.

Mala und die Mädels daheim saßen wahrscheinlich gerade bei irgendjemandem auf dem Sofa, zogen sich einen bereits zigmal gesehenen Hollywoodschinken rein und knabberten Kartoffelchips. Oder war heute vielleicht sogar Freitag? Samstag? Machten sie sich just in diesem Moment für eine Party zurecht?

Ich wusste nicht einmal, ob es in Kerikeri gerade Tag oder Nacht war. Nicht jedenfalls, ohne genauer nachzudenken.

Das hatte in den letzten Wochen an Bedeutung verloren. Alles was zählte, war die Greenwich-Zeit und der Stand der Sonne.

Zu Beginn meines Törns hatte ich noch bei jedem Blick auf die Uhr sofort sagen können, was meine Eltern gerade taten – ob sie beim Frühstück saßen oder von der Arbeit kamen. Jetzt konnte ich schwerlich ihren gewohnten Tagesablauf zusammenbringen.

Überhaupt fiel mir auf, dass ich es mir mittlerweile angewöhnt hatte, ganz anders an zu Hause zu denken. Und dabei dachte ich ständig an zu Hause.

Zu der Zeit beispielsweise, als ich noch im Pazifik umhergeschippert war, hatte ich mich darauf konzentriert, mich zu erinnern, was die Menschen, die ich vermisste, gerade taten. Ob Mala in alter Manier zum Telefon griff, um mich zu unserer täglichen Telefonstunde anzurufen, bevor sie den Hörer wieder auf die Gabel knallte, weil ihr erst im letzten Moment eingefallen war, dass ich ja momentan gar nicht daheim war. Ich versuchte genaugenommen immer herauszufinden, ob jemand zu Hause auch gerade an mich dachte.

Das war mir mittlerweile völlig egal. Nicht mehr die Frage, ob man mich vermisste, trieb mich umher, sondern der Wunsch, all die vermissten Gefühle wieder zu finden. Den Geruch von frischem Kaffee, der nachmittags durch unser Haus zog. Das Geräusch, wenn meine Mutter in Stöckelschuhen den gefliesten Flur entlang ging. Oder wie es sich anhörte, wenn Benny mit quietschenden Reifen auf dem Schotter unserer Einfahrt zum Stehen kann, um mich in die Werft mitzunehmen.

An Simon – und das fiel mir in der Tat erst jetzt auf – hatte ich schon lange, lange Zeit gar nicht mehr gedacht.

Ein weiterer unbedeutender, aber doch positiver Nebeneffekt der ganzen Veranstaltung hier.

Es war natürlich Quatsch gewesen mir einzubilden, ich hätte mit meinem Rekordversuch ein Exempel ihm gegenüber statuieren wollen. Zeigen wollen, was für ein tolles Mädchen ich bin.

So schlimm war es ja nun offensichtlich doch nicht gewesen, wenn er sich so leicht aus meinem Kopf vertreiben ließ.

Aber einen kleinen Einfluss hatte er ja scheinbar doch genommen und vielleicht würde ich ihm dafür eines Tages eine Dankeskarte zukommen lassen.

Vorerst war ich allerdings noch tunlichst damit beschäftigt, mich vor dem Fliegenden Holländer zu fürchten. Dorthin nämlich hatte mich dieses unsägliche Abenteuer gebracht: in einen Zustand, in dem ich mich vor Ammenmärchen fürchtete, während meine Freundinnen auf Männerfang gingen.

Hatte ich das letzte Mal irgendetwas von Erwachsensein getönt? Ich nehme alles zurück und behaupte das Gegenteil!

Voller Hoffnung um das Kap – Woche 21

920 Seemeilen hatte ich in den letzten sieben Tagen zurückgelegt. Um die 5,4 Knoten Durchschnittsgeschwindigkeit! Das
war der pure Wahnsinn!

Wenn ich daran zurückdachte, mit welch holperigen Werten
die Thetis und ich vor über fünf Monaten aus Kerikeri ausge-
laufen waren und wenn man bedachte, dass wir uns ja nunmehr
nicht mehr unbedingt in einem taufrischen Zustand befanden,
war das schon beeindruckend. Der Fliegende Holländer war mit
Sicherheit einer der Gründe, warum ich mein Bestes gab, um
aus dieser Ecke ganz schnell wieder verschwinden zu können.
Nach wie vor trieb mich aber tatsächlich die Sehnsucht nach
der Heimat rastlos vorwärts und forderte Höchstleistungen von
mir ab. Ganz unabhängig von Wind und Wellen.

Hätte ich nicht die Angst gehabt, es in den nächsten Wochen
unter Beweis stellen zu müssen, ich hätte sofort eine Wette darauf abgeschlossen, dass ich mittlerweile beherrschte, was ich in
einer der ersten Flauten, in die ich hineingeraten war, aus Jux
und Tollerei halbherzig versucht hatte: den Bauch der Segel mit
der Luft aus meinen Lungen zu füllen. Nur mit der Kraft meines sturen Dickkopfes.

Ich fühlte mich regelrecht getrieben, nein, vielmehr angestachelt, diesem ewig gleichen Zustand endlich zu entkommen.
Ich konnte das alles nicht mehr sehen, all das Blau, all die Weite,
das Wasser, die Wellen, die Wolken. Die Tage zogen vorbei und
ich bemerkte einzig das weichende Licht und die aufgehende
Sonne.

Und diese allgegenwärtigen, ewig gleichen Geräusche. Klat-
schendes Wasser und pfeifender Wind, wie man ihn auch aus
Häuserschluchten kennt – nur begleitete mich dieses Surren
seit vielen Wochen ununterbrochen und belastete mich, wann

immer ich darauf aufmerksam wurde, unwahrscheinlich stark.

"Und was stelle ich heute mit meiner Zeit an?"

Ich konnte nicht einmal mehr erahnen, wie lange es schon her war, dass ich mir genau diese Frage zum letzten Mal gestellt hatte. Sie war hier draußen überflüssig. Die Antwort war ewig die Gleiche: Winschen, Reffen, Kurs nehmen, Koppeln.

Keine Alternativen. Keine Freizeit.

Ich fragte mich, ob ich jemals wieder spontan sein würde. Ob es ungewohnt sein würde, wieder frei wählen zu dürfen, zwischen Fernsehen und Lesen, Schwimmen und Inline Skater fahren. Ob ich überhaupt noch etwas mit Menschen anfangen können würde, wenn ich wieder im Hafen einlief.

Mit Menschen und ihren Problemen.

So viel schien einem von hier draußen aus betrachtet so klein und belanglos zu sein, dass man manchmal gewillt war, sich zu schämen, für die scheinbar unwichtigen Sorgen anderer.

Mala hatte Liebeskummer und passte nicht mehr in ihr Lieblingskleid. Benny hatte ein Auto gerammt, das plötzlich vor ihm bremste und Ärger mit der Versicherung.

Ich hatte die letzte Woche gegen Sturm und Wellen gekämpft und bekam es jetzt mit den Wirbeln und Stromschnellen des Anghula-Stroms zu tun.

War es eingebildet von mir, die Probleme meiner Lieben nicht ernst zu nehmen?

Stellte es nicht eigentlich mir ein Armutszeugnis aus, wenn ich meine Sorgen und Nöte höher einstufte, als die der anderen?

War es denn aber für jemanden, der tagtäglich das sah und erlebte, was ich sah und erlebte, überhaupt möglich, solche Probleme angemessen zu bewerten? Ich hatte in den letzten Wochen jeden Bezug zu den kleinen alltäglichen Fallen und Gemeinheiten verloren.

Mich hatte früher jeder Pickel im Gesicht zur Weißglut getrieben und wie oft ich täglich vor dem Spiegel gestanden und mich gefragt hatte, ob ich diese oder jene Hose wirklich noch tragen konnte, behielt ich lieber gleich ganz für mich.

Nicht einmal, wenn es um mich selber ging, war ich in der Lage, auf diese Dinge wert zu legen, seit ich unterwegs war.

Meine Haut sah aus wie wettergegerbtes Leder und hatte sich streng genommen auch genau dazu entwickelt. Alles, was mein imaginärer Kleiderschrank mir hier draußen an Auswahl bot, war zweckmäßig, aber ganz sicher alles andere als hübsch anzusehen und gewiss nicht ladylike.

Weil es aber auch niemanden gab, den das interessiert hätte. Und warum hätte ich mich aufhübschen sollen, wenn es doch sowieso niemand sah?

Und weiter! Wie sollte ich, die sich seit fünf Monaten nicht mehr mit ihrem Aussehen auseinandergesetzt hatte, nachvollziehen können, dass jemand damit Probleme hatte?

Wie sollte ich, die seit Wochen kein Auto, geschweige denn eine Hauptverkehrsstraße zur Rush-Hour gesehen hat, mich in jemanden einfühlen können, der in einer solchen Situation einen Auffahrunfall hat?

Ich konnte mir durchaus vorstellen, dass es noch andere nervige Umstände gab, als gebrochene Schoten und gerissene Segel, soviel Empathie besaß ich durchaus noch.

Ich beurteilte all diese kleinen Unglücke mittlerweile nur völlig anders.

Wenn ein Segel riss, war ich froh, dass nicht der Mast gebrochen war. Genau wie ich froh war, dass Benny nur ein paar Lackkratzer zu beseitigen hatte und es für Mala ja noch immer tragbare Größen in den hiesigen Konsumtempeln zu ergattern gab. Menschen machen sich das Leben so fürchterlich kompliziert.

Wir erwarten immer, dass alles reibungslos verläuft und anstatt uns über die Unglücke zu freuen, von denen wir verschont bleiben, empfinden wir jene, in die wir aus eigenem oder fremden Verschulden geraten sind, als schlimmste, nur denkbare Strafe.

Dabei vergessen wir völlig, dass eine größere Kleidergröße oder ein verschrammtes Auto noch lange kein Weltuntergang ist. Das sind Probleme, die uns nur die Zivilisation gebracht hat und unser ewiges Bestreben, anderen Menschen genügen zu wollen, treibt uns immer weiter in solche Sorgen hinein.

Das alles waren Dinge, mit denen ich mich hier draußen nicht im Entferntesten auseinandersetzen musste. Hier gab es keine Zivilisation. Ich lebte allein mit mir und den Elementen und wenn es etwas gab, was ich sicher nicht vermisste, seit ich mich ununterbrochen auf dem Meer herumtrieb, dann waren das Selbstdarsteller und Besserwisser.

Zum ersten Mal meinte ich auch zu verstehen, worauf Mister T. immer anspielte, wenn er so bitterlich auf seine Mitmenschen schimpfte. Ich wäre nicht soweit gegangen zu behaupten, dass ich nicht mehr zurück wollte, in diese Welt, die wir alle gemeinsam aufgebaut haben, aber ich denke, ich hätte gut auf all diese unangenehmen Nebenerscheinungen verzichten können. Und damit stand ich wahrscheinlich nicht einmal allein da.

Aber tatsächlich individuell zu sein und sich gegen die Vorstellungen die andere von der Welt und der Art haben, wie wir in ihr leben sollen zu richten, war schon immer ein hartes Stück Arbeit. Und viel zu schnell gab man wieder auf, wenn es darum ging, sich gegen vorherrschende Wertvorstellungen zu richten. Ich für meinen Teil gab mich nicht einmal ernsthaft der Illusion hin, dass ich mich dagegen wehren würde, sobald ich wieder zu Hause war.

Wahrscheinlich würde es sogar eine meiner ersten Amtshandlungen sein, mir Mala zu schnappen und shoppen zu gehen. Neue, frische Klamotten, dazu ein Eis und ein schöner Nachmittag mit meiner besten Freundin. Und dann waren sie auch schon wieder dahin, die Erkenntnisse, die mir mein Leben in der Natur gebracht hatte.

Aber immerhin konnte ich dann behaupten, manche Dinge hier draußen auf der See klarer gesehen und die ein oder andere meiner Meinungen korrigiert zu haben.

Und diese Erkenntnisse würden sich so schnell nicht wieder auslöschen lassen. Selbst wenn ich sie für die ersten Minuten an Land beiseite schob.

Das hier und das Leben zu Hause waren zwei völlig verschiedene Welten, auch wenn jeder Globus mich lügen strafte. Vergleichen konnte man das alles nicht miteinander, aber vielleicht würde ich irgendwann soweit sein, beide Welten miteinander zu vereinen und dem ein oder anderen Menschen durch Erzählungen vor Augen zu führen, was meiner Ansicht nach wirklich wichtig war.

Bis ich dazu allerdings Gelegenheit bekommen würde, hieß es erstmal noch gut sechstausendfünfhundert Seemeilen zu überbrücken. Luftlinie wohlgemerkt.

Das klang nach einer bombastisch langen Strecke. Im Vergleich zu der, die ich schon zurückgelegt habe allerdings, war es nun tatsächlich nur noch ein Katzensprung.

Indes hatte ich mich mittlerweile zur letzten Zwischenstation meiner Reise hervorgetastet. Wenigstens der letzten Küste, bevor ich endgültig wieder Neuseeland anpeilen würde. Und dieser Gedanke fühlte sich so wahnsinnig gut an!

Ich befand mich in etwa auf Höhe des Kaps der guten Hoffnung. Entgegen der weitverbreiteten Meinung war das hier allerdings noch nicht die südlichste Spitze von Afrika. Die lief ich im Moment erst an – beziehungsweise war dabei, sie zu umrunden. Kap Anghula oder auch Nadelkap heißt dieses Fleckchen Erde. Obwohl es hier landschaftlich angeblich sehr sehenswert war, traute ich mich nicht näher als etwa zweihundert Seemeilen an die Küste heran. Die konnte ich ehrlich gesagt noch nicht einmal sehen, wenngleich mir ernsthaft der Sinn danach stand, endlich wieder ein Eckchen Festland durch das Fernrohr zu erhaschen. Das vergrößerte aber noch nicht einmal Objekte in fünfzig Meilen Entfernung. Ich würde also noch ein wenig warten müssen, bis ich endlich wieder aus tiefstem Herzen „Land in Sicht!" brüllen konnte.

Mein stoischer Unwille, mich trotz meiner Ungeduld nicht näher an Afrika heran zu wagen hatte aber gleich zwei gute Gründe:

Zum einen ist die Küste vollständig naturbelassen und arg zerklüftet. Die Felslandschaften setzen sich natürlich auf dem Ozeanboden fort und steile Felsen und zahlreiche Untiefen lauern unter der Wasseroberfläche.

Ich gab mein Bestes, das Echolot die meiste Zeit über im Auge zu behalten, permanent war das aber nicht möglich und da solche Spitzen empfindliche Risse in den Rumpf hauen konnten und ich von gefluteten Bilgen erst einmal genug hatte, versuchte ich diese heimtückischen Ecken so gut es ging zu umschiffen.

Auch sonst waren die äußeren Bedingungen hier nicht gerade einladend.

Atlantik und Indik trafen hier aufeinander und meine Erinnerungen an Kap Hoorn waren nach wie vor frisch genug, um an einer Hand abzählen zu können, dass das ganz sicher nichts Gutes hieß.

Weiß der Geier, warum das so ist, aber irgendwie hatten die sieben Weltmeere scheinbar den richtigen Moment verpasst, um miteinander Freundschaft zu schließen. Noch nicht einmal von einem respektvollen Nebeneinander konnte man sprechen und die Leidtragenden, das waren in diesem Fall die Thetis und ich.

Hier herrschte der Agulhasstrom und das meine ich wort-
wörtlich. Die stärkste, bekannte Druckströmung der Südhalb-
kugel und, ich möchte hinzufügen, auch die eigenwilligste.
Mit warmem Wasser aus dem Indischen Ozean beladen, umrundet er das Nadelkap mit enormer Geschwindigkeit – bis zu
vier Knoten schafft er locker.
Sobald er auf Höhe vom Kap der guten Hoffnung auf den Atlantik trifft, macht er eine abrupte Kehrtwende und fließt in
den Indik zurück.
Oft passiert es, dass das schwerfällige Wasser dabei stoßweise in
den Atlantik gespült werden, wo sich dann im kalten Wasser
Warmwasserwirbel mit bis zu zweihundert Kilometer Durch-
messer bilden. Das muss man sich mal bildlich vorstellen!
Diese Wirbel hatten mir in den letzten Tagen arg zu schaffen
gemacht, genau wie die enormen Wellen und die gefährlichen
Windverhältnisse, die sich durch die Wechselwirkungen mit der
Landmasse ergaben.
Noch nie hatte ich so viele Brecher auf einem Haufen gesehen.
Zum ersten Mal geschah es mir hier auch, dass ich, von der
herangerollten Flutwelle noch ganz benommen und klatsch-
nass, die nächste nicht recht wahrnahm und mir die eisigen
Wassermassen genau ins Gesicht gespült wurden. Völlig abrupt
änderte sich hier das Wetter, vom einen Moment auf den anderen nahm der Wind spürbar zu. Unvorstellbar hohe Wellen
waren die Folge.
In solchen Situationen lernte man es zu schätzen, wenn man
an der kurzen Leine hing. Ohne meinen Lifebelt wäre ich hier
schon einige Male über Bord gegangen und durch die Stürme
der letzten Zeit war es schon fast zur Routine geworden, dass
ich mich irgendwo einklinkte, um nicht in einem unbeobach-
teten Moment einfach im Meer zu verschwinden.
Ein Hauch von Netz und doppeltem Boden.

Vermeintliche Sicherheit, aber doch Sicherheit. Wenigstens vor den naturgemachten Gefahren. Nicht den menschlichen und die waren der zweite Grund, warum ich mich lieber von der Küste fernhielt.

Die zerklüfteten Felsen, von denen ich vorhin gesprochen habe, waren zudem auch noch ein prima Piratennest.

Man hält das immer für ein längst beseitigtes Problem. Wahrscheinlich, weil Handelsschiffe keine Kanonen mehr an Bord haben und die Zahl derer, die ein Holzbein, eine Augenklappe und einen Säbel spazieren tragen, doch seit dem Mittelalter ganz rapide abgenommen hat.

Tatsächlich aber waren Piraten ein sehr aktuelles Thema. Mit unserem Verständnis von Piraterie hatten diese Verbrecher allerdings allenfalls noch den Namen gleich.

Man würde sie auch nicht als solche erkennen. Mister T. hatte mir einmal erzählt, dass ganz viele der modernen Piraten diesen Job nur als Saisonarbeit ausübten. In der Hälfte des Jahres, in der sie guten Fang machten, waren sie Fischer, in der anderen raubten sie Schiffe aus. Und davon ernährten sie angeblich das ganze Dorf.

Keine Ahnung, ob das stimmte. Sicher war aber, dass die Piraterie ernsthaft die Wirtschaft Afrikas schwächte. Eigentlich sogar die der ganzen Welt. Hier entlang verliefen einige der wichtigsten Handelsstraßen überhaupt.

Und die Räuber waren schnell in ihren kleinen Motorbooten und stark – bewaffnet bis unter die Zähne. Die konnten leicht mehrere Frachter am Tag überfallen.

Eine ähnlich hohe Quote hatten die Piraten von früher übrigens auch! Bis zu drei Schiffe wurden damals täglich überfallen.

Man stellte sich das immer so romantisch verklärt vor. In jedem Hafen eine Seemannsbraut und auf der ganzen Welt unterwegs sein, immer bewaffnet mit einer Flasche Rum. Mittlerweile glaube ich eher ganz fest, dass das ein echter

Knochenjob war. Sieben Tage die Woche, vierundzwanzig Stunden am Tag.

Ich meine, das tat ich ja auch seit geraumer Zeit und schon dieser Sachverhalt für sich genommen, belastete mich ganz enorm.

Piraten hatten noch ganz andere Sachen zu erledigen. Es gab nämlich nur bedingt eine Hierarchie, in der Kapitän, Matrose und Maat klar definiert waren.

Vielmehr hatten die Piraten die Demokratie erfunden, als sie es sich angewöhnten, jeden Morgen gemeinsam mit der gesamten Mannschaft den Kurs für den anbrechenden Tag zu beschließen. Per Abstimmung!

Das ist ein Detail, das ständig übersehen wird, wenn von Piraten gesprochen wird. Dabei ist es so eindrucksvoll.

Von ihren Nachfolgern, den Gesellen, die sich heute in diesen Gewässern herumtrieben, erwartete ich allerdings nicht, dass sie mit sich verhandeln lassen würden. Und das machte mir Angst. Schon wieder. Soviel Angst in letzter Zeit.

Diese hier war wenigstens wirklich berechtigt. Benny hatte mir in einer ernsten Mail geschildert, dass die Piraten immer weiter die Küste herunterwanderten und dass sie scheinbar Gefallen an Entführungen gefunden hatten. Offensichtlich waren die Summen, die an Lösegeld gezahlt wurden, um Gefangene freizukaufen, ertragreicher als ein paar Ladungen Fracht.

Und darauf hatte ich nun wirklich keine Lust! Ich hatte schon davon gehört, dass selbst so kleine Yachten wie meine hin und wieder in das Visier dieser Verbrecher gerieten und von ihnen verfolgt wurden.

Glücklicherweise war die Sicht in diesen Breiten häufig sehr schlecht. Über dreitausend Schiffwracks, die unten auf dem Meeresboden versammelt lagen, waren stumme Zeugen der Witterungsverhältnisse. Nebelig war es selten, diesig eigentlich durchgehend und das war Chance und Gefahr gleichermaßen. Eine schlechte Sicht verbesserte meine Chance, nicht gesehen zu werden. Mit dem Radar war die kleine Thetis nämlich kaum zu orten. Wenn ich nicht in das Visier eines Piratenfernrohrs geriet, konnte mir kaum etwas passieren.

Der Nachteil war natürlich, dass ich für meinen Teil wahnsinnig aufpassen musste, nicht selber ein entgegenkommendes Schiff zu übersehen. Vor allem nachts war das eine schwierige Angelegenheit. Ich selbst leuchtete immer erst dann mit meiner Taschenlampe in die Segel, wenn ich mir sicher war, dass von Schiffen in Sichtweite keine Gefahr ausging, um nicht aus Versehen entdeckt zu werden. Wer wusste schon, ob andere nicht auf dieselbe Idee gekommen waren und sich beide Schiffe aufgrund fehlender Positionslichter schlichtweg übersahen, obwohl sie sich aufeinander zu bewegten?

Der Nebel - das Wetter ganz allgemein – ist es übrigens angeblich gewesen, was dem Kap der guten Hoffnung seinen Namen gab.

Alte Sagen behaupten, es hätte hier schon im Mittelalter Schifffahrt gegeben. Portugiesische Seeleute hätten das Kap im Sturm umrundet in der Hoffnung, auf der anderen Seite heil anzukommen und einen schnellen und gut passierbaren Seeweg nach Indien zu finden.

Dieser Tage wandelte ich auf den Spuren eben jener portugiesischen Seefahrer. Auch ich war von der Hoffnung auf einen schnellen Seeweg angetrieben und hatte den Teufel im Nacken. Nur war ich noch nicht so weit, ihn um Beistand anzuflehen, wie der alte Kapitän auf seinem Fliegenden Holländer.

Ich vertraute weiter auf den Beistand Neptuns, auf meine Thetis und mein Können.

Immerhin war ich, das musste ich mir dort, kurz vor dem Kap der guten Hoffnung, noch einmal ganz ernsthaft vor Augen führen, ein Mädchen, das mit siebzehn Jahren ganz allein um Kap Hoorn und Cape Hope gesegelt ist. Ich fand, das Schicksal hatte mich bisher zu sanft angefasst, um meinen Plan jetzt noch mit einem Super-Gau zu vereiteln. Piraten auf mich zu hetzen oder mich jetzt noch Kentern zu lassen, erschien mir zu einfach. Ich hatte schon zu viele Situationen heil überstanden, in denen ich um einiges näher dran war am Aufgeben, als dass ich bereit war, mich jetzt noch von solchem Mist Schach Matt setzen zu lassen.

Die nächste Küste, die mich sehen würde, war die australische. Und ich würde nicht zulassen, dass mir das jemand kaputt machte. Kein Nebel, keine Piraten, keine Brecher. Nichts!

Unterschätze nie die Macht des Schicksals – Woche 22

Es war wirklich zum Mäuse melken!

Ich hatte mich ja zaghaft mit dem Gedanken getragen, mittlerweile alle Gemeinheiten, die das Meer so zu bieten hat, kennengelernt zu haben. Alle freudigen Überraschungen und alle harschen Enttäuschungen.

Ich musste mich eines Besseren belehren lassen und während ich das tat, fühlte ich mich unangenehm an einschlägige Fernsehsendungen erinnert, in denen ahnungslose Passanten mit versteckter Kamera auf die Schippe genommen wurden.

Im Ernst! Es hätte mich nicht verwundert, wenn plötzlich aus der Kajüte ein Kamerateam gesprungen wäre und sich über mich totgelacht hätte.

Aber der Reihe nach.

Voller Enthusiasmus war ich in diese Woche gestartet.

So unglaubwürdig es auch klingt, aber mir vor Augen zu führen, wie viel Weg ich schon zurückgelegt hatte, eine Strecke, die überwinden zu können, ich vermutlich nie für möglich gehalten hatte, machte mir Mut für die Weiterfahrt.

Mein Aufbruch in den Indischen Ozean unterschied sich enorm von dem in den Atlantik. Keine Angst vor der weiten Wassermasse war mehr zu spüren, keine Resignation, keine Lustlosigkeit.

Ich fühlte, dass es jetzt nach Hause ging. Mein abgespannter Körper spürte es und zerrte aus einem bisher unentdeckten, aber noch frischen Winkel neue Kräfte hervor. Selbst der Thetis schien der Kurs gen Heimat nicht entgangen zu sein. Sie flog nur so dahin.

Als uns auch noch die Winde hold waren, schafften wir an einem einzigen Tag tatsächlich 135 Seemeilen, bis unser Durchmarsch jäh gestoppt wurde.

Das Meer breitete sich in seiner ungeheuren Endlosigkeit vor mir aus. Der Himmel war blau, hin und wieder in Gesellschaft einiger, schneeweißer Schäfchenwölkchen. Es wehte ein stetiger Nord-Ost-Wind unter dem sich die Wasseroberfläche gemütlich kräuselte. Ein rundherum friedlicher Tag, der mir Glück zu wünschen schien.

Nichts um mich herum versetzte mich in Alarmbereitschaft und doch ging plötzlich, wie aus dem Nichts, ein Zittern durch den Rumpf, die Segel killten im Wind, als der Kiel sich langsam an Ort und Stelle drehte und ich schließlich festsaß.

Nichts ging mehr vor oder zurück und ich konnte mir erst einmal einfach nicht erklären, was gerade passiert war.

Ein Blick auf das Echolot bestätigte jedoch wenigstens meine Vermutung, dass ich unmöglich auf eine Sandbank aufgefahren sein konnte. Unter mir war nichts als Wasser!

Ich hatte keine andere Wahl. Wollte ich die Lösung des Rätsels finden, musste ich dorthin gehen, wo sie vermutlich auf mich wartete. Statt einem zackigen Kurs auf die Heimat stand mir nun also ein unfreiwilliger Tauchgang bevor. Kaum war ich untergetaucht, sah ich den Grund allen Übels auch schon grünlich schimmernd im schwindenden Licht der letzten Sonnenstrahlen, die sich ihren Weg bis hier runter bahnten: ein Treibnetz, dessen Enden ich nicht sehen konnte, breitete sich vor mir aus, riesig und furchteinflößend.

Eine Mauer mitten im offenen Meer, durch die niemand hindurchgelassen wurde. Ohne Erbarmen wurde hier gewaltsam festgehalten, was sich zufällig in dieser Gegend umhertrieb.

Das bestätigten Schatten, die links und rechts von mir in unregelmäßigen Abständen die freie Sicht auf das Netz versperrten. Einige von ihnen zuckten und zappelten im Kampf mit den Knoten und Stricken. Andere trieben bereits völlig kraftlos im Wasser dahin.

Die unterschiedlichsten Tiere hatten hier ihr zu frühes Grab gefunden: Blauhaie, Delfine sogar einige Schildkröten und Meeresvögel, wahrscheinlich Albatrosse, konnte ich sehen.

Was ich sah, machte mich so wütend, dass ich, nach Luft schnappend, wieder an die Oberfläche schwamm.

Damit hatte ich nicht gerechnet. In keiner Karte war verzeichnet, dass hier Treibnetze ausgelegt wurden. Dass hier legal gefischt wurde, konnte ich mir kaum vorstellen.

Ganz davon abgesehen, wie die Fischerei hier von statten ging. Vornehmlich wurden in dieser Gegend Seehechte gefangen. All die Tiere, die ich da unten gesehen hatte, wurden in der Statistik als Beifang geführt. Die nützten niemandem etwas, sie brachten keinen Profit, waren somit unbrauchbar und wurden herzlos entsorgt. So viele tote Tiere, nur weil die Menschen viel Geld mit wenig Aufwand verdienen wollten.

Dabei hatte man in dieser Gegend ohnehin schon mit der Überfischung zu kämpfen. Vereinzelte Meeresbiologen orakelten bereits, dass es in weniger als fünfzig Jahren keine

Meeresbewohner mehr hier geben würde, wenn sich nicht sehr bald etwas änderte.

Ein zweiter Tauchgang zur Kielbombe bestätigte meine schlimmsten Befürchtungen: Ich hatte mich auf's Vortrefflichste verheddert. Um weiterfahren zu können, würde ich den Kiel der Thetis aus seiner Falle freischneiden müssen.

Das schwindende Tageslicht machte mir allerdings einen Strich durch die Rechnung. Es wurde spürbar Herbst. Die Sonne ging jeden Tag ein paar Minuten eher unter und die Nächte dehnten sich wie zäher Gummi unaufhaltsam vor mir aus.

Bei völliger Dunkelheit da unten herumzutauchen und auf gut Glück drauflos zu schneiden, war nicht nur ungleich anstrengender als bei normalen Lichtverhältnissen, es war auch nicht ungefährlich.

Ich vertagte dieses Vorhaben also notgedrungen auf den nächsten Morgen und berichtete daheim von meinem neuerlichen Missgeschick. Die Wut war natürlich groß.

Solche Zwischenfälle kosteten Nerven und vor allem Zeit.

Meine Vorräte gingen langsam aber sicher zur Neige. Ewig würde ich nicht mehr so unbedarft umherschippern können. Immer wieder zum Pausieren gezwungen - und allein schon wegen meinem Frischwasserproblem war mittlerweile höchste Eile geboten.

Um wenigstens gut vorbereitet zu sein, nutzte ich die frühen Stunden der Nacht, um die gesetzten Segel einzuholen und so zu verstauen, dass die Thetis mir nicht würde davonsegeln können, sobald ich sie einmal aus ihrem Gefängnis befreit hatte. Ein flüchtendes Boot fehlte mir gerade noch.

Ich hasste diese Aufgabe. Das ewige Ziehen und Zerren an den Schoten, das viele Winschen, es riss wie wild nicht nur an meinen Armen, sondern erst recht an meinen Kräften. Und es war so furchtbar unnötig zu diesem Zeitpunkt.

Fast erleichtert rauschten die Segel vom Mast, als wären sie gar nicht unbedingt unglücklich über die unverhoffte Verschnaufpause.

Ich aber ärgerte mich wie wild und veranstaltete soviel Radau wie irgendwie möglich, um die Fische da unten zu vertreiben und wenigstens ein paar Tiere vor diesem unsäglichen Netz zu bewahren.

Warum hatte ich diese Falle nur übersehen?

Diese Frage stellte ich mir immer wieder, obgleich ich die Antwort schon längst wusste. Die kleinen, weißen Bojen, die an der Oberkante des Netzes für ausreichend Auftrieb sorgten, waren bei Seegang so gut wie unsichtbar.

Selbst, wenn ich gezielt danach gesucht hätte, wäre es fast unmöglich gewesen, diese unscheinbaren Hinweise zu sichten.

Und nicht einmal dann hätte ich sie umschiffen können. Wer wusste schon, über wie viele Kilometer sich dieses verdammte Netz unter der Wasseroberfläche hinzog. Selbst eine abrupte und waghalsige Wende hätte mich früher oder später in die Maschen hineingetrieben.

Ich vertrieb mir die Nacht auf die wohl angenehmste Art mit geschenkter Zeit umzugehen: ich schlief.

So viele Stunden zum Ausruhen und Entspannen hatte ich schon seit einer Ewigkeit nicht mehr zur Verfügung gehabt, aber die Art und Weise wie ich zu dieser unfreiwilligen Pause gekommen war, ließ mich nicht zur Ruhe kommen.

Ich wälzte mich auf meiner muffigen Matratze umher, starrte in die Dunkelheit und lauschte den Geräuschen der See.

Immer wieder rannte ich an Deck, um mit der Taschenlampe in die Segel zu leuchten und zu überprüfen, ob in der Nähe noch andere Schiffe unterwegs waren – oder ebenfalls fest saßen. Möglich war schließlich alles.

Und während all dieser Zeit quälte mich die Frage, ob ich das rücksichtslose Verhalten, dass ich hier kennenlernte, entschuldigen oder verurteilen sollte.

Ich lebte nun schon seit einigen Monaten ganz allein mit der Natur. Fernab von Städten und Straßen, fernab von Verschmutzung und unreiner Luft. Wann immer ich es bisher auf See mit Menschen zu tun bekommen hatte, waren diese Begegnungen ziemlich unerfreulich verlaufen.

Mit Schrecken dachte ich an meine Beinah-Kollision auf der anderen Seite des Atlantiks zurück. Und jetzt das.

Als zappelnder Fisch im Netz verbrachte ich diese Nacht, in der ein ungenutzter Südostwind der einzige schweigsame Besucher blieb.

Vier Beaufort schätzte ich. Genau wollte ich es gar nicht wissen.

Nur zum Spaß sinnierte ich über die beste Besegelung, korrigierte meine Überlegungen, wenn die Thetis darin zu luvgierig wurde und schaute den davonrauschenden Winden sehnsüchtig nach.

Kurz vor Sonnenaufgang wurden meine ungeduldigen Träumereien endgültig durch eine, nach neuen Taten strebende Munterkeit vertrieben.

Ich sprang aus der Koje und gab mich der Morgentoilette hin, braute mir einen Regenwasser-Tee und fand mich im Licht der aufgehenden Sonne zu allen Schandtaten bereit und mit einer spitzen Klinge bewaffnet an Deck ein.

Als die Sonne hoch genug stand um auch den Kiel der Thetis mit ausreichend Licht zu versorgen und ich mich bereit machte, für einen neuerlichen Ausflug in die Unterwasserwelt, sah ich durch das Fernrohr ein Motorboot heranschnellen.

Drei Afrikaner befanden sich darauf, die schon von Weitem wild mit den Händen gestikulierten. Ich funkte sie an, teilte ihnen mit wer ich war und versuchte ihnen verständlich zu machen, dass ich mich in einem Fischernetz verfangen hatte. Das hatten sie sich auch schon denken können und dass sie viel lieber wissen wollten, warum ich ausgerechnet hier entlang schipperte, schnarrte es unwirsch und in gebrochenem Englisch aus dem Funkgerät zurück. Bevor ich antworten konnte, waren sie auch schon auf Rufweite herangeeilt.

Mir war nicht wohl bei dem Gedanken, allein in Gegenwart dreier erwachsener Männer auf dem Meer festzusitzen. Zu frisch waren die Ängste vor einem möglichen Piratenangriff, zu groß die Befürchtung, man würde sich mit mir ein nettes Zubrot verdienen wollen.

Meine Chancen, aus dieser Situation unbeschadet zu entkommen, schätzte ich auf fünfzig zu fünfzig und, ob ich wollte oder nicht, meine einzige Option war die Flucht nach vorn.

Glücklicherweise gelangte ich schnell zu der Überzeugung, dass es sich hier tatsächlich nur um erzürnte Fischer handelte, die sich um ihr Einkommen und ihr Eigentum sorgten.

Keiner der drei Männer, die mit groben Baumwollhemden, Jeans und schwerem Schuhwerk bekleidet waren, machte Anstalten mir zu nahe zu kommen oder auch nur an Deck der Thetis zu klettern. Stattdessen beschränkten sie sich darauf, wild durcheinanderzureden und immer wieder erbost in meine Richtung zu deuten. Ganz klar: ich hatte ihnen einen ruhigen Arbeitstag versaut. Anstatt einen guten Fang einzusammeln, musste sie sich jetzt mit einem akuten Problem beschäftigen und das passte ihnen ganz und gar nicht.

Während sie noch schwadronierten, machte ich mich beherzt daran, meinen ursprünglichen Plan weiter zu verfolgen und sprang entschlossen ins Wasser. Wohl mehr um zu kontrollieren, was ich da unten trieb, als um mir zu helfen, sprang mir einer der Männer hinterher.

Was er sah, gefiel ihm wohl nicht. Als wir beide wieder an die Oberfläche kamen, um nach Luft zu schnappen, rief er einem seiner Kollegen in einer Sprache, die ich nicht verstand, ein paar Satzfetzen zu, woraufhin dieser mich argwöhnisch ansah.

Als er zu reden ansetzte, erkannte ich die Stimme aus dem Funkapparat wieder. Wahrscheinlich war er der einzige der drei, der ein paar Brocken Englisch sprach.

Ihnen gefiele nicht, wie unsanft ich ihr Netz zerschneide, teilte er mir mit und erkundigte sich, ob ich noch weitere Schiffsmesser an Bord hätte. Damit konnte ich aushelfen und als wären auch sie an einer befriedigenden Lösung für uns alle interessiert, hatten die drei schon bald ihr Boot festgemacht und gingen mir bei den Arbeiten zur Hand.

Nach etwas mehr als einer Stunde Arbeit hatten wir die Thetis endgültig wieder befreit und ohne ein Wort des Abschieds zogen die drei Fischer wieder von dannen.

Ihre Wut hatte sich kaum gelegt und an einem Wiedersehen waren sie ganz sicher nicht interessiert.

Ich für meinen Teil auch nicht und so machte ich mich schnell daran, die Segel wieder zu setzen und mich von diesem Ort zu entfernen.

Unerfreulicherweise hatte der Wind seit der letzten Nacht stark nachgelassen und auch noch gedreht. Selbst unter Böen kam ich nur schleppend voran und noch bevor ich dreizehn läppische Seemeilen hinter mich gebracht hatte, wurde es auch schon wieder dunkel.

Auch in der darauffolgenden Nacht änderte sich an den Wetterbedingungen nur wenig.

Bedächtig fuhr ich eine Wende nach der anderen. Zwischendurch sah ich immer wieder hinauf zu den Millionen Sternen über meinem Kopf.

Wie schon in den letzten Tagen kreisten meine Gedanken um das Erlebte.

Ich ging den ganzen Weg noch einmal. Ich erinnerte mich an

das erste Mal, als ich ganz allein das Ruder auf unserem Familiensegler hatte halten dürfen. Stolz hatte mein Papa damals meine Mama an Deck gerufen und gesagt:
„Siehst du Kathy, unsere Kleine wird mal eine ganz Große. Als hätte sie ihr Leben lang nichts anderes gemacht."
Mein Leben zählte damals gerade einmal sechs Jahre, aber ich fühlte mich mindestens wie acht und freute mich wie Bolle über das Lob meines Vaters.
Das war es auch, was mich anstachelte weiterzumachen, dazuzulernen. Mein Vater war schon immer mein Held gewesen und ihm eine Freude zu machen und ihn sagen zu hören:
„Seht her! Das ist meine Tochter", war beinah jede Anstrengung wert.
Ich wurde zusehends besser, konnte flinker mit Wetteränderungen umgehen und stellte mich geschickt im Umgang mit der Technik an. Natürlich immer unter den wachsamen Augen meines Vaters und häufig auch mit seiner Hilfe. Was ich nie tun durfte, war navigieren. Das war Vaters Aufgabe und alles in allem war ich nicht sonderlich böse darüber, dass die Arbeit mit Zirkel und Winkelmesser in der miefigen Kajüte nicht an mir hängen blieb. Wie ungeschickt mein Desinteresse doch eigentlich war, hatte ich dann erst bemerkt, als mein Papa plötzlich nicht mehr an meiner Seite war.
Auf die Idee, ganz alleine loszuziehen, kam ich, als ich etwa zwölf Jahre alt war. Auch das ist eine Szene, die sich ganz fest in mein Gehirn gebrannt hat:
Es war ein wunderschöner Februartag. Die Sonne prasselte angenehm warm vom Himmel und es roch nach frisch gemähtem Rasen. Vater saß mit seiner Sonnenbrille auf der Nase und einem Segelmagazin auf dem Schoß auf unserer Terrasse unter einem buntschillernden Sonnenschirm.
Als er mich sah, rief er mich zu sich und zeigte mir einen Artikel

in der Zeitung. Eine 28-jährige Britin hatte einen neuen Rekord im Einhand-Segeln aufgestellt. In nicht einmal zweieinhalb Monaten war sie einmal komplett um die Welt gebraust. Dabei hatte sie einmal sogar beinah 21 Knoten Geschwindigkeit erreicht.

„Die muss einen Schneid haben", hatte mein Vater damals gesagt. „Das muss man sich einmal vorstellen: eine Frau auf einer Yacht, ohne fremde Hilfen und das auch noch bei solchen Geschwindigkeiten!"

Ich hörte aufmerksam, zu als mein Vater mir erzählte, in was für lebensgefährlichen Gegenden sie sich umhergetrieben hatte, wie schwierig es war, eine solche Rennmaschine ganz alleine zu segeln und welches Aufsehen ein solcher Törn in der doch sehr männlichen Seglerszene erregen würde.

In diesem Moment war einer dieser Jugendträume geboren, die alle Menschen haben, von denen aber die wenigsten wahr wurden. Jungen wollten Rockstars und Fußballer werden, Mädchen Schauspielerinnen und Modells. Mein Berufswunsch lautete seit diesem Nachmittag: Segellegende.

Mein Vater freute sich über meine frisch aufgeflammte Begeisterung. Insgeheim hatte er Angst gehabt, mit meinem Älterwerden würde meine Leidenschaft für den Segelsport anderen Interessen weichen müssen. Als er seine Sorgen unbestätigt fand, machte er sich mit neuem Elan daran, mir noch mehr beizubringen: Er nahm mich mit in die Marina, ließ mich zusehen, wenn die Männer gemeinsam an den Booten werkelten und rief mich hin und wieder zu sich, um mir Lateralpläne und Kielformen zu erklären oder mir neue Techniken zu zeigen, um das Leben der Yachten zu verlängern.

Meine Mutter beäugte diese Aktivitäten anfangs skeptisch. Wie wohl alle Mütter dieser Welt sorgte sie sich um meine Schulnoten und meine Zukunft und plagte sich mit der Frage, wie viele

Träumereien man seiner Tochter zugestehen darf, bis man sie wieder in die Wirklichkeit zurückholen musste.

Es kam häufig vor, dass sie meinen Vater in seinem Feuereifer bremste und uns beide erst ans Wasser entließ, wenn ich meine Haus- und Papa seine Haushaltsaufgaben erledigt hatte.

So gelang es den beiden irgendwie, mich sowohl in Bezug auf die Schule als auch in meinem Talent für das Segeln auf ihre ganz eigene Art zu unterstützen.

Irgendwo in dieser Zeit lag dann auch der Tag, an dem Simon zurück in die Marina gefahren kam und wie die Dinge dann ihren Lauf nahmen, erzählte ich ja bereits.

Hervorgerufen durch meinem Respekt für Papa, angestachelt durch die Geschichte der Britin, herausgefordert durch meine Schwärmerei für Simon hatte auch ich begonnen, mich nach meinem ganz eigenen kleinen Moment Ruhm zu sehnen.

Meine geweckte Abenteuerlust trug ihren Teil dazu bei, dass ich nachts vor dem Einschlafen in den buntesten Farben vor mir sah, wie ich gekonnt den Elementen die Stirn bot, Küsten und Klippen umschiffte und mir kein Sturm, kein Eisberg, kein Schaden den Weg versperren konnte.

Ich beließ es nicht lange beim Träumen. Mein Plan war schnell ausgeheckt und schon ein paar Wochen später teilte ich Papa mit, dass auch ich die Welt umrunden wollte.

Er war hellauf begeistert von der Idee, stellte mich aber vor die Bedingung, dass ich erst meinen Schulabschluss machen müsste, bevor er mich ziehen ließ.

Meine Mutter war weit weniger erfreut, zog es aber vorerst vor, ihre Zweifel für sich zu behalten.

Wahrscheinlich gab sie sich dem Glauben hin, diese Idee würde schnell einer anderen zum Opfer fallen und als es endlich soweit war, dass sie meine wahren Absichten nicht mehr vor sich verleugnen konnte, war auch ihre Begeisterung für mein

Vorhaben schon längst geweckt. Ohne Papas Wissen und Mamas Organisationstalent wäre ich in den Vorbereitungen spurlos untergegangen, ohne auch nur den schmalen Küstenstreifen verlassen zu haben. Und ohne mein Talent für das Verdrängen von Tatsachen, hätte ich wohl nie den Mut aufgebracht, endgültig aufzubrechen.

Natürlich wusste ich, dass es nicht allen Weltumseglern so gegangen war, wie den erfolgreichen. Überhaupt passierten auf der ganzen Welt immer wieder Unglücke. Yachten kenterten in Stürmen, Masten brachen, die Besatzungen wurden ins Meer gespült und jede Hilfe kam zu spät.

Heute, wo ich echte Bilder vor mir hatte und echte Erfahrungen im Einhand-Segeln vorweisen konnte, würde ich mich vielleicht ganz anders entscheiden. Damals lebten die Traumbilder aus meinen Nächten noch immer in meinem Kopf und die Idee, es könnte mich kalt erwischen, schob ich konsequent beiseite.

Während ich all das dachte, stellte ich fest, dass es schon längst wieder Zeit für die nächste Wende war. Ich rappelte mich auf und tastete mich in der Dunkelheit zum Steuerrad. Ein Blick auf die Windrichtung bestätigte meine Vermutung und ich stellte die Segel neu ein.

Während ich dem Großbaum dabei zusah, wie er sich über das Deck schwang und die Thetis sich ächzend auf die Leeseite beugte, kaute ich unwillkürlich weiter auf meinem letzten Gedanken herum:

Würde ich mit dem Wissen, das ich heute besaß, noch einmal aufbrechen?

Mir erschien diese Frage von enormer Wichtigkeit, denn bis zu diesem Moment hatte ich meine Entscheidung, nach meiner Rückkehr auf jeden Fall einen Beruf auf See anzustreben, noch keine Sekunde angezweifelt. Hatte mich sogar noch selbst gelobt, ob meiner Entschlussfreudigkeit und meinem scheinbar vernünftigen Planen und Handeln. War das nur ein Moment der Euphorie gewesen oder war es wirklich mein Wunsch, ein Leben lang zur See zu fahren? Ich war ihm so nah, meinem Moment Ruhm, aber war er es wert, dass ich mein Leben danach ausrichtete?

Mir drängte sich der Vergleich zu Filmen auf, die so erfolgreich waren, dass ein Nachfolger produziert wurde, der in den allermeisten Fällen schrecklich ernüchternd war.

Die Vorstellung, das Leben nach meiner Rückkehr würde nur eine schlechte Fortsetzung meiner Reise sein, gefiel mir nicht.

Und ich wusste nicht genau, ob ich das Bild, das sich mir seit Wochen bot, lieb genug gewonnen hatte, um es zu meinem zu Hause zu machen.

Denn das war es, was diese Entscheidung bewirken würde, sollte ich sie tatsächlich umsetzen. Als Skipperin würde ich vorerst kein normales Leben aufbauen können. Ich wäre ständig unterwegs, mit Touristen auf einer Charteryacht, vielleicht sogar in großen Wettkampfteams auf Regatten.

Ich hätte vermutlich irgendwo eine kleine Wohnung mit einem Bett und einem Schrank. Mein zu Hause aber wäre das Meer und meine Wohnzimmertapete überwiegend dunkelblau mit hellblauer Bordüre.

Mein ganzes Leben trüge diese Farbe. Blau und voller Risiko. Ewig würden mich dann immer und immer wieder die gleichen Fragen quälen: Hält der Autopilot durch? Ist der Wassertank in Ordnung? Bewegen wir uns auf ein Tief zu? Auf eine Flaute?

Wann immer es in den letzten Wochen so richtig erfrischend voranging, das merkte ich jetzt, hatte ich meine Kleinmädchenträume wieder hervorgekramt und sie bestätigt gesehen.

Die Angst, die Kälte, die bangen Nächte mitten auf dem Ozean. All die Momente, in denen ich mich nach einer Umarmung sehnte und nach einem warmen Bett, in denen ich den Tränen nahe war und keine Lust mehr verspürte, hatte ich schon längst verdrängt.

Plötzlich aber prallten sie alle mit voller Wucht auf mich ein. Meine Begegnung mit den Fischern. Die quälenden Stunden, in denen ich keinen Tropfen Wasser vergeuden durfte. Die Zweifel, ob ich all dem gewachsen war.

Und schon war es wieder soweit: einer jener Momente, die sich nicht gut anfühlten. Sie waren häufige Besucher auf der Thetis und ich hatte mich an sie gewöhnt.

Aber sie waren es auch immer wieder, die mich unsicher machten und mich zweifeln ließen.

Ich beschloss, meine Berufspläne nochmals zu überdenken. Nicht jetzt, in einer anderen Stimmung. Vielleicht würde ich damit auch endgültig warten, bis ich wieder in Kerikeri eingelaufen war.

Ein paar Tage Abstand, die Gewissheit, dass ich es geschafft hatte und angekommen war und mich vielleicht sogar schon wieder an den Alltag gewöhnt hatte, würden sicher Wunder wirken und mich viele Fragen klarer und vernünftiger beantworten lassen.

Ich musste so viele Dinge planen und organisieren, allein um sicher über den Indischen Ozean zu kommen, da war es wirklich Irrsinn, ganz nebenbei noch wichtige Entscheidungen zu treffen. Zumal meine Stimmungen und Gefühle ohnehin hin und her schwankten wie die Nadel eines kaputten Kompass.

Es wurde Zeit für die nächste Wende. Ich hoffte, dass der Wind bald auffrischte, um mich etwas von meinen Grübeleien abzulenken.

In einer kurzen Schlafpause träumte ich davon, mit zwanzig Knoten meinem Zuhause entgegenzusegeln, gleißende Sonne im Rücken so dass ein Beobachter nichts als meine schwarze Silhouette erkennen könnte. Mein Haar wehte im Wind und ich führte das Steuerrad mit dem Fuß, während ich mich an einer Want festhielt.

Meine Kleinmädchenträume waren wieder einmal zu mir zurückgekehrt und ich glaube, ich habe in meinem Dämmerzustand zufrieden in mich hinein gegrinst.

Ich war dabei, einen Traum zu verwirklichen. Ein Privileg, das andere Menschen nie erhielten. Ich hatte gelernt, dass Träume ganz anders sind, als die Realität. Dennoch schien es nicht so, als würde ich noch an den Punkt kommen, an dem ich bereute, was ich erlebt hatte. Dass ich traurig darüber war, dass ich einer Illusion erlegen war.

Ich war dankbar für das, was ich bisher hatte erleben dürfen und noch erleben würde, denn dass es noch weitere Überraschungen für mich geben würde, daran zweifelte ich keine Sekunde. Aber ich war mir nicht mehr sicher, ob dies tatsächlich schon der letzte Traum gewesen sein sollte.

Noch war ich fähig, meine ursprüngliche Vorstellung von dieser Reise lebhaft vor mir zu sehen und mich an ihr zu erfreuen.

Wind und Neuigkeiten – Woche 23

Meine Wünsche sind tatsächlich erhört worden. Nachdem ich mich noch weitere fünf Tage mit eher mauem Wind vor dem Bug und dem entsprechend notwendigen Kreuzkurs vorwärts getastet und dabei gerade einmal etwa 350 Seemeilen zurückgelegt hatte, frischte der Wind am Nachmittag des sechsten Tages spürbar auf und nach Einbruch der Dunkelheit zeigte mir der Verklicker an der Mastspitze endlich einen Am-Wind-Kurs an.

Ich fierte die Schoten und gab den Segeln damit mehr Spielraum, um schneller voran zu kommen. Der Trimm, der gerade in dem Moment eingestellt war, in dem die Segel aufhörten zu killen, war der ideale Trimm für diesen Kurs, das hatte ich inzwischen häufiger beobachtet und diese Segelstellung versuchte ich auch in diesem Fall wieder zu erreichen. Allerdings freundete ich mich zeitgleich mit dem Gedanken an, dass all meine Mühe vermutlich sehr schnell wieder hinfällig sein würde.

Mister T. hatte mich schon am frühen Vormittag darauf aufmerksam gemacht, dass ich mich geradewegs auf ein Tiefdruckgebiet zu bewegte, das sich über dem Südwestindischen Becken festgesetzt hatte und dessen Zentrum ich vermutlich spätestens im Morgengrauen erreichen würde. Mit acht bis neun Beaufort sollte ich rechnen, unter Böen sogar noch mehr.

Wie jedes Mal gaben auch jetzt diese Zahlen meinem Magen wieder Anlass genug, sich ängstlich zusammenzuziehen. Aber um dieses bevorstehende Abenteuer herum zu segeln, kam überhaupt nicht in Frage.

Zum einen hatte das Tief unvorstellbare Ausmaße von etwa 370 Seemeilen und um ein solches Gebiet zu umschiffen, war ich mit der Thetis schlichtweg viel zu langsam.

Zum anderen freute ich mich regelrecht darauf, endlich wieder eine gehörige Brise Seeluft um die Nase gestreut zu bekommen und ein bisschen mehr Fahrt zu machen.

Außerdem hoffte ich auf eine kleine Belohnung für meine Mühen, sobald ich das Auge des Tiefs passiert hatte. Wenn ich die Wetterkarten richtig deutete – und inzwischen sollte ich dieses Prozedere tatsächlich im Tiefschlaf beherrschen – dann würde ich genau auf den Gipfeln des Unterwassergebirges auf achterliche Winde treffen, die mit mir gemeinsam in Richtung des benachbarten Tiefs strömten und mir hoffentlich zu einer sagenhaften Etmal verhelfen würden. Nur die zu erwartenden Böen bescherten mir etwas Kopfzerbrechen. Ich wusste nicht, ob der Wind dann auch drehen würde und traute der Windsteueranlage noch immer nicht recht zu, so komplizierte Manöver taktisch klug zu bewerkstelligen. Mein Ehrgeiz war endgültig wieder geweckt.

Genau wie zu Beginn meines Abenteuers war es wieder mein innigster Wunsch, so viel Weg wie irgendwie möglich zurückzulegen, keine wertvolle Sekunde zu verschenken und vor allem die Winde perfekt auszunutzen.

Ganz ohne, dass ich mich selbst hätte motivieren müssen, ohne mich mit Belohnungen zu locken, war dieser starke Wille, all mein Können vollends auszuspielen, wieder an die Oberfläche gekrochen. Er hatte meinen inneren Schweinehund besiegt, der nun ängstlich wimmernd in irgendeinem entlegenen Winkel meines Geistes hockte und sich nicht mehr aufzubegehren traute.

Mein eiserner Wille aber stand immer direkt hinter mir, prüfte kritisch jede meiner Bewegungen, traf blitzschnelle Entscheidungen und vertrieb die Müdigkeit.

Ich bereitete mich – endlich wieder – auf einen Kampf gegen die Natur vor und wollte ihn um jeden Preis gewinnen, den Sieg einfahren und dafür mit einem rasanten Flug über den Indik belohnt werden.

Während ich noch vollends damit beschäftigt war, meinen neu erwachten Enthusiasmus zu feiern und, anfangs noch zögerlich, später immer spürbarer an Geschwindigkeit zulegte, erleuchteten auch schon die ersten Blitze den in völlige Dunkelheit getauchten Horizont. Weit draußen konnte ich das Grollen und Donnern hören. Ich würde nicht mehr viel Zeit haben, dieses einmalige Schauspiel zu genießen: Das grelle Licht, das gespenstisch und nur den Bruchteil einer Sekunde lang die Takelage aufblitzen ließ, diese knisternde Spannung, die sich um einen herum ausbreitete, bevor man geradewegs in das Gewitter hineingeriet, die Vorahnung von dem, was mich in den nächsten Stunden erwartete und das Gefühl, wie sich jede Faser meines

Körpers mit Adrenalin nur so vollsog und sich auf das nächste Abenteuer vorbereitete.

Ein Blick auf das stetig fallende Barometer verriet mir, dass es sich nur noch um Minuten handeln konnte, bis mich das Tief endgültig in seine Arme schließen würde. Meine Atmung wurde vor Anspannung ganz flach. Ich presste die Lippen aufeinander und überlegte angestrengt, wie genau ich am Besten vorgehen sollte.

Ich überprüfte noch kurz die Stellung der Segel und übergab dann das Kommando für einen Moment an den Autopiloten, um kurz unter Deck zu verschwinden. Auch hier war noch längst nicht alles endgültig vorbereitet.

In aller Eile räumte ich den Kartentisch frei, sammelte herumliegende Gegenstände ein und verstaute sie an ihren Plätzen. Mein letzter Weg führte mich in die Kajüte, wo ich in aller Eile in meine Gummistiefel sprang.

Kaum war ich wieder an Deck, setzte auch schon heftiger Regen ein. Der Wind erreichte schon jetzt acht Beaufort und dabei hatte ich gerade einmal die äußerste Grenze des Tiefdruckgebietes passiert. Mister T. hatte sich hier offensichtlich bei seinen Berechnungen enorm verschätzt. Diese Nacht würde an Ungemütlichkeit noch zunehmen.

Vorsichtshalber setzte ich das erste Reff ins Großsegel und fiel etwas nach Lee ab, um nicht zu hoch am Wind zu fahren. So reduzierte ich die Krängung, behielt aber eine ordentliche Geschwindigkeit bei.

Zu Beginn der Nacht sah alles nach einem klaren Punktsieg für mich aus. Ich war überzeugt, bisher alles richtig gemacht und lobenswerte Entscheidungen getroffen zu haben. Je tiefer die Nacht um mich herum allerdings wurde, desto mehr wurden meine Geduld und mein Durchhaltevermögen auf harte Proben gestellt.

Bis Mitternacht nahmen die Böen kräftig zu. In ihnen erreichten wir Windstärken bis elf Beaufort. So einen Sturm hatte ich überhaupt noch nie erlebt.

Riesige Wände aus Meerwasser bauten sich vor mir auf, standen fast senkrecht in der Luft und fielen dann wieder in sich zusammen. Um mich herum wurde weiße Gischt durch die Luft geschleudert, knallte mir ins Gesicht, lief meinen Nacken hinunter und sammelte sich schließlich in meinen Gummistiefeln zu ansehnlichen Pfützen.

Selbst gesichert mit meinem Lifebelt konnte ich mich nur mühsam an Denk halten. Immer wieder wurde ich hin und her geschleudert. Meine Oberarme und meine Schienbeine waren übersäht mit schmerzhaften blauen Flecken, die Kälte kroch mir in die Glieder und um mich herum zuckten unentwegt die Blitze. Die See brüllte mich an. Die Sicht war so schlecht, dass ich den Bug vom Ruder aus nicht mehr erkennen konnte.

Die Böen dauerten etwa fünf Minuten. Danach hatte ich für etwa eine Viertelstunde meine Ruhe – aber auch das nur, wenn man zu einer sehr blumigen Umschreibung greifen will.

Neun Beaufort schaffte der Autopilot auch ohne mein Beisein. Ich nutzte die Verschnaufpausen, um mich unter Deck ein paar Minuten zu erholen, meinen Kurs zu prüfen und in etwa im Auge zu behalten, auf welcher Position ich mich aktuell befand.

Anschließend ging es sofort wieder an Deck um die Vorbereitungen für die nächste Front zu treffen. An Schlaf war nicht zu denken und ich spürte, wie meine Kräfte mich langsam aber sicher wieder zu verlassen drohten.

Dennoch wollte ich um nichts in der Welt mit Topp und Takel vor dem Wind laufen und den Sturm gemütlich abwettern. Womit ich mir da gerade die Zeit vertrieb, war zwar hochgradig unangenehm, brachte mich aber unaufhaltsam meinem Ziel näher.

Wenigstens mein Ehrgeiz stand bei all dem Wind und all dem Wasser noch aufrecht.

Wie schon vorausberechnet, näherte ich mich gegen Morgengrauen dem Kern des Tiefs. Die Böen hatten nachgelassen, aber der Wind war weiter aufgefrischt, drehte zudem spürbar in Richtung Raumschots. Ich öffnete die Stellung der Segel und trimmte sie wieder bauchiger. Dadurch wurde die Thetis luvgieriger und die Krängung stärker, aber ich gewann an Geschwindigkeit und genoss meinen Flug durch die feuchte Dunkelheit, wenngleich ich jeden Knochen in meinem Körper unangenehm ächzen spürte.

Gegen drei Uhr morgens waren meine Müdigkeit und meine Erschöpfung soweit gediehen, dass ein unachtsamer Augenblick mir um ein Haar zum Untergang gereicht hätte.

Ich war gerade dabei, die Trimm an der Genua zu überprüfen, als eine besonders groß geratene Welle den Bug der Thetis umspülte, die sich daraufhin stöhnend gegen die Wassermassen aufbäumte.

Ich hatte mich nur flapsig mit einer Hand am Vorstag festgehalten und verlor das Gleichgewicht. Während ich noch wild fuchtelnd nach dem nächsten Halt suchte, knallte ich, die Stirn voran mit voller Wucht auf die stählerne Reling.

Ein stechender Schmerz bahnte sich seinen Weg durch meinen Kopf und ließ mich aufschreien. Augenblicke später konnte ich fühlen, wie ein warmes Rinnsal sich seinen Weg nach unten bahnte und mein rechtes Augenlid verklebte. Ich schmeckte Blut.

Schockiert wie ich war, brauchte ich einige Augenblicke, um zu realisieren, was da gerade passiert war. Die Müdigkeit, der Schmerz prügelten mit voller Kraft auf mich ein und ehe ich mir noch des eben Erlebten bewusst werden konnte, mischten sich schon salzige Tränen mit süßem Blut.

Ich sammelte all meine Kräfte und rappelte mich auf. Der Weg zurück zum Ruder, wo sich der Eingang zur Kajüte befand, dauerte eine halbe Ewigkeit. Immer wieder wurde mir schwarz vor Augen. Immer wieder musste ich innehalten, mich zusammenkauern und mich abstützen.

Unter Deck reinigte ich die Wunde mit Jod und tupfte sie sorgfältig sauber. Zum Glück schien mein massiver Schädel dem Aufprall standgehalten zu haben. Das Blut lief wie verrückt, aber bei genauerem Hinsehen schien mein Unfall noch einmal glimpflich verlaufen zu sein.

Gerade, als ich mich notdürftig mit einem Pflaster verarzten wollte, hörte ich vom Deck her einen lauten Knall, gefolgt von dem wohlbekannten Geräusch killender Segel.

Achtlos klatschte ich das Klebeband vor meinen Kopf und schleppte mich wieder nach oben.

Wie befürchtet, war die Genua gerissen. Schon seit Wochen hatte ich immer wieder zwischen meinen beiden Segelsätzen hin- und hergewechselt, um sie möglichst gut in Schuss zu halten und Risse und Löcher flicken zu können, ohne auf korrekten Trimm verzichten zu müssen.

So langsam allerdings bekam ich es mit der Angst zu tun und fragte mich, ob dieses Gewirr von Leinen und Nähten, zu dem meine Segel inzwischen verkommen waren, mich noch sicher und schnell bis nach Hause bringen würde.

Die Genua jetzt zu ersetzen, war keine Option. Ich holte sie ein und segelte nur mit dem Großsegel weiter, getrieben von der Hoffnung, das Zentrum des Tiefs bald passiert zu haben und den Spinnaker setzen zu können.

Ich arbeitete wie ein Roboter in dieser Nacht. Ich schenkte meinem pochenden, dröhnenden Kopf und meinen klammen Knochen keine Beachtung mehr. Den Punkt, an dem ich mich um mein Wohlergehen sorgte, hatte ich längst hinter mir gelassen.

Alles was ich noch wollte, war diesen Sturm mit einer grandiosen Etmal hinter mir zu lassen und ihm nie wieder zu begegnen.

Um 04.50 Greenwich-Zeit drehte der Wind endlich in die gewünschte Richtung. Mit einem Seufzer der Erleichterung setzte ich den Spinnaker und beobachtete gespannt, wie sich der Bauch der riesigen Segelfläche vor dem einfallenden Wind blähte und die Thetis schnell Fahrt aufnahm.

Ich quietschte und gluckste vor Vergnügen, als wir tatsächlich eine Geschwindigkeit von über zehn Knoten erreichten.

Die Müdigkeit, die Schmerzen, alles fiel von mir ab, als ich es endlich meinem Ehrgeiz gleichtun und aufrecht und stolz hinter dem Ruder stehen konnte.

Etwa eine Stunde noch, musste die Thetis mein hartes Regiment über sich ergehen lassen, dann übergab ich das Kommando wieder der Windsteueranlage und verabschiedete mich, um den Morgen unter Deck abzuwettern.

Ein Blick in die Bilge verriet mir, dass mein Wassertank nicht nur den vergangenen Anstrengungen standgehalten, sondern sich sogar reichlich gefüllt hatte.

Entgegen aller Vernunft entschied ich, mir zwei Liter abzuzweigen und sie auf dem Herd zu erwärmen, um meinen geschundenen Körper auf diesem Weg wieder milde zu stimmen.

Erst jetzt konnte ich mich vom ganzen Ausmaß meiner Schrunden und Wunden so richtig überzeugen und war schockiert und verwundert gleichermaßen.

Schockiert über die Auswirkungen, die so ein bisschen Wind herbeiführen kann. Verwundert über meine eigene Zähigkeit.

Ich sah aus wie ein Schlachtfeld, ungelogen. Aber natürlich machten mich diese Kriegsverletzungen auch stolz.

Sie waren Zeugen eines Kampfes auf Augenhöhe. Ein Kampf in den beide Kontrahenten furchtlos, aber doch wenigstens einer von ihnen auch voller Ehrfurcht gestartet war.

Ein Kampf, der bis hierhin noch nicht einmal endgültig entschieden war.

Aber solch düstere Gedanken ließ ich an diesem Morgen nicht mehr an mich heran. Ich war siegessicher. Noch heulte und tobte die See um mich herum. Das letzte Aufbäumen, die letzte verzweifelte Flucht nach vorn, aber ich war nicht mehr in Gefahr. Nur in Fahrt. Das aber dafür so richtig.

Und völlig kaputt. Noch ein letztes Mal schleppte ich mich an Deck und prüfte, ob alles seine Richtigkeit hatte. Der Autopilot machte seine Sache scheinbar ganz gut. Die zerstörte Genua wurmte mich zwar noch immer, die Lösung des Problems musste aber vertagt werden.

Nichts wünschte ich mir sehnlicher, als endlich ein paar Minuten zu schlafen. Ich ließ mich direkt auf die Bank am Kartentisch fallen und nickte ein. Mehr als zwanzig Minuten Schlummern gönnte ich mir dann aber doch nicht.

Ich musste wieder an Deck, meinen Kurs prüfen, das Radar beobachten – die alte Leier.

Ein ganzer Haufen E-Mails hatte sich in meinem Postfach angesammelt, seit sich die Meldung über meine bevorstehende Herausforderung in Kerikeri verbreitet hatte.

Natürlich erkundigte sich das ganze Team, wie es mir ging. Mister T. machte mir Mut und kündigte mir für die nächsten Wochen eine entspannte, aber schnelle Überfahrt an.

„Mit deinem Wasser wirst du ein bisschen haushalten müssen, meine Liebe", schrieb er, „aber wahrscheinlich sind deine Vorräte mittlerweile schon wieder proppevoll und du wirst dich nicht sonderlich einschränken müssen. Aber behalte dieses Problem bitte weiterhin im Auge und pass auf dich auf!"

Ganz ähnliche, aber doch besorgtere Töne kamen von Mama und Papa. Ich beruhigte alle, indem ich ihnen eine kurze Nachricht schickte, in der in knappen Sätzen zu lesen war, dass ich zwar hier und da leicht lädiert, aber alles in allem heil davongekommen war.

Als ich diese Worte formulierte, meldete sich meine Kopfwunde durch unangenehmes Klopfen und Ziehen, als wollte sie mich darauf aufmerksam machen, dass ich gerade dabei war, gehörig zu untertreiben.

Aber was sollte ich daheim unnötig für Aufregung sorgen? Selbst, wenn ich eine Gehirnerschütterung davongetragen hatte, konnte ich wenig tun, um mich auszukurieren. Die Option, mich ein paar Tage ruhig zu stellen, hatte ich nicht.

Ich konnte nur hoffen, dass das Schwindelgefühl sich von allein legen und die Wunde in Ruhe ausheilen würde. Wenn ich mir schon den Kopf um ein Haar zerbrach, musste ich nicht andere auch noch in diese missliche Lage bringen. Das Pflaster auf meiner Stirn blieb also mein Geheimnis.

Ich taumelte durch den Morgen, überprüfte die Takelage und stellte fest, dass die Thetis bei gleichem Segeltrimm luvgieriger geworden war, als ich sie in Erinnerung hatte.

Schlagartig verstärkte sich das Pochen hinter meiner Stirn wieder, als mir die einzig logische Erklärung für dieses Seeverhalten durch den Kopf schoss: Sollte sich tatsächlich das Rigg gelockert haben und der Mast nach vorne gekippt sein?

Es half alles nichts. Mit einem Blick zum Achterstag, verabschiedete ich mich von dem Gedanken an Ruhe und machte mich auf den beschwerlichen Weg in die Mastspitze. Hier war zum Glück nur ein Bolzen, der das Achterstag hielt, gebrochen. Ganz sicher war ich mir nicht, weil ich das Resultat meiner Bastelarbeit nicht von der nötigen Entfernung aus betrachten konnte, aber wenn mich nicht alles täuschte, dann war mein Mast in der letzten Nacht gehörig aus den Fugen geraten.

Noch bevor ich mich von den vergangenen Stunden erholt hatte, hatte ich hiermit schon meine nächste Tagesaufgabe gefunden:

Ich würde den Mast wieder lotrecht zur Wasserlinie setzen müssen, um nicht dauerhaft gebremst zu werden. Eine undankbare Aufgabe, die viel Kraft erforderte, damit die robusten Stahlseile am Ende auch voll durchgespannt waren.

Die Sonne stand schon hoch am Horizont, als ich mich völlig verschwitzt und ausgemergelt an meinem Kartentisch niederließ.

Fast augenblicklich kippte mein Kopf vornüber auf meine angewinkelten Unterarme. Ich ließ ihn gewähren.

Das Vorstag war nun wieder durchgesetzt, die Segel auf Kurs.

Das Etmal der letzten vierundzwanzig Stunden lag bei sensationellen 184 Seemeilen und ich spürte jede einzelne davon in meinen Knochen.

Schlafen, endlich schlafen. Nur ganz kurz Kraft tanken. Und dann wieder volle Kraft voraus.

Vom langsamen Verfall eines stolzen Wasserfahrzeugs
Woche 24

Als hatte sie mich mit dem losen Mast vorwarnen wollen, konnte ich der Thetis in der darauffolgenden Woche bei ihrem stetigen Verfall weiter zusehen.

Die Beanspruchung der letzten Monate und die Spuren zahlreicher, bewegter Überfahrten ließen sich nicht länger verheimlichen.

Wo immer ich stand, konnte ich reparaturbedürftige Stellen bewundern. Nicht nur an meinem Körper waren die Strapazen weithin sichtbar und hin und wieder machte ich mir, zwischen Erfüllung der einen und Inangriffnahme der nächsten Aufgabe einen Spaß daraus, unser beider Wunden zu vergleichen und Theorien aufzustellen, wer von uns beiden sich zu welchem Zeitpunkt stärker ins Zeug gelegt hatte. Das diente natürlich einzig und allein dazu, mich selbst zu beruhigen. Die vielen kleinen Probleme mit Ironie zu betrachten, war Selbstschutz, sie zu verharmlosen, wäre glatter Selbstmord gewesen. Wenngleich ich mich hin und wieder siegessicher wähnte und immer häufiger in Tagträumen über meine Ankunft sinnierte, lag vor mir noch immer groß und gefährlich der Indik. Und zwar weithin sichtbar nach allen vier Himmelsrichtungen.

Ich war in der letzten Woche endlich wieder eine gute Geschwindigkeit gesegelt und hatte 774 weitere Seemeilen hinter mir gelassen. Die nächste Küste war mehr als zwei Wochen von mir entfernt und erschrocken stellte ich fest, dass auch meine geplante Ankunft in Kerikeri sich durch die Zwischenfälle der letzten Zeit erheblich nach hinten verzögert hatte. Wenn nichts Neues dazwischen kam, so rechnete ich, würde ich in sechs oder sieben Wochen endlich wieder heimischen Boden betreten.

Das war dann aber auch so langsam höchste Eisenbahn. An Weihnachten hatte ich mir geschworen, wenigstens meinen nächsten Geburtstag mit meiner Familie und meinen Freunden zu feiern. Bis es soweit war, würden keine zwei Monate mehr vergehen. Anfang Juni war der Stichtag. Jetzt musste ich noch einmal alles geben, denn nicht nur meine Feier in geselliger Runde, nein, auch das Gelingen meines Vorhabens hing in etwa von diesem Datum ab.

Derzeit hielt den Rekord ein schwedischer Junge namens Hendrik. Wir hatten uns kurz getroffen, als er schon wieder zurück war und ich mitten in den Vorbereitungen steckte.

Anders als bei Simon hatte sein Mega-Törn mich nicht persönlich berührt. Oder anders ausgedrückt: Hendrik war mir vom ersten Moment an nicht sonderlich sympathisch.

Ich hatte den Eindruck, er hielt den Segelsport noch immer für eine Männerdomäne und traute mir keine Sekunde zu, seinem Rekord auch nur gefährlich nahe zu kommen, wenngleich er mir gönnerhaft viel Glück bei meinem Versuch wünschte.

Dabei ist Segeln eigentlich eine der fairsten Sportarten überhaupt. Keiner Mannschaft würde es einfallen, anderen Yachten bei Problemen nicht zu Hilfe zu eilen, wenn die Entfernung zwischen beiden Booten irgendwie überbrückbar war.

Ich habe sogar einmal von einer Crew gelesen, die ein Regattafeld anführte und umdrehte, als sie Hilferufe von einer gekenterten Yacht in der Nähe empfing. Gegen den Sturm sind sie gesegelt, haben ihre Führung eingebüßt und ihr eigenes Leben riskiert, um völlig fremden Menschen zu helfen.

Ob Hendrik auch zu solchen Heldentaten bereit wäre, wagte ich zu bezweifeln.

Zwei Tage vor seinem 18. Geburtstag war er über die gedachte Ziellinie gefahren und hatte für seine Einhand-Umsegelung auf einem etwas größeren Boot als meinem etwa fünf Monate gebraucht.

Andererseits konnte ich jetzt, nach genau derselben Zeit auf dem Meer, auch nachvollziehen, dass man eine solche Strecke ohne Siegeswillen und Ehrgeiz unmöglich bezwingen konnte und dass es durchaus ein Ärgernis für ihn gewesen sein muss, als dieser Triumph durch ein neusseländisches Mädchen, das aus dem Nichts auftauchte und plötzlich seine Hand schüttelte, in Gefahr geriet.

Itchy, der bei dem Treffen, das natürlich in erster Linie für die Medien stattfand, dabei gewesen war, puffte mir anschließend unsanft in die Seite und raunte mir zwinkernd zu:

„Ein echter Charme-Bolzen."

Unwillkürlich musste ich lachen und blickte zu Mala. Aber deren ganze Aufmerksamkeit war noch immer hochkonzentriert auf Hendriks breite Schultern gerichtet.

Unwillkürlich musste ich in mich hinein grinsen, als ich mich an die kleinen Details erinnerte, an all den Spaß, den ich daheim mit meinen Freunden immer gehabt hatte und hoffentlich wieder haben würde. Natürlich stellte sich die Frage, ob ich nach meiner Ankunft einen ähnlich abgehobenen Eindruck auf meine Mitmenschen vermitteln würde, wie Hendrik das in meinem Fall getan hatte. Aber damit rechnete ich nicht ernsthaft.

Ich war nach wie vor nicht der Meinung, eine Heldentat zu vollbringen. In diesen Momenten vielleicht sogar weniger als je zuvor.

Zu oft war ich an meine Grenzen gestoßen, zu oft hatte ich gedacht, es ginge nicht mehr weiter und zu oft war mir bewusst geworden, dass neben dem erforderlichen Können auch eine gehörige Portion Glück zum Gelingen eines solchen Törns Wesentliches beitrug.

Und das würde ich nie vergessen, nie verdrängen, selbst dann nicht, wenn dieses Zugeständnis an den Zufall meine Leistung mehr abschwächte, als sie es verdiente.

Dennoch hatte ich mittlerweile zu viel investiert und riskiert um den Rekord, jetzt wo er endlich zum Greifen nah schien, wegen abgenutzter Kleinteile und einem kleinen Zeitproblem aufzugeben.

Letzteres wäre lösbar, wenn ich ersteres geschickt anging.

Als erstes musste ich mich um die Dinge kümmern, die wesentlich für die Geschwindigkeit der Thetis mitverantwortlich waren und mir Nachteile verschaffen könnten.

Erst danach ging es an die Bequemlichkeiten.

Sämtliche Dichtungen an den Kajütenfenstern und anderen Stellen waren porös geworden. Die Feuchtigkeit strömte unaufhaltsam in die Kajüte und verwandelte den engen Raum zusehends in eine Dampfsauna. Ein Lazy-Jack war gerissen und machte das Segelbergen zu einem Geduldsspiel. Doch all das musste warten, bis ich Zeit hatte, mich darum zu kümmern.

Mein dringlichstes Problem nämlich war eine simple, unscheinbare Schraube, die sich hoch oben auf dem Masttopp langsam zu lösen begann. Dieses kleine Biest, vermutete ich, war auch der Grund, warum sich das Achterstag bei dem schweren Wetter in den letzten Tagen gelockert hatte. Passte ich darauf nicht achtsam auf, hätte das im schlimmsten Fall einen Mastbruch zur Folge und der würde mich in meinem Rennen um den Weltrekord nicht nur bremsen – er würde mich stoppen.

Aufpassen – es klang so einfach und war doch so anstrengend. Aufpassen – das bedeutete mindestens dreimal am Tag den Mast bis ganz nach oben zu klettern um die Schraube nachzuziehen.

Mich immer und immer wieder aus eigener Kraft in die Höhe zu ziehen, mich festzuklammern, trotz Krängung das Gleichgewicht zu halten und nicht hinunterzufallen, war der blanke Horror.

Obwohl die blauen Flecken sich langsam aber sicher gelb verfärbten und auch mein Kopf sich schon deutlich erholt hatte, wollte meine alte Kraft nicht mehr zurückkehren. Jede Bewegung schmerzte, das schwere Ölzeug hing an meinen Schultern wie ein Sack und zerrte mich in die Tiefe.

Aber irgendwie ging es weiter, immer weiter. Von den unaufhaltsam aufplatzenden Nähten der Segel, hin zu brechenden Schotführungen und der Kontrolle des Bilgenwassers. Wachsame Blicke in jede gefährdete Ecke werfend.

Meinem Gefühl nach war noch keine Woche so hart wie diese gewesen und mit Besorgnis beobachtete ich den langsam, aber sicher schrumpfenden Berg an Vorräten.

Nur selten kam ich noch zum Angeln. Ich hatte viel frische Ware ins Meer werfen müssen, weil sie vergammelt war. Mittlerweile blieb mir nicht mehr viel Auswahl.

In kurzen Traumpausen sah ich saftige Steaks, rotbäckige Äpfel und fettige Pommes vor meinem inneren Auge. Ich fantasierte über all die Dinge, die ich essen würde, wenn ich wieder in Kerikeri war, wachte anschließend mit knurrendem Magen auf und sah mich mit der eher kärglichen Wirklichkeit konfrontiert: Haferschleim war mein Grundnahrungsmittel geworden.

Hin und wieder gönnte ich mir einen Müsliriegel. Wenig Salz, um meinen Körper am Austrocknen zu hindern und meinen Wasserverbrauch zu senken. Viele Kohlenhydrate und jede Menge Zucker, um mich schnell mit Energie zu versorgen.

Obwohl ich permanent auf irgendetwas herumkaute, wurde ich nicht satt, erst recht nicht motivierter. Sogar jene innere Stimme, die mich so viele Male schon wieder aufgemuntert hatte - die selbst dann topfit war, wenn ich fast hinterrücks umkippte, war nur noch als leises Flüstern wahrnehmbar.

Und so sehr ich mich auch gegen den, sich mahnend Bahn brechenden Gedanken wehrte – ich würde nicht umhin kommen, nach dem Wasser nun auch noch die Lebensmittel zu rationieren, um sicherzustellen, dass ich überhaupt bis nach Kerikeri kam.

Zu den pochenden Gedanken, was alles zu reparieren wäre und den stechenden Schmerzen in meinen Gliedern würde sich also von nun an auch noch ein knurrender Magen gesellen.

Das waren wahrlich keine Aussichten, die mir gefielen. Aber wie im Falle der Schraube musste ich mich auch hier der Vernunft fügen und mich an die Arbeit machen.

Ich aktivierte den Autopiloten und ging seufzend unter Deck.

Letzten Endes konnte ich mich doch glücklich schätzen, dass ich alle drohenden Gefahren bisher frühzeitig erkannt hatte und nicht in einem Überraschungsmoment mein ganzes Projekt über mir zusammengebrochen war.

Die Liste, die ich nach viel Zählerei erstellt hatte, bereitete mir schon vom bloßen Anblick schlechte Laune. Was ich bisher zu einem nicht unbedingt üppigen Mittagessen verputzt hatte, war von nun an meine Ration für einen ganzen Tag.

Um mich von meinem, schon jetzt wieder aufkeimenden Hungergefühl abzulenken, prüfte ich meinen E-Maileingang.

Tatsächlich hatte Benny mir schon geantwortet, obwohl es in Kerikeri noch immer tiefste Nacht war.

Ich hatte ihn angeschrieben, weil ich unbedingt wissen wollte, ob es nicht noch eine galantere Lösung für mein Mastproblem gab, als die ewige Turnerei.

Seine Antwort war ernüchternd. Erst recht, wo mir noch immer die kurze Liste an täglicher Energiezufuhr in den Ohren klingelte.

Meine Methode, schrieb er, sei die einzige, die ihm einfiele, um den Mast weiterhin oben zu halten.

„Du hast weder die Werkzeuge noch die Möglichkeiten an Bord, um Teile des Riggs abzubauen und das Problem bei der Wurzel zu packen, Fleur!", schrieb er. „Versuch gar nicht erst, dir in diese Richtung Gedanken zu machen. Du hast genug anderes zu tun. Dich damit zufrieden zu geben und brav die Schraube nachzuziehen, ist das Einzige, was du tun kannst."

Ich fragte mich ernsthaft, ob Benny schon jemals überhaupt in die Verlegenheit gekommen war, bei voller Fahrt einen Mast hinaufzuklettern. Dann hätte er nicht so flapsig davon geredet. Als ob das die einfachste Sache der Welt wäre.

Langsam bekam ich es mit der Angst zu tun. Noch war mein Wille ungebrochen, noch wollte ich diesen Rekord mehr als je zuvor und mehr als alles andere. Aber unwillkürlich fragte ich mich, wie lange allein mein stoischer Ehrgeiz die täglichen Routinen noch am Laufen halten würde.

Schon die ersten Tage der Nahrungszuteilung hatten mich bis weit über meine Schmerzgrenze hinaus gebracht. Zu verlockend erschien ein Griff in die Tüten mit dem Zwieback oder die Kiste mit den Trockenfrüchten. Zu schwierig erschien es mir, weiter konzentriert mein Tagewerk zu verrichten, während mein Magen lautstark gegen seine Unterversorgung protestierte.

Ständig ertappte ich mich dabei, wie ich völlig abwesend an Deck saß und Löcher in die Luft starrte, ohne überhaupt einen klaren Gedanken fassen zu können. Meine ganze Aufmerksamkeit galt dem viel zu langsam voranschreitenden Stundenzeiger der Schiffsuhr. Er allein war es, der den Startschuss für die nächste Mahlzeit geben durfte. Aber er war auch der Einzige an Bord, der es nicht sonderlich eilig zu haben schien.

Die Tage dehnten sich vor mir aus wie zu flüssiger Haferschleim. Ich konnte mich nicht erinnern, was ich an den vergangenen Tage getan hatte, hatte aber eine vage Ahnung davon, dass die Unterschiede zu den nachfolgenden nur marginal waren.

Meine Ohren begannen zu fiepen, mein Kopf fühlte sich unendlich schwer an. Ich war kaum in der Lage, länger als fünf Minuten konzentriert einer Aufgabe nachzugehen. Immer wieder schweiften meine Gedanken ab, in völlig irrwitzige Bahnen.

Ich wusste, dass diese Unachtsamkeit mir schnell zum Verhängnis werden konnte. Ich wusste auch, dass jede vergeudete Minute mich noch einen Augenblick länger darben lassen würde, meine Ankunftszeit wieder ein wenig nach hinten verschieben würde und ich niemandem einen Gefallen damit tat, wenn ich jetzt geistig auf Sparflamme schaltete.

Unnötigerweise potenzierte sich mein Unmut noch, je länger er andauerte. Ich wachte aus meinen Schlafpausen auf und sah mich außerstande aufzustehen. Das machte mich wütend. Mit dieser Wut – und nichts anderem - im Bauch trat ich, nachdem ich mich endlich doch aufgerappelt hatte, an Deck und sah, wie sich einmal mehr alles vor mir ausbreitete: das Meer, die Arbeit, die Stunden.

Dieser ständige Einklang, die Vorhersehbarkeit dessen, was es zu erledigen galt, gepaart mit der Angst vor unangekündigten

Wind- oder Wetteränderungen steigerte meine Wut noch mehr und ich hatte meine liebe Not, all diesen Ärgernissen zu trotzen und produktiv zu werden, wenngleich ich wusste, dass ich am Ende nicht zufrieden auf das Geschaffene blicken, sondern wieder von vorn beginnen würde.

Mir fehlte ein Erfolgserlebnis oder wenigstens ein Hoffnungsschimmer. Aber sechs Wochen waren keine Zeitspanne, die man mal eben absaß, der man sich fügte und geduldig weitermachte, bis sie eben zu Ende war. Sechs Wochen konnten quälend sein. Itchy rette mich. Nein, vielmehr holte er mich aus meiner Lethargie heraus. In seinem gewohnt optimistischen Tonfall schrieb er mir eine Nachricht, die mir neuen Mut gab:

„Hey Fleur! Ich habe heute mit deiner Mutter telefoniert. Sie hat erzählt, du musst jetzt sogar dein Essen einschränken. Schöner Mist. Aber das packst du auch noch. Wäre doch gelacht. Und wenn du wieder da bist, veranstalten wir so viele Pizzaabende, dass du platzt. Ganz fest versprochen.

Mala und ich zählen schon langsam die Tage, bis du wieder bei uns bist. Wir sind emsig dabei, jede Menge Leute zusammenzutrommeln, damit eine zünftige Willkommensfete auf dich wartet. Gib also auf jeden Fall bescheid, wenn du abschätzen kannst, wann du einläufst.

Hier ist inzwischen eine ganze Menge passiert. Es wird wirklich Zeit, dass du endlich wieder da bist. Also mach hin und hau rein! Itchy"

Wenngleich ich ihn dafür hätte in den Bauch boxen können, dass er mir etwas über Pizza erzählte, während ich auf dem Zahnfleisch kroch.

Aber die Freude überwog. Es war nicht zu überlesen, dass er sich tatsächlich darauf freute, mich wiederzusehen. Meine Sorgen und Ängste, daheim hätte man mich vielleicht längst vergessen, schienen unbegründet. Im Gegenteil: Sie planten sogar eine Überraschungsparty für mich und wenigstens Itchy schien keinen Augenblick in Erwägung zu ziehen, dass ich mich von Problemen, gleich welcher Art, in die Knie zwingen lassen würde. Ich stand auf. Meine Arme hingen schlaff herunter. Meine Knie zitterten. Ich fühlte, dass es einen weiteren Hoffnungsschimmer so schnell nicht geben würde. Ich hatte um den hier gebeten und er war meine letzte Chance, mich aufzuraffen.

Noch immer weigerte jeder Muskel sich, Haltung anzunehmen und hart für seinen kargen Lohn zu arbeiten. Aber wenigstens meine Gedanken ließen sich nun wieder fokussieren.

Zu Hause warteten Menschen auf mich. Tatsächlich! Wenn ich Itchys Worten Glauben schenkte, taten sie genau das und sie vertrauten darauf, dass ich nicht nur jede Menge Seemannsgarn, sondern auch einen überragenden Erfolg mit mir führen würde, wenn ich eines Tages wieder Land betrat.

Sie fühlten und fieberten mit mir und wenn so viele Leute sich ganz fest auf eine Sache konzentrierten und ein bestimmtes Ende herbeisehnten, konnte doch beinah nichts mehr schiefgehen.

Es half alles nichts. Diese Situation war meine. Einen Weg zurück gab es nicht. Mir blieb nur die Flucht nach vorn.

Ich hatte die Zügel in der Hand und anstatt zu handeln, saß ich da, bedauerte mich und meine Lage und vertrödelte wertvolle Zeit.

Ich hatte keine andere Wahl als tief durchzuatmen, meine Schmerzen und Wehwehchen zu ignorieren, die Stimme in meinem Kopf wieder zu aktivieren und einfach weiter zu machen.

Komme was wolle, schon bald würde ich der Ehrengast auf meiner Willkommensparty sein und ich vertraute ganz fest darauf, dass in diesem Moment alle Anspannung von mir fallen würde. Dass all der Stress vergessen und ich der vollen Überzeugung sein würde, all die Mühen und Strapazen hätten sich mehr als nur gelohnt.

Eines musste ich mir in diesem Augenblick immer und immer wieder vor Augen führen: Auch wenn es sich nicht so anfühlte – ich war mittlerweile auf der Zielgeraden angelangt.

Kein Kämpfer gibt auf, wenn er soweit gekommen ist. Und ich war ein Kämpfer. Schwächlinge sehen anders aus.

Fischers Fritze fischt ... – Woche 25

Eine Woche lang hatte ich meinen neuen Ernährungsplan auf seine Realisierbarkeit hin getestet und war zu der festen Überzeugung gelangt, dass ich es unter diesen Umständen auf keinen Fall unbeschadet bis nach Kerikeri schaffen würde.

Mir war unbegreiflich, warum wir uns bei der Kalkulation der Lebensmittel so immens vertan hatten, aber um sich darüber den Kopf zu zerbrechen, war es mittlerweile schon viel zu spät. Wahrscheinlich hatte ich einfach nur mehr zu mir genommen, als ich es jemals für möglich gehalten hatte und war auf diesem Weg in diese Misere gelangt. Gründe gab es viele. Lösungen waren rar.

Fest stand für mich, dass ich irgendwie zu mehr Nahrung kommen musste. Die geringen Mengen Energie, die ich mir von außen zuführte, kombiniert mit dem rationierten Wasser offenbarten ihre schlimmen Folgen: nicht nur, dass ich es kaum mehr aus eigener Kraft schaffte, die Segel zu setzen, viel gefährlicher waren die Flüchtigkeitsfehler, die sich zunehmend in meine Arbeitsabläufe einschlichen und mich um Kopf und Kragen bringen konnten.

Ich konnte mich kaum noch daran erinnern, wie es sich anfühlte, nicht von Kopfschmerzen gequält zu werden. Hinter meiner

Schädeldecke wummerte und dröhnte es. Ständig wurde mir schwindelig. Wollte ich vom Masttopp herunterklettern, lief ich permanent Gefahr daneben zu treten und in die Tiefe zu stürzen, wo nichts als undurchdringlicher Ozean mich in Empfang nehmen würde. Trotz aller Mühe gelang es mir nicht, mich auf meine einzelnen Tritte zu konzentrieren. Nicht auszudenken, wenn ich da oben ohnmächtig würde.

Meine Ausflüge ans obere Ende meiner stolzen Meeresnymphe waren in der Zwischenzeit nicht seltener geworden, eher im Gegenteil. Mir schien es, als wäre die Verankerung der Halterschraube im Laufe der Zeit ausgeleiert. Das Material war durch seine ständige Belastung enorm beansprucht – das zeigte sich mittlerweile ganz deutlich. Das aggressive Salzwasser tat da noch sein übriges. Wahrscheinlich konnte ich sogar froh sein, dass die Schraube sich ihrem Schicksal bisher noch nicht gefügt hatte und stur an dem ihr zugedachten Plätzchen verharrt hatte.

Freuen konnte ich mich darüber dennoch nicht so recht. Genauer betrachtet war mein Spaß an der Sache in letzter Zeit insgesamt enorm zurückgegangen, was mich ganz besonders ärgerte.

In einem fort flüsterte ich mir Mut zu, Beschwörungsformeln fast, hielt mir selbst stundenlange Vorträge, in denen ich mich immer und immer wieder darauf hinwies, dass niemand mich zu diesem Unternehmen gezwungen hatte, dass ich selbst mit aller Kraft darauf hingearbeitet hatte, diese Weltumrundung fahren zu können und dass ich von Anfang an gewusst hatte, worauf ich mich einließ. Dass ich es wenigstens hätte vermuten können, wenn ich die Traumvorstellungen und die Vorfreude auf mein Abenteuer einmal beiseite geschoben hätte.

Seit ich unterwegs war, gab es genau zwei potentielle Schuldige: die Thetis und mich.

Auf mein Boot konnte ich unmöglich böse sein. Sie hatte mir viel Mühe bereitet und mich ein ums andere Mal in den Wahnsinn getrieben, aber bis hierher machte sie ihre Sache hervorragend. Sie hatte es nicht verdient, dass ich meinen Frust an ihr abließ.

Wenn ich schon ein Feindbild brauchte, dann hatte ich mir an die eigene Nase zu fassen. Niemand außer mir hatte die Vorräte geplündert ohne an Morgen zu denken. Aber mich selbst Kiel zu holen, brachte ich dann doch nicht fertig.

Anstatt mich also in Selbstmitleid und Kummer zu ergehen und meine aussichtslose Lage zu beschreien, schluckte ich den Frust hinunter, wo er vielleicht wenigstens noch das Loch in meinem Bauch stopfen konnte.

Das Schlimme an diesem allgegenwärtigen Hungergefühl war, dass man es einfach nicht ignorieren konnte. Als würde ein kleiner Mann kreuz und quer durch den eigenen Magen hüpfen und solange Krawall machen, bis man ihm gab, wonach er verlangte. Und dieser kleine Mann war nicht selbstbeherrscht genug, um die Tatsache zu akzeptieren, dass nicht vorhanden war, wonach ihm so offensichtlich der Sinn stand.

Ich entschloss mich daher, zugunsten der Nahrungssuche darauf zu verzichten, jeden noch so schwachen Wind auf's Äußerste auszureizen und die Zeit an flauen Tagen statt mit Segeln, mit Fischfang zu verbringen.

Auf solch eine Wetterlage zu treffen war ohnehin schon ein reines Glücksspiel. In den letzten Wochen hatte die Sturmhäufigkeit deutlich zugenommen. Ganz so, wie es im Indischen Ozean typisch ist, wenn der Winter näher rückt.

Nur selten bekam ich es mit Windstärke unter sechs Beaufort zu tun. Die weiße Gischt spritzte mir in einer Tour ins Gesicht, wenn ich mich an Deck aufhielt. Wie sie schmeckte? Salzig. Und auf eine ganz eigene Art bitter.

Bitter, weil sie mir zusätzliche Kräfte raubte.

Bitter auch, weil ich so beschäftigt war mit allem möglichen Kleinkram, dass ich kaum Zeit fand, mich auf den Segeltrimm zu konzentrieren und die Winde nicht voll nutzen konnte.

Kurz bevor ich begann, mir das eigene Fleisch von den Knochen zu nagen, flaute der Wind endlich ab. Bei zwei Beaufort und nur leicht gekräuselter See wagte auch ich es endlich, die Segel einzuholen und die Angel auszuwerfen.

Hochseeangeln ist ein reines Glücksspiel. Wenigstens was das notwendige Wetter angeht. Was dem Segler ein Gräuel, die Flaute nämlich, dass war des Fischers Traum. Beides hatte ich nicht. Ebenso wenig wie schmackhafte Häppchen, mit denen ich meine zukünftigen Häppchen anlocken konnte.

Die wenigen verbliebenen Vorräte den Fischen zum Fraß vorzuwerfen, kam ja gar nicht in Frage!

Alles, worauf ich hoffen konnte, waren angriffslustige Tiere, die schon ein blinkender und blitzender Kunstköder zum Handeln und vor allem Zubeißen animieren konnte.

Ich warf die Angel soweit ich konnte auf die offene See hinaus. Keine Ahnung, wie lange ich anschließend dasaß, in mich hineinhorchte und akribisch den Schwimmer beobachtete. Ein ausreichend großes Tier – was auch immer sich in diesen Breiten herumtrieb - würde mich für ein paar Tage mit reichlich Nahrung versorgen. Es musste einfach klappen und bis es geklappt hatte, würde ich dem Wind nicht erlauben, wieder aufzufrischen. So einfach war das!

Nach vielen bangen Stunden endlich tat sich etwas. Ich war ganz in meine Tagträume versunken, als die lange Rute sich plötzlich beängstigend stark durchbog und der hellgelbe Schwimmer immer wieder für Sekunden unter Wasser verschwand.

Auf der Stelle war an meine ungezählten Wehwehchen nicht mehr zu denken. Wenn ich den Brocken am anderen Ende der Schnur von dannen ziehen ließ - so gut kannte ich mich - würde ich mich höchstselbst auf den Köder spießen und keine Gnade walten lassen.

Es war ein langer Kampf. Immer wieder gab ich Schnur nach, damit die dünne Leine nicht riss. Mit aller Kraft stemmte ich mich gegen den Zug dieses garstigen Ungetüms. Ich stand fast waagerecht in der Luft und beobachtete den Schwimmer dabei, wie er kreuz und quer durch die See gezerrt wurde.

Das Fischlein war wütend, aber das war ich auch. Die einzige Frage, die wir beiden untereinander noch zu klären hatten, war die, wer den stärkeren Willen hatte. Wer schneller müde werden würde und ich war keine Minute lang bereit, mir diese Blöße zu geben.

Endlich hatte ich es geschafft. Schwer schnaufend betrachtete ich den Furcht einflößenden, etwa fünfzig Zentimeter langen Raubfisch, der in all seiner Pracht vor mir an Deck lag und soeben sein Leben ausgehaucht hatte.

Solche Anblicke machten mich immer sprachlos. Unwillkürlich stellten sich mir jene unausweichlichen Fragen, die wohl jedem, der nicht unbedingt Freude daran hat, Tiere zu töten, durch den Kopf schießen: War das wirklich nötig? Wäre ich nicht vielleicht doch mit dem, was ich noch hatte, über die Runden gekommen?

Natürlich waren diese Zweifel gänzlich übertrieben.

Natürlich konnte ich meine Tat vor mir selbst und jedem Naturschützer glaubhaft vertreten. Der Anblick dieses stattlichen, nunmehr leblosen Tieres stimmte mich dennoch traurig.

Er war von schlanker, langgezogener Gestalt und hatte ein spitz zulaufendes Maul, in dem der Unterkiefer weit hervorstand – ein Tier mit deutlichem Überbiss.

Spitze scharfe Zähne komplettierten das Bild und ließen darauf schließen, dass ich es hier nicht gerade mit einem friedlichen Meeresbewohner zu tun bekommen hatte. Meine eigenen Erfahrungen mit diesem Freundchen konnten das nur bestätigen.

Unter seinem Schuppenkleid konnte ich das saftige, kräftige Fleisch förmlich schon riechen. Allerdings traute ich meinem Glück nicht. Ich hatte so ein Tier noch nie gesehen, wusste nicht, es zuzuordnen und darum auch nicht ob ich es bedenkenlos essen konnte.

Wieder einmal griff ich zum Naheliegendsten und beschrieb in einer kurzen E-Mail nach Hause, was mir da an den Haken geraten war und bat um Ratschläge.

Die Wartezeit vertrieb ich mir damit, mich mit einem extra scharfen Messer und einem Eimer an Deck zu hocken und damit zu beginnen, den Prachtburschen fachmännisch zu zerlegen.

Genau so, wie Benny es mir beigebracht hatte, setzte ich als erstes einen geraden Schnitt genau am Bauch, um den Fisch auszuweiden. Anschließend trennte ich ihm den Kopf ab.

Jetzt konnte er mich wenigstens nicht mehr so vorwurfsvoll anschauen. Es tat mir ja leid, aber: Fressen und gefressen werden – so sind nun einmal die Spielregeln.

Anschließend kam die anstrengendste Aufgabe: das Entschuppen. Die Schweißperlen liefen mir von der Stirn, als ich dem Fisch mit aller Kraft und bewaffnet mit einer Drahtbürste eine Massage der etwas anderen Art verpasste. Schon wenig später lag er splitterfasernackt vor mir und war kaum noch mehr, als ein sattes Stück Fleisch. Alles was mich jetzt noch von den Filets trennte, war ein Schnitt den Rücken hinunter und das Entfernen der Gräten.

Alle anfallenden Abfälle wanderten in den bereitgestellten Eimer. Was damit passieren sollte, würde ich mir später überlegen. Wegwerfen wollte ich die Überreste auf keinen Fall. Falls ich es hier mit einem genießbaren Exemplar zu tun hatte, konnte ich daraus, ruhige See vorausgesetzt, eine nahrhafte Brühe zusammenkochen. Wahlweise stand hier auch ein ganzer Eimer voll

Fischköder vor mir. Für das bisschen Filet hatte der stramme Kerl jedenfalls nicht sterben müssen.

Inzwischen hatte der Wind vollends aufgehört zu blasen. Eher zum Zeitvertreib denn zum Angeln hielt ich wieder meine Rute ins Wasser, während ich auf Antwort wartete. Aber ich hatte Pech. In den nächsten Stunden biss kein Fisch an. Die Aussicht auf das feine weiße Fleisch, das mich möglicherweise am Abend erwartete, hatte mich wieder aufgemuntert.

Jetzt, wo es mir wieder besser ging, sollte auch meine Thetis endlich wieder ihren Teil abhaben.

Ich warf mich in meine Badegarderobe und schrubbte den Rumpf meiner Lady so sauber, dass er funkelte, wenn ein Sonnenstrahl darauf fiel. Ein paar unschöne Kratzer hatte der Lack abbekommen. Vielleicht von den Messerhieben der Fischer, die mich aus meiner Falle befreit hatten. Aber immerhin nichts Besorgnis erregendes.

In der Zwischenzeit hatte ich auch Antwort aus der Heimat. Benny vermutete, dass ich einen Barrakuda aus dem Wasser gezogen hatte und warnte mich. Barrakudas haben keine natürlichen Feinde, stehen also am Ende der Nahrungskette, weshalb ihr Fleisch häufig mit Schwebstoffen durchsetzt ist, das für den Menschen giftig ist. Da ich ihn aber aus dem offenen Meer geholt und nicht in der Nähe einer Flussmündung gefangen hatte, hielt Benny es für möglich, dass ich ein kleines Stück Filet naschte, die kommenden Stunden ganz genau in mich hineinhorchte und bei aufkommender Übelkeit das restliche Fleisch an die Fische verfütterte.

Genau so machte ich es und da es mir blendend ging, selbst am Folgetag, bereitete ich mir ein Festmahl, wie es die Welt noch nicht gesehen hatte.

Und als ich gerade wieder zu Kräften kam, blähten sich die Segel und der Wind begann von Neuem sein Spiel. Als hätte er geahnt, dass ich jetzt wieder ein ernstzunehmender Gegner war.

Was bricht, war eh zu schwach – Woche 26

Sobald ich in Kerikeri einfuhr, würde ich mir den Beinamen „Die vom Unglück Verfolgte" in meinem Ausweis vermerken lassen, auf dass ich nie die bösen Überraschungen meiner Reise vergesse.

Hätte ich nicht das Ziel vor Augen und einen gewaltigen Galgenhumor entwickelt – es wäre wohl endgültig der Moment erreicht, in dem ich die Schoten hingeworfen und mein Vorhaben für gescheitert erklärt hätte.

Ein echter Seemann soll immer nach vorn und nie zurück blicken – in diesen Tagen aber half es mir ungemein, mir vor Augen zu führen, wie weit ich schon gekommen war, welche Probleme ich bereits erfolgreich gelöst, welche scheinbar ausweglosen Situationen ich schon ohne Spätfolgen hinter mir gelassen hatte. Ich hatte so viele Schläge gegen den Bug widerstandslos entgegen genommen und so viele Seemeilen im Kielwasser, dass ich über das, was da noch vor mir lag allenfalls müde lächeln konnte – mit oder ohne den luxuriösen Vorzügen einer Windsteueranlage. Die nämlich hatte zwischenzeitlich ihren Dienst quittiert.

Bis zu jenem Moment, in dem das Unglück seinen Lauf nahm, hatte ich nie ernsthaft in Erwägung gezogen, dass der Autopilot ausfallen könnte, wenngleich ich schon häufiger von solchen Miseren gehört hatte. Aber er war immer einer der wenigen gewesen, auf die ich mich ohne Sorgen hatte verlassen können. Ein bisschen wie ein guter Freund, der sich nun still und heimlich verabschiedet hatte, ohne Lebewohl zu sagen.

Aber der Reihe nach: nichts ahnend und gut gelaunt stieg ich in der Kajüte umher, wo ich mir ein köstliches Stück Fischfilet gebraten hatte, um anschließend die ganzen Navigations-Arbeitsschritte hinter mich zu bringen.

Routinemäßig checkte ich meine aktuelle Position und stellte erschrocken fest, dass die so gar nicht mit meinen Berechnungen übereinstimmen wollte.

Sofort begab ich mich innerlich auf die Suche nach der Ursache für diese enorme Abweichung und rannte die Leiter zum Deck hinauf.

Ein veränderter Kurs konnte nur durch falsche Ruderstellung oder falsche Segeltrimm ausgelöst worden sein. Dass beides von mir korrekt eingestellt wurde, daran bestanden keine Zweifel.

Es musste sich also irgendetwas von selbst verstellt haben und das bedeutete: es war irgendetwas kaputt gegangen. Und kaputt ist selten gut.

Getrieben von der Hoffnung, es möge das kleinere Übel sein, überprüfte ich die Takelage. Aber da schien alles in bester Ordnung zu sein. Keine Schot war gebrochen, keine Klemme stand offen.

Hatte ich bisher einigermaßen die Ruhe bewahrt, wurde ich langsam doch etwas panisch. Als könnte ich die Auswirkungen damit hinauszögern, tastete ich mich im Schneckentempo zum Heck vor, wo ich nun den Hund begraben glaubte und sah – nichts. Ganz wie erwartet.

Das Ruder der Windsteueranlage war weg. Einfach verschwunden. Es war aus seiner Aufhängung gebrochen und hatte sich mutterseelenallein aufgemacht, den Indik zu erkunden. Undankbares Stück Holz! Wäre es doch wenigstens nur gebrochen!

Ich hätte die nötigen Bordmittel bei mir gehabt, um den Schaden zu beheben. Das Kleben, Trocknen, Abschleifen und wieder Kleben hätte mich zwar mindestens zwei, drei Tage gut auf Trab gehalten, aber wenigstens wäre es anschließend weiter gegangen wie gehabt.

Völlig von der Grundlage meiner Bastelarbeit allein gelassen blieb allerdings auch nicht mehr viel zum Reparieren über – die einzig gangbare Lösung bestand für mich nun darin, für den Rest der Überfahrt an das Ruder zu gehen.

Das war nicht unbedingt eine unlösbare Aufgabe, an den Gedanken musste ich mich dennoch eine kleine Weile gewöhnen. Erst, wenn einem die letzten Vorzüge des Seglerdaseins genommen werden, nimmt man sie tatsächlich wahr.

Ständig hatte ich mich beschwert, dass ich nie wirklich zur Ruhe kam, dass die Aufgaben, die ich abzuarbeiten hatte, sich häuften und nicht weniger wurden, so sehr ich auch schuftete. Dass ich zwischendurch die Zeit gefunden habe, Gedanken hinterher zu jagen, Bücher zu lesen und in aller Ruhe meine Navigation und all die kleinen Alltäglichkeiten – vom Zähne putzen bis hin zum Essen kochen – zu erledigen, hatte ich bisher noch gar nicht wirklich registriert.

Im Gegenteil!

„Wer die Zeit findet, sich über all den Stress zu beschweren, hat noch nicht genug davon!", hatte Mister T. mir immer und immer wieder unter E-Mails geschrieben.

Einer drohenden Weissagung gleich.

Und Recht hatte er!

Zum ersten Mal seit der Abfahrt, war mir ein wirklich schlimmes Malheur unter gekommen, ohne dass ich auch nur einen Gedanken daran verschwendete, mich darüber zu beschweren.

Mich beschäftigten gerade ganz andere Sachen. Ich hatte jetzt nämlich gründlich zu planen und zu organisieren und dafür brauchte ich einen kühlen Kopf.

Inzwischen war ich ausgefuchst genug, die Segel so zu trimmen, dass die Thetis – konstante Winde vorausgesetzt – auch eine Zeitlang ohne mein Zutun Kurs halten konnte. Einen Ausgleich zu der Freizeit, die der Autopilot mir bisher verschafft hatte, würde das natürlich nicht sein, aber es würde mir genügend Spielraum schenken, um all die anfallenden Arbeiten – Navigation oder das Überprüfen der Wettervorhersage – zu erledigen, ohne dass der Wind gleich die Kontrolle übernahm. Was es fortan nicht mehr geben würde, war ein Nickerchen außer der Norm oder ein paar ruhige Minuten unter Deck. Ab sofort würde ich mich größtenteils an der frischen Luft wiederfinden und Kurs halten. Immerhin nur noch für ein paar Wochen.

Das allerdings war dann doch wieder leichter gesagt als getan. Am Ruder zu stehen hätte ich zwar nicht unbedingt als eine körperlich anstrengende Arbeit bezeichnet, aber sie belastete den Kopf enorm. Stundenlang ein und denselben Kurs zu halten, der ewig kontrollierende Blick auf den Kompass – der schwierige Teil war nicht, die normale Situation unter Kontrolle zu halten. Viel komplizierter war es, in der Situation, in der die Lage sich entscheidend änderte, hellwach und streng durchorganisiert zu sein.

Die wenigen Pausen, die ich mir gönnte, organisierte ich ebenso strikt wie die Verteilung meiner Aufmerksamkeiten.

Mahlzeiten standen relativ weit hinten im Plan und waren beschränkt auf schnell zubereitete Kleinigkeiten. Dieses strenge Essen nach Vorschrift hatte mir schon einmal arg zugesetzt, als ich begonnen hatte, die Lebensmittel zu rationieren. Das konnte ich mir dank meiner reichlichen Fischfänge jetzt glücklicherweise sparen, mir zwischendurch etwas in den Mund zu schieben, gelang mir dennoch nur selten. Für den Fall, dass ich zwischen zwei Pausen plötzlich Heißhunger auf irgendeinen, wie auch immer gearteten Geschmack in meinem Mund verspürte, hatte ich in den Backskisten die letzten verbliebenen Tüten Zwieback deponiert. Meist half es schon, auf irgendetwas herumzukauen, um mich auf andere Gedanken zu bringen.

Vollgestopft mit krümeligem, nahezu geschmacksneutralem Gebäck konnte ich mich in den Zeiten, in denen mir ein wenig Luft blieb, auch gleich viel besser auf Navigation und Routenplanung konzentrieren. Viele Kohlenhydrate. Viel Energie. Eine ebenso einfache, wie dankbare Rechnung.

Mein Schlaf beschränkte sich meist auf einige, nur wenige Minuten andauernde Nickerchen in gehockter Haltung am Ruder. Mein Rücken schmerzte wie die Hölle und ich fühlte mich jedes Mal nach dem Aufwachen wie erschlagen.

Einerseits genoss ich es nicht wenig, so kurz vor dem Ziel noch einmal auf eine so harte Probe gestellt zu werden. Es gab sogar Momente in dieser Zeit, die ich ohne zu zögern in die Top-Ten-Seemannsmomente-Liste aufnehmen würde.

Da das Wetter in den Nächten meist weniger beständig war als am Tage waren die Stunden nach Einbruch der Dunkelheit gleichfalls jene, in die ich die meiste Ausdauer investierte. Von dem Willen getrieben, endlich zu Hause einzulaufen, war ich trotz des Ausfalls des Autopiloten wild entschlossen, jede noch so kleine Kursänderung zu verhindern.

Ungezählte Stunden verbrachte ich bei meinen Wachen an Deck damit, still in den Sternenhimmel zu schauen und mir ganz genau einzuprägen, was ich dort sah.

Meine ganze Aufmerksamkeit richtete ich nur auf die unzähligen kleinen Lichtpunkte über mir, wusste schon bald Venus und Jupiter von anderen, weiter entfernten Sternen zu unterscheiden und begriff bald, dass es tatsächlich möglich war, sich bei der Navigation am Nachthimmel zu orientieren. Bis dato hatte ich das immer für ein Ammenmärchen gehalten.

Bis zur Perfektion konnte ich dieses neue Hobby dann doch nicht treiben. Dafür aber bestellte ich mir von daheim eine Himmelskarte, auf der alle Sternzeichen eingezeichnet waren. Das Bild über den Laptop herunter zu laden, dauerte eine halbe

Ewigkeit und selbst dann war die Auflösung noch nicht einmal besonders gut. Aber das war es mir wert.

Viele Nächte lag ich mit meiner, schon bald arg beanspruchten und vollgespritzten Karte an Deck und freute mich über jedes richtig erinnerte Sternenbild. Und während ich das tat wurde mir klar, wie abgebrüht ich inzwischen war.

Nicht nur, dass ich aus einer völlig entnervenden Situation eine zwar anstrengende, aber dennoch irgendwie angenehm geartete Erfahrung gemacht hatte – ich war auch so weit gekommen, dass nichts mehr existierte, was mir ernsthaft zu denken gab.

Kein Problem, das mich grübeln ließ – seien es Sorgen um die Thetis oder mich oder aber Geschichten, die ich unbeendet daheim zurückgelassen hatte.

Verwundert dachte ich immer wieder daran, welche Gedanken mich nach meiner Abreise umgetrieben hatten: wie oft ich an Simon gedacht und mir gewünscht hatte, eine der empfangenen Nachrichten wäre endlich von ihm. Oder aber wie wütend ich jedes Mal auf Gerhard wurde, wenn ich mich beim Koppeln ungeübt angestellt hatte. Und wie sehr ich Itchy und Mala beneidete, die daheim ihr ganz normales Leben weiterlebten ohne eine annähernd wahrheitsgetreue Vorstellung von dem zu haben, was ich tagtäglich erlebte.

Ich war in dem festen Glauben losgesegelt, ich könnte das alles und war dabei in Wirklichkeit ein blutiger Anfänger, der sich mit Nichtigkeiten die Zeit stahl anstatt sich auf seine Aufgaben zu konzentrieren und sich anschließend wunderte, wenn hier und da etwas nicht klappte. Glücklicherweise hatte ich das abgelegt und war sicherer geworden.

Die Fehler in meinem eigenen Handeln zu suchen, hatte ich erst lernen müssen. Genau wie ich erst zu der Einsicht kommen musste, dass ich Geschehenes nicht mehr rückgängig machen konnte – egal wie sehr ich schimpfte und mir etwas anderes wünschte.

An dem Tag, an dem der Autopilot sich von mir verabschiedete, habe ich all das zum ersten Mal unbewusst angewandt. Ich hatte sechseinhalb Monate gebraucht, um an diesen Punkt zu kommen. Dieser Punkt, der eigentlich erst die Basis bildete, für eine erfolgreiche und souveräne Weltumsegelung.

Ich hatte nicht groß lamentiert oder einen Hilferuf nach Hause gesendet, um mir Rat zu erbitten, bevor ich irgendetwas tat. Ich hatte nach niemandem gesucht, der meine Pläne abnickte, sondern ich hatte einfach einem inneren Impuls folgend gehandelt – richtig gehandelt, wie sich herausstellte und obwohl all das so banal anmutete - ich war stolz auf mich in dem Moment, in dem ich diese Feststellung traf.

Und ich verstand plötzlich, warum es so viele Einhandweltumsegler gab, die diesen Törn mehrere Mal auf sich nahmen:

Beim ersten Mal lernt man eigentlich nur die Grundkenntnisse. Man bekommt ein Gefühl für die wichtigen Dinge und konzentriert sich darauf. Man kann sich soweit in die Materie einlernen, dass man in der Lage ist, sich und seinen Kahn einigermaßen sicher die Route entlang zu manövrieren. Und man ist sogar recht schnell in der Lage, die schwerwiegenden Probleme durch geschicktes Improvisieren irgendwie aus der Welt zu schaffen.

Aber wenn man es dann geschafft hatte, so glaubte ich, wenn man irgendwann an den Punkt gekommen war, an dem man der Meinung war, man hätte die elementaren Sachen jetzt drauf und könnte sich so richtig auf den Trimm und die Feineinstellung der Segel und insgesamt auf das Maximum an Geschwindigkeit konzentrieren, war man schon einmal rum um den Erdball. Und dann bekam man erst einmal keine Gelegenheit mehr, sein neu gewonnenes Wissen anzuwenden, weil man für den Anfang ein wenig Abstand vom Wasser wollte. Aber irgendwann, dachte ich, würde der Wunsch wieder aufkeimen, das Ganze noch einmal zu machen, aber besser, gewiefter, routinierter als beim ersten Mal. So wie seiner Zeit der Wunsch aufkeimte, einmal ganz allein die Welt zu umrunden. Und dann würden vielleicht schon bald die Vorbereitungen beginnen.

Keine Ahnung, ob meine sternenklaren Träumereien in meinem Fall Wirklichkeit werden würden. Abseits verklärter Seemannsromantik hatte ich bisher selten bis gar nicht den Wunsch gehabt, diese Fahrt zu wiederholen.

Während ich allerdings so da lag, hinter das Ruder gequetscht, stetig den Kurs kontrollierend und dabei die Sterne studierte, fand ich durchaus Gefallen an der Idee, dieses Abenteuer noch einmal zu erleben. In weniger hysterischer Stimmung dann. Abgeklärter, vorbereiteter aber dennoch nicht weniger gespannt auf die Herausforderungen, die die See dieses Mal für mich bereit hielt.

Wer konnte schon ahnen, welch seltsame Wege mein Leben einschlagen würde, wenn ich erst wieder festen Boden unter den Füßen hatte. Im Moment war mir aber auch genau das völlig gleichgültig.

Ich war losgesegelt von dem Wunsch beseelt, hier draußen die Antworten zu finden auf all meine Fragen, die Lösung für meine Zukunftsangst und all meine anderen, herbeigeredeten Probleme.

In Wirklichkeit aber, galten all meine wichtigen Gedanken letztlich dieser einen Sache, die ich noch immer nicht beendet hatte. Alles was im Moment zählte und seit meiner Abfahrt gezählt hatte, war die Heimkehr und die stand unmittelbar bevor.

Bevor ich hier nicht fertig war, würde ich überhaupt gar nicht anfangen, andere Fragen auch nur zu stellen. Landratten-Probleme.

Die drei großen Kaps – Woche 27

Endlich, endlich, endlich!

Noch ein Schritt ist getan. Ein riesiger. Jener Schritt, der meine persönliche Ziellinie bedeutete. Noch war es nicht die der Kampfrichter, aber immer – immer hatte ich mich in den letzten Wochen beschworen: Wenn ich es bis hierher schaffte, dann schaffte ich es auch noch bis ganz zum Ende.

Hier war der 150. Grad östlicher Breite. Knappe zweihundert Seemeilen nördlich von mir, da war Kap Leeuwin. Australien Küste. Eines der drei großen Südkaps, die ich nun alle einmal gerundet hatte.

Ich fühlte, ich kam langsam aber sicher wieder nach Hause. Noch konnte ich am Horizont keinen Küstenstreifen erkennen, noch konnte ich die Nähe zum Land nur erahnen. Ich fuhr mit halbem Wind. Die Luft, die mir um die Nase wehte, kam schon fast wieder aus meiner Heimat – und sie roch danach.

Nach der unendlichen Weite dieses kleinen Kontinents, nach seiner Ursprünglichkeit und Undurchdringbarkeit.

Äußerlich muss ich sehr gefasst gewirkt haben, in dem Moment, in dem ich meine Position im Logbuch notierte.

Innerlich brodelte es in mir. Vor Vorfreude, vor Angst, vor Stolz, vor Trauer.

Still verabschiedete ich mich von den braven Westwinden, die nun weiter zogen an jene Stelle im Humboldtstrom, an der wir uns zum ersten Mal begegnet waren. Nur kurz hatten wir uns in den letzten Monaten hin und wieder voneinander verabschieden müssen.

Ich nahm Abschied vom Indischen Ozean, dem letzten der drei Weltmeere, die ich überquert hatte. Dem Ozean, der mir alles abverlangt hatte, was ich geben konnte und der mir nun viel

Glück zu wünschen schien. Fröhlich winkend blubberte das Wasser um den Bug.

Hier, an dieser Stelle, verlief offiziell die Scheidelinie zwischen Indik und Südpolarmeer.

Ich konnte diese Theorie nicht bestätigen. Meine Erfahrung sagte mir, dass aufeinandertreffende Meere sich nie und nimmer so friedlich miteinander verhielten, wie das auf dieser Position der Fall war. Gestritten hätte ich darüber allerdings nicht. Dafür war die Frage mir zu gleichgültig.

Fest stand jedenfalls, dass ich mich nun auf dem Leeuwin-Strom einreihte, der warmes und wenig salzhaltiges Wasser aus dem Indischen Archipel die Ostküste Australiens hinunter und anschließend an der südlichen Küste bis ins Tasmanische Meer spülte. Völlig gleich, in welchem Meer diese Strömung sich Bahn brach – sicher war, sie würde mich ein gutes Stück weiter in Richtung Heimat tragen.

Ich konnte meine Vorfreude kaum verarbeiten. Vor lauter Aufregung wurde mir flau im Magen. Ich rannte nach Lee und gab den Fischen Futter. Kurz darauf rumorte es in meinem Bauch schon wieder. Das war nicht die Aufregung! Ich hatte mir den Magen verdorben!

Sicher! Ich hätte es mir doch denken können! Nachdem mir jedes typische Unglück an Bord widerfahren war, durfte eine Magenverstimmung natürlich nicht fehlen.

Unsanft holte mich mein Würgereflex aus meinen Träumereien von der Ziellinie in die Wirklichkeit zurück.

Ich ging zum Waschbecken um mir das Gesicht zu waschen. Aus dem Spiegel gegenüber blickte mir ein kreidebleiches, eingefallenes Gesicht entgegen, aus dem große Augen wild entschlossen hervorblitzten.

Unfassbar, wie ich mich in den letzten Monaten verändert hatte!

Meine Unterarme waren sehnig geworden, mein Bizeps zeichnete sich deutlich unter der Haut ab. Quer über meine Stirn verlief ein deutlicher Strich – von meinem Sturz auf die Reling würde auf jeden Fall eine Narbe zurück bleiben. Gekrönt wurde das Bild von einer ganz ansehnlichen Strubbelmähne.

Ich sah anders aus als früher. Aber ich fand mich auf eine seltsame Weise schön. Mein Äußeres erzählte eine Geschichte. Und dass ich von nun an überhaupt eine erzählenswerte Geschichte hatte, das allein schon war schön.

Mehr Zeit über mein Spiegelbild zu sinnieren, blieb mir leider nicht. Schon wieder meldete sich mein Magen und ich verbrachte einen Großteil des Tages damit, über der Reling zu hängen, oder mir Positionen zu suchen, die sowohl das Schaukeln, als auch die Krängung erträglich scheinen ließen.

Eine Heeresration Kohletabletten - aufgewertet durch die üblichen Beilagen aus Zwieback und Kamillentee – später ging es mir wieder etwas besser.

Wenngleich auch das alte, ewig gleiche Spiel von vorn begann: Schwindel, Kopfschmerz, Dröhnen in den Ohren, begleitet von einem grummelnden Magen.

Aber ich hatte Glück: dieses Mal blieb mir keine Zeit, mich in Selbstmitleid zu wälzen. Meine Aufmerksamkeit wurde andernorts gebraucht, wo nicht Bedauern, sondern blanke Aufregung sie erwartete:

Papa hatte geschrieben. Er und Benny hatten sich vorgenommen, mir ein stückweit entgegenzusegeln und mir in den letzten Tagen meiner Reise Geleit nach Kerikeri zu geben.

Papa wollte in spätestens fünf Tagen Kurs nach Süden nehmen. Er wartete nur noch auf günstige Winde und Benny hatte die Gelegenheit genutzt und war zu seiner Familie nach Tasmanien gefahren, wo er auf mich wartete und sich mir unkompliziert anschließen wollte.

Mehrmals musste ich mir durchlesen, was die beiden da vor hatten, bevor ich es endgültig glaubte. Aber es stimmte! Allem Anschein nach würde ich ein paar meiner Lieben schon in spätestens anderthalb Wochen in meiner Nähe wissen. Wenngleich ich wahrscheinlich höchstens auf Sichtweite an sie heranfahren konnte, bedeutete das doch das Ende meiner einsamen Überfahrt. Ich stellte es mir göttlich vor, per Funkgerät mit Benny rumalbern zu können. Ganz ohne böse Gedanken an teure Sattelitenverbindungen.

Die Hochstimmung, die freudigen Aussichten, die Gedanken an die letzte Etappe versetzten mich wieder in Arbeitswut. Noch immer konnte mein Körper sich nicht mit der stetigen Belastung arrangieren, aber meine gute Laune war stark genug, um alle Wehwehchen wenigstens für ein paar Stunden zu ignorieren und mein Interesse ganz allein in den Dienst der Thetis zu stellen.

Die ganze Zeit hatte ich mich gezügelt, hatte mich, wann immer ich an das Ende meiner Reise dachte, daran erinnert, wie viel Weg noch vor mir lag, dass eine Sekunde entscheidend sein konnte und ich noch längst nicht alle Klippen umschifft hatte. Kurzum: dass ich mich nicht zu früh freuen sollte.

Aber jetzt, mit Benny und Papa in Peilung, müsste es wirklich mit dem Teufel zugehen, wenn die Sache doch noch scheiterte.

Mir war nach Feiern zumute und ich wusste schon ganz genau, wie ich den Moment, in dem es mir zum ersten Mal seit Wochen wieder aus vollem Herzen gut ging, angemessen zelebrieren würde.

Ich kletterte in die Kajüte hinunter und kramte in einem vergessenen und entsprechend verstaubten Winkel am Kartentisch, bis ich eine zerschlissene Ecke Papier in der Hand hielt, die ich vorsichtig an die Oberfläche beförderte: da lag sie nun vor mir – die

Küstenkarte Australiens. Mitgenommen sah sie aus. Wo die Schutzfolie, in der sie verpackt gewesen war, nicht mehr völlig intakt war, hatten sich Feuchtigkeits- und Schmutzflecken breitgemacht.

Das aber war mir egal. Seit Monaten hatte ich diesen Augenblick, in dem ich mich von den großen Überfahrtskarten würde verabschieden können, herbeigesehnt. Einem Weihnachtskalender gleich, würde ich fortan meine Position stündlich auf diesem unscheinbaren Stück Papier einzeichnen, würde genau verfolgen können, wie ich mich mehr und mehr erst auf Papa und Benny, schlussendlich auf die Ziellinie zu bewegen würde. Die seelische Gleichgültigkeit der letzten Wochen war wie weggefegt. Seit ich Papas Nachricht gelesen hatte, schossen Fluten von Adrenalin durch meinen Körper, gaben meinen müden Lidern wieder neue Kraft, machten die Augen dahinter wachsam für jede noch so kleine Bewegung. Meine Ohren registrierten jedes Geräusch.

Vom Südpolarmeer in den heimischen Hafen
Woche 28

Die nächsten Tage meiner Reise ließen sich ungewohnt ruhig an. Ich hatte konstante Winde, keine Flaute, kein schlechtes Wetter. Nichts.

Ich war weit davon entfernt, mich über diese Zustände zu beschweren. Im Gegenteil! Davon hatte ich monatelang geträumt. Und allmählich hatte ich auch ein andauerndes Erfolgserlebnis verdient. Nach so viel Kampf und Zähne zusammen beißen sollte es mir nun endlich auch vergönnt sein, endlich einmal zu erleben, wie es von ganz allein voran geht.

Das war meine Meinung.

Und das Meer hatte meine Meinung bisher selten bis gar nicht geteilt. Dass sich der Status quo plötzlich verschoben haben sollte, erschien mir nicht schlüssig. Es machte mich misstrauisch.

Ideale Bedingungen halten auf See nie an. Nie.

Schon gar nicht hier, vor der australischen Küste, nur kurz vor den Roaring Forties.

Es passte auch überhaupt nicht zur See, mich jetzt einfach in Ruhe zu lassen. So eine große Diva wie das Meer eine ist, lässt sich nicht einen fantastischen Abgang entgehen.

Drei volle Tage und ein paar Stunden beobachtete ich dieses Schauspiel. Nicht argwöhnisch, nicht angespannt ob meiner vagen Vorahnungen, nein! Ich genoss aus tiefstem Herzen wie die Meilen nur so unter meinem Kiel hinweg flogen, wie ich schneller und schneller wurde und nichts zu tun brauchte, als die Segel in die auf den Millimeter richtige Position zu trimmen und dem Schauspiel zuzusehen. Die dunkle Vermutung verstärkte nur das Kribbeln in meinem Bauch und versetzte mich in entspannte Erwartungshaltung.

Aber ich war vorbereitet: Ich hatte die Gelegenheit genutzt, mich etwas auszuruhen, denn meine Zeit dafür war rar geworden, seit mein treuer Autopilot sich verabschiedet hatte.

Ich hatte ordentlich gegessen und viel Zeit in jener gekrümmten Stellung hinter dem Ruder verbracht, die ich mittlerweile fast schon gemütlich fand. Besonders dann, wenn ich die Ruhe hatte, den Wolken am Vorbeifliegen zuzusehen und mich in das weite Blau um mich herum zu träumen.

Und dann, irgendwo zwischen Ruhe und Entspannung verdichteten sich plötzlich die Vorzeichen und es stellte sich heraus, dass mein Gefühl mich einmal mehr nicht betrogen hatte:

Ich war gerade vollends damit beschäftigt mir auszumalen, was ich Benny als Erstes erzählen wollte, wenn wir endlich Funkkontakt hatten, als mein umherschweifender Blick am Barometer hängenblieb. Genauer: an der Zahl, die es anzeigte, denn die stimmte mich aufmerksam. Sofort war ich auf den Beinen und konnte das Adrenalin fast durch meine Adern zischen hören: jetzt ging es los!

Kräfte, die ich das letzte Mal gespürt hatte, als ich noch ganz am Anfang meiner Reise stand, geschüttelt von Ehrgeiz und Ehrfurcht, wurden plötzlich wieder mobilisiert. Diesen Kampf würde ich jetzt auch noch gewinnen. Wahrscheinlich hatte die See gemeint, sie könne mich erst bis zur totalen Erschöpfung peitschen und mich dann ohne größeren Aufwand kurz vor dem Ziel doch noch scheitern lassen, aber ha!

Da hatte sie die Rechnung ohne mich gemacht. Ihren Auftritt sollte sie haben. Wir würden ihn uns einfach teilen. Den endgültigen Triumph aber, den gönnte ich ihr nicht.

So gute Freunde waren wir nicht geworden. Ich respektierte sie und sie flößte mir Respekt ein. Besiegen wollte ich sie dennoch. Und das ist kein Merkmal von Freundschaft.

Aus lauter Gewohnheit stieg ich in die Kabine hinunter und checkte Mister T.s Wetterfax. Es bestätigte sich nur, was ich ohnehin schon wusste. Bald schon würden die Winde drehen. Ich steuerte direkt auf ein Tief zu, das sich vor der australischen Küste festgesetzt hatte.

Mir boten sich zwei Optionen: Entweder ich nahm einen ungeheuren Umweg in Kauf, von dem ich auch nicht wusste, was mich dort viel weiter südlich erwarten würde oder aber ich steuerte weiter geradewegs in den Sturm hinein.

Lange musste ich nicht überlegen, um zu einer Entscheidung zu gelangen. Das Wort ‚Umweg‘ gefiel mir gar nicht, zumal es mich südlich an Tasmanien vorbei führen würde und mir den wesentlich kürzeren Weg durch die Bass-Straße verbauen würde. Allmählich hatte ich die Nase voll von Wegen, gleich welcher Länge.

‚Sturm‘ hingegen klang nach dem eigentlichen Grund, aus dem

ich ursprünglich hier hergekommen war: Abenteuer.

Ob ich es mit diesem hier allerdings noch aufnehmen könnte oder ob ich dazu verdammt war, den Kopf einzuziehen, würde sich erst noch zeigen.

Die Wettervorhersage kündigte orkanartige Winde an, böig noch dazu und das Bewusstsein über meine demolierte Windsteueranlage pochte von Innen beständig gegen meine Schädeldecke.

Ein eigenartiges Gefühl, wenn man endlich soweit ist, schwere See genießen zu können, sich regelrecht auf ein bisschen Spannung und Gefahren zu freuen und dann von äußeren Umständen abhängig zu sein.

Fakt war, dass ich es nicht durchstehen würde, ein großes Tief hinter dem Steuerrad bis zur Perfektion auszufahren. Die Frage, wie ich dem heraufziehenden Sturm begegnen wollte, drängte sich auf. Und sie musste, das zumindest legte mir mein Blick auf den ständig sinkenden Luftdruck ans Herz, schnell beantwortet werden.

Ich entschied mich für das Naheliegendste: ich bereitete mich auf alles vor und ließ den Dingen ansonsten ihren Lauf. Was hätte ich auch anderes tun sollen?

Die Winde um Nachsicht anflehen? Als ob sie sich davon würden beirren lassen. Zugegebenermaßen wurmte es mich, dass mein Mitspracherecht hier draußen so eingeschränkt war, aber das hatte ich vorher gewusst. Schon bald würde ich Probleme wieder ausdiskutieren können. Bis dahin musste ich mit ihnen leben.

Ich fühlte mich an Filme von Superhelden und Monsterjägern erinnert, als ich mich in meinen ganz eigenen Kampfanzug zwängte: Gummistiefel, Ölzeug, Rettungsweste, Lifebelt.

Ich war gewappnet. Sollte es doch kommen, das Monster!

Und es kam mit aller Macht, brach über mich herein, dass mir schwindelig wurde. Brecher begruben die Thetis unter gewaltigen

Wassermassen, die Sicht war miserabel und das Boot von Hand zu führen unter diesen Bedingungen beinah unmöglich. Nachdem ich zwei, vielleicht mögen es auch drei Stunden gewesen sein, erfolglos gegen den Sturm der mit elf Beaufort auf mich einhämmerte, angekämpft hatte, gab ich mich geschlagen.

Ich stand kurz vor dem Ende meiner Reise, hielt es aber dennoch für angebracht, mir ein paar Kraftreserven zu erhalten, denn die Messen, das erkannte ich jetzt, waren noch lange nicht gelesen.

Seufzend holte ich die Segel ein und übergab mich dem Spiel der Wellen. Den Sturm vor Top und Takel abzuwettern erschien mir als die einzig gangbare Form, mit diesem Unwetter fertig zu werden und tief in mir regte sich die leise Hoffnung, mein Durchhaltewille könnte mich wenigstens in das Zentrum des Tiefs getragen haben.

Es wurde eine unruhige Nacht, in der ich immer und immer wieder die GPS-Daten abrief, um mich zu versichern, dass der Sturm mich auf keine der beiden benachbarten Küsten trieb und - toi, toi, toi - auch nicht dorthin, wo ich gerade herkam.

Mit dem Resultat war ich zwar nicht glücklich, aber zufrieden. Zu meiner Erleichterung war der ganze Spuk nach achtundzwanzig Stunden vorbei und ich konnte das Ruder wieder selbst in die Hand nehmen. Wind und Wellen hatten mich zwar vom Kurs abgebracht und wesentlich näher nach Süden auf die offene See hinaus getrieben als mir lieb war, aber diese knapp zwanzig Seemeilen aufzuholen würde mich, mit viel Pech und wenig Rückenwind höchstens sechs Stunden kosten. Bei sechs Monaten auf dem Meer kam es darauf nun wirklich nicht mehr an.

Die Schäden am Boot waren gering. Taufrisch war meine Gute ohnehin nicht mehr und sogar das lästige Segelflicken blieb mir erspart. Ein weiterer Lazy Jack hatte sich gelöst und machte das

Segel setzten und – einholen nun noch mehr zum Geduldsspiel. Meine Lieblingsschraube am Masttopp erschien mir noch lockerer als zuvor, hatte sich aber scheinbar in ihren Schraubenkopf gesetzt, diese Reise gemeinsam mit mir und der Thetis bis zum bitteren Ende durchzustehen. Sehr gut! Verbündete konnte man nie genug haben.

Was der Sturm mir sonst hinterlassen hatte, war aus Sicht der Thetis geradezu lächerlich und nicht das geringste Interesse wert. Meines weckte es hingegen ganz enorm: Treibgut.

Wind und Wasser hatten tatsächlich aus irgendeinem entlegenen Winkel des Kontinents Äste und Zweige herangespült und sie mir, Geschenken gleich, zwischen die Schoten geklemmt.

Begeistert sammelte ich alles, was ich finden konnte zusammen und schichtete es auf dem Vorderdeck zu einem Haufen. Fast wie vor einem Altar saß ich andächtig vor meinem Kunstwerk und grinste breit von einem Ohr zum anderen.

Holz! Morsch, verwittert und vor Nässe triefend zwar, aber dennoch eine Botschaft vom Festland, deren Duft mich gefangen nahm.

Völlig neu und fremd erschien er mir, hatte meine Nase doch seit Monaten nichts anderes mehr vorgesetzt bekommen, als meine kargen Mahlzeiten und meinen eigenen Mief.

Und dann das! Intensiv, beinah vergessen und unbeschreiblich anders breitete der mickrige Holzhaufen sich und seine Gerüche vor mir aus. Erzählte eine Geschichte von der Welt, in der ich bald schon wieder zu Hause sein würde. Die mir jetzt, in diesem Moment, unendlich ferner erschien als je zuvor.

Noch etwa 1600 Seemeilen. Dann würde diese Welt auf dem Festland mich wiederhaben, wahrscheinlich ganz andere Abenteuer für mich bereithalten und mich, wenigstens einen Moment lang, zu ähnlicher Faszination verleiten, wie es seinerzeit das offene Meer getan hatte.

Bis dahin hatte ich noch viel vor. Größtenteils, so hoffte ich, angenehme Dinge. In fünf Tagen, wenn alles gut ging, würde ich Benny anfunken und eine Antwort bekommen. Noch einhundertzwanzig Stunden. 7200 Minuten. Nicht dass ich zählte! Und dann, schon sehr bald darauf würde ich die White Hope am Horizont auftauchen sehen. Mit meinem Papa an Bord. Eingebunden in diesen Konvoi würde mir nichts mehr passieren. Dann hätte ich sie endlich wieder, die Felsen, die mich vor der Brandung beschützten.

Das Holz, die Aussicht auf meine Lieben, meine zerknitterte Küstenkarte – alles wollte mich darauf aufmerksam machen, dass es nur noch eine Frage der Zeit war. Und langsam wurde ich so richtig hibbelig.

Es schien, als würde ich es tatsächlich schaffen - als wäre die See mir wenigstens soweit wohlgesonnen, dass sie mich passieren lassen würde. Langsam aber sicher rückte damit auch mein Weltrekord in erreichbare Nähe. Nun wollte sich mein Ego endgültig nicht mehr drosseln lassen.

Ich wollte diese blöde Urkunde. Und ich würde sie bekommen. Ich könnte es tatsächlich schaffen!

Fleur an Benny, bitte kommen! – Woche 29

Die See und ich – wir schienen unser letztes Kräftemessen nun endlich hinter uns zu haben. Es hatte ein Remis gegeben.

Wir respektierten einander nach wie vor. Niemand hatte sich geschlagen geben müssen.

Ich hatte schöne, gleichmäßige Winde um die acht Beaufort, die Segel schienen zufrieden, ein Ruck ging durch die Thetis, die fortan nicht mehr bremste und ich musste mich um kaum etwas kümmern. Diese Wahrnehmung wurde eher von meiner

Fantasie gespeist, denn von der Wirklichkeit, aber letztere war es schlussendlich, die meine Stimmungen ernsthaft beeinflussen konnte.

In Gedanken versuchte ich mich schon auf zu Hause einzurichten, aber meine Hauptbeschäftigung war es, durch das Fernrohr zu spähen, um endliche einen kleinen Punkt am Horizont zu entdecken, etwa in der Größe einer Segelyacht, die nah genug ist, um der Erdkrümmung ein Schnippchen zu schlagen.

Ich traute dem Frieden noch immer nicht ganz, fühlte mich aber innerlich weniger aufgewühlt und erwartungsvoll wie in der vergangenen Woche und vertraute, genau, wie ich es mittlerweile gewohnt war, ganz auf meine innere Stimme.

Ich verbrachte Stunde um Stunde vor dem Funkgerät, verfluchte jede Minute, in der ich mich an Deck ablenken lassen musste und schauter immer und immer wieder suchend um mich.

Ich hatte von Benny schon länger nichts mehr gelesen. Er hatte nur gesagt, wir würden uns hier irgendwo schon über den Weg fahren. Dazu allerdings musste er von irgendwo her meine Koordinaten bekommen und er hatte, soweit ich mich erinnerte, kein Satellitentelefon an Bord. Wer weiß, wie er unser Wiedersehen organisierte. Ich traute Benny nicht zu, dass er so unvorbereitet aufgebrochen war. Er würde sein Versprechen halten, darum machte ich mir keine Sorgen.

Während ich wieder einmal versonnen am Steuerrad hockte und den Horizont nach einem Zeichen absuchte, spürte ich plötzlich einen Schatten über mich hinweggleiten. Zu schnell für eine Wolke. Viel zu schnell.

Ich versuchte, seinen Urheber ausfindig zu machen, konnte aber beim besten Willen nichts erkennen, da ich genau in die Sonne schauen musste.

Dann plötzlich hörte ich ein Rauschen. Anders als das des Windes, kaum wahrnehmbar, aber doch zu spüren.

Langsam formte sich ein kleiner, schwarzer Punkt vor der Sonnenscheibe, wurde größter, bekam schließlich wild schlagende Flügel und setzte zum Sinkflug an. Eine Möwe!

Tatsächlich! Ich passierte die Bass-Straße. Küste gab es ganz in der Nähe reichlich und zwar sowohl nördlich, als auch südlich von hier.

Noch ganz verzaubert von dem nunmehr ungewohnten Anblick von Landbewohnern, riss ich mich von dem Anblick der Möwe los, die sich indes über die, in den blanken Rillen hängengebliebenen Fischgräten hermachte und kramte unter Deck nach der detaillierten Seekarte für dieses Gebiet.

Hier gab es nicht nur tückische Strömungen und häufiger auch heulende Winde, sondern auch viele, viele Felsen und Riffe.

Das Wasser war enorm flach – durchschnittlich gerade einmal fünfzig Meter – nicht der Hauch einer Gefahr für meinen Kiel. Dennoch vermochte diese geringe Tiefe meinen Atem von Zeit zu Zeit flacher und schneller werden zu lassen. Wenn das Echolot mit schnellen Sprüngen plötzlich einen Felsen ortete oder das Radar mir in direktem Umkreis einen wirklichen Hindernisparcours, bestehend aus lauter kleinen, blinkenden Punkten ankündigte.

Das Manövrieren war anstrengend und erforderte meine volle Konzentration. Wenigstens hätte mein Autopilot hier auch nicht helfen können. Das erste Mal seit seinem plötzlichen Abschied vermisste ich ihn nicht aus tiefstem Herzen. Hier hätte ich so oder so allein durch gemusst.

Diese Meerenge zwischen Australien und Tasmanien war mit Seemannsgarn der allerersten Güte hoch dekoriert. Angeblich sollten hier ganz ähnliche geisterhafte Dimensionen aufgehen wie auf dem weltbekannten Bermuda-Dreieck und riesige Schiffe mit Top und Takel auf nimmer Wiedersehen vom Radar verschwinden.

Ich allerdings gab nicht mehr viel auf Räubermärchen. Immerhin hatte ich den Fliegenden Holländer lügen gestraft. Zur Vorsicht mahnten die alten Geschichten, die ja doch stets einen Funken Wahrheit in sich trugen, mich dennoch. Ganz behutsam und sachte lenkte ich die Thetis zwischen den mächtigen Unterwassergipfeln entlang, hochkonzentriert, den Blick in jeder Sekunde auf das Echolot gerichtet, nur hin und wieder nach aus dem Wasser scharf aufragenden Gesteinsspitzen suchend. Ich summte mir Lieder vor, um mich wach und bei Laune zu halten. Die eigene Stimme war mir vertraut und beruhigte mich, motivierte mich sogar. Und hinter diesem Zickzackkurs wusste ich, wartete eine weitere altvertraute Stimme auf meine Ankunft. Sollte bei Benny irgendetwas schiefgelaufen sein, dann würde dort drüben doch zumindest mein Papa auf der White Hope angeflogen kommen, um mir die letzten Tage bis zum Kerikerier Hafen Geleit zu geben.

Sehnsüchtig dachte ich in diesen Stunden hinter dem Steuerrad an mein Funkgerät unter Deck, dass wahrscheinlich nach wie vor nur rauschende Störgeräusche von sich gab.

Ich freute mich wie ein kleines Kind auf das Wiederhören, spürte das alte Feuer, die alte Motivation wieder in mir aufsteigen, die mir den Beginn meiner Reise das Durchhalten ermöglicht hatte. Und dann endlich hatte ich es geschafft.

Mit dem Abschluss dieser Woche war die Zeit, in der ich mich allein durch die Weltmeere kämpfen musste, endgültig beendet.

Als erstes sah ich Bennys Vorzeigeyacht auf mich zuschnellen. Knallrote Segel über einem mattschwarzen Rumpf. Ein Geheimagent der Weltmeere. Gut sah es aus, was er da tat und ich freute mir ein Loch in den Bauch.

Kaum konnte ich fassen, dass ich in wenigen Sekunden wieder mit einem Menschen würde sprechen können, der nicht nur meine Sprache sprach und den Kontakt mit mir aus freien Stücken suchte, sondern der mich sogar kannte, ein enger Vertrauter war - einer von denen, die ich wirklich vermisst hatte.

Mit zitternden Händen nahm ich das Mikrofon des Funkgerätes an den Mund und suchte nach Funkkontakt. Und von einem Moment auf den anderen, nur den Hauch einer Bewegung später, hörte ich weit entfernt Bennys Stimme, immer wieder unterbrochen von metallischem, lautem Knacken.

„Benny an Fleur, bitte kommen. Fleur! Hier spricht Benny! Over!"

Ich atmete tief durch und kniff dabei die Augen zusammen, bevor ich Spucke sammelte, um Benny zu antworten. Vor Aufregung waren meine Lippen ganz trocken und rau geworden.

„Benny? Hier Fleur! Kannst du mich hören? Over!"

Und was dann folgte, war ein wahrer Schwall von Fragen und Antworten, Freudensbekundungen und eilig daher gehaspelten Antworten. Wir würden noch genug Zeit haben, um uns auszutauschen, Benny und ich. Dieses hektische Gespräch war nur das Resultat eines Ventils, das sich geöffnet hatte, seit wir Funkkontakt hatten.

Plötzlich strömte all das Heimweh, das ich in den entlegendsten Winkeln meines Unterbewusstseins zusammen getrieben hatte, geschlossen in meinen Mund und wollte hinaus. Wollte gehört werden, mit dem Unterton der Erleichterung.

„Ganz wichtig, Fleur", sagte er schließlich mit ernstem Ton, „bei dir ist alles soweit in Ordnung, dass du auch die letzte Überfahrt noch machen kannst, ja? Ganz sicher?"

Ich musste ein bisschen schmunzeln, über Bennys übertriebene Sorge. Als hätte er vergessen, was hinter mir lag, dass ich nunmehr allenfalls noch auf ein paar angenehme Tage an Bord blickte, die wie im Fluge vergehen würden, bis dieser Törn Geschichte war.

Als wäre ich nie fortgewesen, um mein Können erheblich zu verbessern, verfiel Benny wieder in alte Verhaltensweisen und versuchte mich zu beschützen. Ich fand das ungemein rührend. Und so gewohnt und behaglich. Wir redeten bis tief in die Nacht, flachsten viel herum, vermieden ernste Themen.

Ich fühlte mich wohl. Es tat mir gut, wieder Menschen in meiner Umgebung zu wissen, mich weitaus sicherer zu schätzen, als jemals zuvor auf dieser Reise.

Die Stimmung war ausgelassen. Offensichtlich war nicht nur mir ein riesiger Stein vom Herzen gefallen, als meine Zweifel, ich würde gänzlich ungewohnt mit den Lieben daheim fremdeln, sich einfach so in der Luft auflösten.

Es war ein Heidenspaß. Wir gestalteten die Überfahrt als Spiel, segelten um die Wette, eine imaginäre Ziellinie fest in Peilung, feuerten uns über Funk gegenseitig an und zogen den anderen mit frechen Sprüchen auf.

Lange schon hatte ich das Trimmen und Manövrieren nicht mehr mit solcher Freude und Hingabe betrieben.

Und dann endlich tauchte der nächste weiße Punkt am Horizont auf – die White Hope.

Benny sah sie zuerst und machte mich über Funk darauf aufmerksam:

„Benimm dich jetzt! Ab sofort stehst du wieder unter elterlicher Beobachtung!"

Sofort war unser Wettrennen vergessen. Ich trimmte eilig die Segel und verbrachte die nächsten Minuten gespannt vor dem Funkgerät, bis sich endlich, bei Einbruch der Dunkelheit Papas Stimme zwischen dem Knacken und Knacksen meldete:

„Komm mal an Deck!"

Ich schluckte und versuchte, die Tränen zu unterdrücken.

Zum ersten Mal seit einem halben Jahr wusste ich meinen Vater ganz in meiner Nähe.

Durch das Funkgerät klang seine Stimme rauer und kauziger, als ich es vom Satellitentelefon her gewohnt war. Vielleicht folgte ich deshalb auch sofort seinen Anweisungen. Vielleicht tat ich es aber auch, weil ich gespannt war, was mich da oben erwartete.

Als ich aus der Kajüte stieg, konnte ich kaum glauben, was ich da sah:

Benny und Papa befanden sich mit ihren Booten in etwa auf gleicher Höhe. Beide zündeten Leuchtraketen an und von der White Hope aus projizierte Papa eine leuchtend rote Botschaft in den inzwischen gänzlich schwarzen und mit Sternen übersäten Nachthimmel:

„Wir sind stolz auf dich!", stand da.

Schon wieder stiegen mir die Tränen in die Augen. Dieses Mal gab ich mir keine Mühe, sie zu verbergen. Ich zitterte am ganzen Körper.

Ein unglaubliches Glücksgefühl durchzog mich – ich war endlich nicht mehr mit mir selbst allein.

Gleichzeitig aber bedrückte es mich, dass ich nicht zu meinem Papa an Bord der White Hope klettern durfte, ihn nicht in den Arm nehmen und die Erschöpfung der vergangenen Wochen nicht einfach in einer der gemütlichen Kojen wegschlafen konnte.

Mein Vater versprach mir all das schon bald nachholen zu können. Und ausgiebiger, als ich es auf See je vermocht hätte.

„Nur noch ein paar Meilen, Fleur", beschwor er mich sanft über Funk, „dann sind wir wieder zu Hause!"

Über die imaginäre Ziellinie – Woche 30

Die endgültig letzten Tage meiner langen Reise gingen vorbei wie im Flug. Wir hatten ein stabiles Wetterfenster erwischt, das mich zu der Annahme verleitete, von zwei gestandenen Seefahrern ließe sich selbst eine Diva wie die Tasmanische See nur zu gern einschüchtern. Vielleicht war sie auch einfach nur Bennys Charme erlegen oder wollte einem guten Bekannten eine Gefälligkeit erweisen.

Wie dem auch sei, mir gingen die letzten Seemeilen fast ein wenig zu schnell von der Hand. Eben noch hatte ich gegen Wind und Wetter gekämpft und versucht, meinen Seebären zu stehen und von einem Moment auf den anderen war ich auch schon da. Gänzlich unvorbereitet und aufgeregt wie ein Schulkind vor einem Mathetest, auf den es sich nicht vorbereitet hat.

Mal ehrlich! Wer würde mir glauben, dass ich keine Rede einstudiert hatte, keine Zeit gefunden hatte, mir ein paar Worte zurecht zu legen, mir noch nicht einmal wirklich danach war, zu triumphieren?

Es war lächerlich! Ich hatte Stürme ausgestanden und Flauten ausgesessen, mit Versorgungsproblemen und Materialschäden aller Art gekämpft und bekam, bei dem Gedanken daran, festes Land zu betreten und ein paar Fragen zu beantworten, Muffensausen und zwar so schlimm, dass ich mich in diese Gedanken so sehr hineinsteigerte, dass meine Aufregung mir jede Möglichkeit nahm, meine Hausaufgaben im letzten Moment doch noch zu erledigen.

Und dann war es soweit: Neuseeland war zum Greifen nah!

Zu oft hatten meine Sinne mich betrogen und mich Fahrwasser sehen lassen, wo keines war. Aber in dem Moment, in dem die Erdkrümmung mir mein Ziel nicht mehr verbergen konnte, begann ich langsam, meinen Augen wieder zu trauen.

Der dünne, dunkle Streifen am Horizont, das war keine unerreichbare Illusion mehr, das war meine Heimat! Der winzige Kontinent, auf dem ich aufgewachsen war und von dem ich mich vor über einem halben Jahr mit flauem Gefühl im Magen verabschiedet hatte. Neuseeland schien seine Arme auszubreiten, um das verlorene Schaf wieder in seiner Mitte aufzunehmen. Ich fühlte mich willkommen – noch immer ein wenig verängstigt zwar, aber bereit, es jetzt auch noch mit den letzten Herausforderungen einer Weltumsegelung aufzunehmen.

Ich legte all mein Können in die letzten Seemeilen. Ich konnte die Anspannung derer, die so lange auf meine Rückkehr hatten warten müssen, schon spüren, ehe ich sie überhaupt erkennen konnte.

Über meinem Kopf kreiste ein Hubschrauber. Die schnarrende Stimme meines Vaters kam durch das Funkgerät. Warm und herzlich:

„Willkommen zu Hause, meine Kleine!"

Langsam dämmerte mir, was da eben im Begriff war, zu Ende zu gehen: Ich hatte den ältesten aller Kämpfe für mich entschieden, den nämlich, zwischen Mensch und Natur.

Egal vor welche Aufgaben mich dieses Leben noch stellen würde, egal aus welcher Richtung die Winde kommen würden, die mir den Weg weisen sollten – in diesem Moment war ich der Meinung, ich würde sie alle problemlos bewältigen. Schließlich hatte ich allein auf einer schwimmenden Nussschale die Welt umrundet, gegen mich und das Heimweh angesteuert und war letztlich wieder dort gelandet, wo ich angefangen hatte, wo Beginn und Ende sich trafen und das war so erhebend, dass ich vor lauter Zittern kaum noch das Ruder halten konnte.

Schon von Weitem konnte ich das Gequake einer Blaskapelle hören und im nächsten Moment das bunte Gewusel auf den Bootsstegen erkennen.

Mit vor Stolz geschwellter Brust fuhr ich in den Hafen ein und ließ es mir nicht nehmen, mich gründlich zu blamieren, als es mir auch beim dritten Anlauf nicht gelingen wollte, die Thetis wohlbehalten an ihren Liegeplatz zu manövrieren. Wie auch? Seit Monaten hatte ich mein Boot nicht mehr auf so wenig Raum führen müssen. Nadelöhre dieser Dimension gab es auf offener See nicht und mein Wissen, wie damit zu verfahren sei, war in der Schublade verstaubt.

Benny rettete mich. Gekonnt sprang er über verschiedene Yachten zu mir an Deck und manövrierte die Thetis schnell und sicher an ihr Ziel.

Vor lauter Dankbarkeit und Wiedersehensfreude stürzte ich auf ihn zu, um ihm um den Hals zu fallen. Mit einer schnellen Bewegung tauchte er an meinen weit geöffneten Armen vorbei und gab mir mit breitem Grinsen zu verstehen:

„Bewahre dir diesen Moment lieber für deine alten Leute auf. Das haben sie wirklich verdient!"

Richtig! Irgendwo in diesem Gewusel mussten meine Eltern stehen! Papa war schon vor einer Weile eingelaufen.

Suchend sah ich mich um, konnte aber vor lauter Menschen kaum ein bekanntes Gesicht ausfindig machen.

Das Bild, das sich mir bot, hatte sich seit meiner Abreise enorm gewandelt. Um mich herum blitzte es von allen Seiten und große, schwarze Kameraaugen starrten mir emotionslos entgegen.

Meine Mutter hatte mich darauf vorbereitet, dass das Interesse für meinen Törn enorm gestiegen war. Dieses Ausmaß an Aufmerksamkeit aber hatte ich dennoch nicht erwartet.

Und dann endlich sah ich sie. In ihrem schwarzen, dünnen Strickpullover war meine Mama von dem restlichen Gewusel kaum zu unterscheiden. Schräg vor meinem Papa stand sie auf einem gewollt frei gehaltenen Plätzchen und umklammerte einen bunten Strauß Blumen.

Wer hatte sich diesen Mist denn ausgedacht?

Wollten die Leute im Fernsehen tatsächlich sehen, wie eine hoffentlich nach wie vor liebende Mutter ihrer minderjährigen

Tochter nach so langer Zeit, in einem so emotionalen, erhebenden Moment – stocksteif einen Strauß Grünzeug in die Hand drückte?

Das hatte sich meine Mama doch nicht selbst ausgedacht. Das passte so gar nicht zu ihr!

Sekunden später stand ich schwankend auf den verblichenen Planken, noch immer jene Schiffsbewegungen ausgleichend, die plötzlich nicht mehr da waren. Die Augen meiner Mama wirkten glasig. Ihre Lippen zitterten. Dass meine es nicht taten, dafür wollte ich mich nicht verbürgen.

Um mich herum war es sehr laut, glaube ich. Die Menschen, die sich versammelt hatten, jubelten, riefen mir Lobesworte zu. Tonnen von Konfetti und Luftballons flogen durch die Luft, verabschiedeten sich für immer oder regneten auf mich hernieder.

Ich nahm all das nicht wahr. Die Situation überforderte mich vollkommen. Plötzlich war ich umgeben von Menschen, Düften, Farben. Ungezählte Augenpaare starrten mich an, erwarteten irgendetwas von mir. Und noch schlimmer: ich wusste nicht so recht, was.

Mein Bewusstsein kehrte zurück, als meine Mutter mir mit schwachen Händen den kunterbunten Blumenstrauß in die Hand drückte. Benommen nahm ich das Geschenk an, als plötzlich alle Dämme brachen: Ich flog in die Arme meiner Mutter, fand mich genau dort wieder, wo ich losgegangen war, war inzwischen so viel reicher an Erfahrungen, so viel besonnener und selbstbewusster, nicht aber weniger Kind als ich es zuvor gewesen war.

Dicke Tränen suchten sich ihren Weg über meine geröteten Wangen. Wie von selbst kippte der Strauß aus meiner Hand, schlug ungehört auf dem Steg auf, alle Augen richteten sich auf mich.

"Gleich hast du es überstanden", flüsterte meine Mutter mir beschwörend ins Ohr und führte mich vorsichtig eine Holztreppe hinauf, bis ich vor einem Mikrofon stehen blieb.

Links von mir stand der Bürgermeister von Kerikeri, gleich daneben der Chef der Marina und ganz hinten blitzten mir Papas Augen aufmunternd zu.

„Ja, Leute! Was soll ich sagen?", stammelte ich, „Ich hab es geschafft! Ich bin wieder da!"– und riss die Hände in die Luft.

Als wäre eine zentnerschwere Last von mir gefallen, lüftete sich der Schleier um mich herum allmählich und ließ mich realisieren, was ich der Menge soeben mitgeteilt hatte: Ich war wieder da!

Wie eine Brandungswelle schossen die Anfeuerungs- und Jubelrufe meiner Gäste mir entgegen. Wie eine starke Brise trug ihr Zuspruch mich meinem Bewusstsein entgegen. Ich hatte es geschafft!

Am lautesten von allen jubelte Benny, ganz vorn in der ersten Reihe. Seine riesigen Pranken hatte er um Mister T. geschlungen, der, ganz klein und alt, abgestützt auf seinen Stock von da unten anerkennend zu meinem kleinen Podest herauf blickte.

Mala und Itchy hatten ein Transparent aufgespannt, auf dem sich der typische Gestaltungsstil meiner besten Freundin eindrucksvoll widerspiegelte. In pinken Buchstaben, umgeben von farbenfrohen Blumen stand auf einem alten, weißen Bettlaken: „Wir haben dich vermisst!"

Plötzlich bereitete mir die Rückkehr in mein altes Leben keine Angst mehr. Alles schien noch genau so zu sein, wie ich es hinterlassen hatte.

Und in erster Linie schien es mir unglaublich bunt, dieses Leben hier.

Kaum von meinem Podest heruntergetreten, drangen tausend Stimmen auf mich ein, stellten mir Fragen, die ich allesamt nicht verstand. So gut es ging, stotterte ich mir Antworten zurecht.

Irgendwann hatte ich es überstanden, ganz wie Mama versprochen hatte. Mala hing an meinem Hals, heulte mit mir gemeinsam. Itchy, der bis dahin nur mit den Händen in den Hosentaschen im Abseits gestanden hatte, nahm mich fest in den Arm. Sogar Gerhard trat in seiner gewohnten, stocksteifen Art an mich heran und schüttelte mir anerkennend die Hand. Viel grauer als zuvor war er in den letzten Monaten geworden. Die fahle Farbe betonte seine grobporige Haut nur noch und ließ ihn älter aussehen, als er eigentlich war.

Dennoch konnte ich nicht umhin, einen unbekannten Schimmer in seinen Augen zu entdecken. Wunschdenken oder nicht – die Annahme, er hätte genau wie viele andere mit uns – der Thetis und mir – mit gefiebert, gefiel mir.

Simon konnte ich nirgends erkennen. Mala erzählte mir hastig, dass er da gewesen wäre, sogar anerkennend geklatscht hätte, aber schnell das Weite gesucht hatte, bevor ich meine Aufmerksamkeit auf ihn hätte lenken können.

Ein kleiner Stich bahnte sich seinen Weg in meine Magengegend. Eilig ertränkte ich ihn in einem Schluck Sekt, den mir irgendjemand in die Hand gedrückt hatte.

Heute sollte mich das nicht ärgern. Wer weiß, ob ich mich jemals wieder von ihm ärgern lassen würde.

Der Sekt schmeckte seltsam auf meiner Zunge. So ganz anders als das Regenwasser, das ich in den letzten Wochen aus meinem Tank geborgen hatte. Künstlich, menschlich.

Ich seufzte erleichtert auf, als sich endlich mein Vater, der abwartend das ganze Spektakel beobachtet hatte, seinen Weg zu mir bahnte, mich sanft an der Schulter packte und mir ins Ohr flüsterte:

„Na komm! Jetzt gehen wir erstmal heim."

Endlich zeigte mir jemand, was ich jetzt wirklich wollte.

Wochenlang hatte ich mich gefragt, was mein größter Wunsch nach meinem Landfall sein würde. Jetzt wusste ich es: trockene Klamotten, eine heiße Dusche, ein weiches Bett.

Die Fahrt nach Hause war besonnen. Meine Mutter saß gemeinsam mit mir auf der Rückbank, während mein Vater das Auto lenkte.

Wir sprachen kein Wort.

Mir war es recht und vermutlich wussten das auch meine Eltern. Ich war zu sehr damit beschäftigt, meinen eigenen Gedanken nachzuhängen. Was ich brauchte – und wer hätte das gedacht, nach all der Zeit? – war Ruhe.

Zeit, um meinen Gedanken nachzuhängen, das Erlebte irgendwie zu verarbeiten, wirklich und tatsächlich anzukommen im Hier und Jetzt.

Wir würden genug Zeit haben, um zu erzählen. Vorerst war ich wieder zurück und vergeudete auch nicht den geringsten Gedanken darauf, allzu schnell wieder aufzubrechen.

Ich fand mich noch lange nicht wieder zurecht, in dieser alten, neuen Welt. Aber was ich sah und fühlte, roch und erlebte, das gefiel mir.

Meine Mutter führte mich an der Hand ins Haus, zog mir meine Schuhe aus und begleitete mich ins Badezimmer.

Irgendjemand, wahrscheinlich war es Marie, hatte in der Zwischenzeit eine ganze Badewanne voll heißem Wasser eingelassen. Der Schaum quoll über ihren Rand und erinnerte mich an die spritzende Gischt, die in den letzten Wochen zwar mein stetiger Begleiter, aber in all der Zeit nicht ein einziges mal so freundlich gewesen war, wie jetzt.

Was für eine Verschwendung! So viel Wasser, so viel Energie, nur um mich sauber zu halten.

Aber wo es schon einmal soweit war, wollte ich es mir auch nicht nehmen lassen, zaghaft den großen Zeh in die angenehm dampfende Brühe zu tauchen. Meine Mutter hatte mir ein frisch gewaschenes Handtuch bereit gelegt. Ich strich damit über meine Wangen. Es fühlte sich wunderbar rau an und frisch. Nicht der Hauch von Moder und wochenlanger Feuchtigkeit haftete daran.

Genau so wollte ich auch wieder riechen.

Das warme Wasser jagte mir Schauer über den Rücken. Der Dampf benebelte meine Sinne. Ich schloss die Augen und ließ mich ganz tief hineingleiten in dieses wunderschöne Gefühl.

Mit geschlossenen Augen lag ich da und lauschte in mich hinein, konnte fühlen, wie meine Gelenke sich entspannten, meine Muskeln sich lockerten – hatten sie doch die vergangenen sechs Monate in ständiger Anspannung verbracht.

Ich hatte Flauten für pure Entspannung gehalten! Flauten waren lächerlich gegen das hier. Das war der Himmel. Das hätte mich verdammt noch einmal nach Kap Hoorn erwarten sollen!

Bevor ich einschlief rappelte ich mich auf, schubberte mich trocken und schlüpfte in einen schwarzen, kuschelweichen Jogginganzug. Dann schlich ich den Flur entlang zu der Tür meines Zimmers. In der Küche konnte ich meine Mutter werkeln hören.

Sachte öffnete ich die Tür zu meinem Kinderzimmer. Alles sah noch genau so aus, wie ich es verlassen hatte:

Das Bett war nicht gemacht, mein Nachthemd lag auf dem Boden. Nur meinen kläglichen Kakteen hatte Mutter lebenserhaltenden Beistand geliefert – sie blühten in voller Kraft.

Fast besinnlich ließ ich mich auf das weiche Bett gleiten, schlüpfte unter die Decke und zog sie mir bis zur Nasenspitze nach oben.

Wohlige Wärme, wie ich sie lange nicht mehr gespürt hatte, floss durch meinen Körper. Ein Gefühl, dass ich so noch nicht kannte, das so wunderschön war, dass ich es festhalten und in ein winziges Kistchen packen wollte, um es hin und wieder zu bewundern. Ich hatte eine Menge Weg zurücklegen müssen, um mich an solchen Kleinigkeiten erfreuen zu können. Jetzt nutzte ich meine Chance, bevor alles um mich herum wieder zur Normalität wurde.

Wenngleich ich hundemüde war, gelang es mir einfach nicht einzuschlafen. All die Eindrücke, die Ereignisse, der abrupte Übergang von einem Moment in den anderen geisterten durch meine Gedanken und ließen mir keine Ruhe.

Ich stieg aus dem Bett und tappte mit nackten Füßen in die Küche hinunter.

Meine Mutter hatte ein paar Schnittchen zurecht gemacht, die, hübsch angerichtet vor ihr auf dem Küchentisch standen.

„Ich wusste nicht, ob du noch Hunger hast oder gleich schlafen gehst", sagte sie mit mildem Lächeln, „aber schling bitte nicht, wer weiß, ob dein Magen das noch gewohnt ist."

Das frische Brot und der Aufschnitt schmeckten köstlich, bekamen meinem Magen, der noch mit den Ereignissen des Tages zu kämpfen hatte, allerdings tatsächlich nicht. Seufzend schob ich den Teller von mir und kauerte mich ganz eng an meine Mama.

„Willst du schon erzählen?", fragte sie.

Ich schüttelte den Kopf. Ich fühlte mich wie ein Hamster, den man in seinen neuen Käfig gesetzt hatte. Es gefiel mir und alles war toll, aber ich musste mich erst wieder an diese Umgebung gewöhnen. Die altbekannten und doch seltsamen Bewegungsabläufe, Dimensionen, Richtungen.

Mein Rhythmus stimmte mit alledem nicht überein und ich war unruhig, als hätte ich viel vor. Und noch immer schaukelte ich vor und zurück. Noch immer spürte ich die Krängung in meinen Knochen.

Kurz darauf kam mein Vater nach Hause und nahm mich

fest in den Arm, strich mir durch's Haar und schluchzte vor Erleichterung leise hinein. Scheinbar hatte ich hier wirklich gefehlt.

„Wollen wir Fernsehen?", fragte er und nahm mein Gesicht fest in beide Hände, als könnte er es noch immer nicht glauben, dass ich wirklich und leibhaftig vor ihm stand.

Es wurde ein wundervoller Abend. So normal und vorhersehbar wie ich es gewohnt war. Meine Eltern tranken Wein und ich bekam davon nichts ab, knabberte stattdessen an Erdnüssen und amüsierte mich köstlich über das Programm.

Lange hielt ich das nicht durch und verabschiedete mich bald, um schlafen zu gehen.

Eine Nacht voll wilder Träume und banger Gedanken lag mir bevor. Immer wieder schreckte ich hoch und wollte aufstehen. Länger als eine halbe Stunde schlief ich nie am Stück. Es war zum Mäuse melken.

Anstatt mich zu entspannen, verkrampften sich meine Muskeln. Meine Hände gruben sich in das weiche Laken.

Live goes on

Es dauerte nur eine knappe Woche, bis ich mich in Kerikeri so heimisch fühlte wie eh und je.

So recht wollte ich noch immer nicht mit der Sprache herausrücken. Nur widerwillig erzählte ich von meinen Erfahrungen, erwischte mich häufig dabei, wie ich meine Ängste überspielte und mich selbst in einem heldenhaften und mit allen Wassern gewaschenen Licht präsentierte.

Meine Zuhörer dankten es mir mit anerkennendem Nicken und ersparten mir weitere Nachfragen.

Doch mit rastloser Kontinuität führte mir mein Unterbewusstsein auch stetig vor Augen, dass an einen reibungslosen Übergang zum Tagesgeschäft noch längst nicht zu denken war. Die unruhigen Träume ließen mich noch immer nachts aus dem Schlaf hochschrecken. Nach wie vor verunsicherte es mich, wenn ich mich zwischen einer großen Ansammlung von Menschen bewegen musste, im Supermarkt beispielsweise oder auf der grandiosen Party, die Itchy und Mala organisiert hatten, um mich wieder willkommen zu heißen.

Ich genoss die Aufmerksamkeit, dennoch spürte ich eine beständige Unruhe in mir wachsen.

Hinter mir lag die härteste Prüfung meines bisherigen Lebens. Dieser Abschluss, so sehr sich auch alle bemühten, konnte nicht das Ende dieser Erfahrung sein. Ich selbst hatte den Abschluss noch nicht gefunden.

Das Verlangen, jemandem zu danken, trieb mich beständig um. Aber wem? Neptun etwa?

Man möge es mir nicht übel nehmen, aber mit dem Herrn hatte ich noch eine ganz persönliche Rechnung zu begleichen.

Und die war nicht unbedingt nur freundlich. Der Gute hatte mich ganz schön auf Trab gehalten und ganz davon abgesehen war ich es leid, mein Wohlergehen beständig in die Hände einer naiven Frömmigkeit zu legen.

Es trieb mich zur Marina zurück, wo die Thetis noch in genau jenem jämmerlichen Zustand lag, in dem ich von ihr herunter gestiegen war.

Wieder an Deck zu stehen fühlte sich merkwürdig an, aber nicht unangenehm.

Wenn es jemanden gab, dem ich danken musste, das begriff ich dort oben, dann war es genau dieses Boot. Die kleine, dicke Thetis, die mich unbeirrt von Hindernissen und Unwettern über alle Weltmeere getragen hatte und noch immer tragen würde.

Ich blickte um mich, ob auch niemand zu mir hin sah und

kniete nieder, um sie zu küssen. Ich beglückwünschte meine Kleine zu ihrer außergewöhnlichen Leistung und beglückwünschte auch mich.

Und dann ging ich Klinken putzen: trabte zu Benny, der auf der Werft schon wieder seinen eigenen Träumen nachhing und an seinem Holzkahn werkelte, lud mich auf eine Tasse Kakao bei den Thomas' ein und nahm sogar allen meinen Mut zusammen, um auch Gerhard meine Dankbarkeit zu überbringen.

Die Letzten im Bunde waren meine Eltern, denen ich einen gigantischen Blumenstrauß überreichte.

All diesen großartigen Menschen, die in all den Monaten, fast Jahren, hinter mir gestanden und mich bedingungslos bei der Verwirklichung meines wilden Vorhabens unterstützt hatten, auch ihnen gebührte mein Dank.

Anschließend ging es mir endlich besser. Alles war gesagt, alles getan. Ich war bereit weiterzugehen, auch wenn es sich noch merkwürdig anfühlte. Erste zaghafte Schritte hin zu neuen Abenteuern. Abenteuer, von denen ich noch nicht einmal eine vage Vorstellung hatte.

Aber sie gelangen, die Schritte. Sie begleiteten Mala und mich auf langen Shopping-Touren, bei ersten zaghaften Törns, bei der Nachbereitung meiner Reise.

Es ging leichter als erwartet. Ich konnte plötzlich wieder gehen, wohin ich wollte, war nicht mehr abhängig von den Elementen, allenfalls von den Fahrplänen der öffentlichen Verkehrsmittel und schon bald schaute ich wieder ausschließlich nach vorn.

Ich musste mich verabschieden von meinem Traum. Er war gelebt, hatte seinen Höhepunkt erreicht und war nunmehr nur noch Erinnerung.

Platz für neue Träume war geschaffen. Träume, die ich erst kennen lernen, an die ich mich gewöhnen musste.

Oft wurde ich gefragt, ob ich professionell Segeln wollte. Immer bekam ich Bilder vorgelegt, von schnellen Rennbooten, großen Regattafeldern und konnte doch nie jene Antwort geben, die alle von mir erwarteten.

Ich dachte oft zurück an die verrückte Zeit, als ich felsenfest überzeugt war, meine Zukunft läge auf dem Wasser.

Abgesehen von einem wohligen Gefühl im Bauch, war von diesen Gedanken nichts übrig geblieben.

Ich wollte niemand werden, der sein Leben an eine Sache bindet. Ich war zu jung für eine klare Aussicht. Ich wollte weiter erleben, entdecken und lernen.

Schnellere Boote, größere Herausforderungen, von denen niemand wusste, ob sie sich mir überhaupt bieten würden, reichten da nicht aus. Waren sie doch nur ergänzende Details zu dem, was ich bereits getan hatte. Nichts Neues.

Genau danach aber stand mir der Sinn und so war ich auch nicht böse als Mala, die in den vergangenen Monaten ihre Lehre geschmissen und mit Gelegenheitsjobs auf ihre ganz eigene Art ihre Grenzen ausgelotet hatte, mir bei der weiteren Planung unter die Arme griff.

„Wollen wir nicht nach Sydney gehen und uns dort eine Ausbildung suchen?", fragte sie mich während eines entspannten Nachmittags im Park völlig unerwartet.

Ich konnte die Begeisterung für ihre Idee förmlich in ihren Augen aufblitzen sehen.

„Irgendeine große Stadt. Nur du und ich. Wir könnten uns eine eigene Wohnung nehmen und es uns dort urgemütlich machen!"

Ich lächelte still in mich hinein. Der Plan gefiel mir.

Zu lange war ich auf See auf mich allein gestellt gewesen, als dass ich mich ohne weiteres den Regeln unter dem Dach meiner Eltern wieder fügen konnte.

Wenn ich eines gelernt hatte, dann auf eigenen Beinen zu

stehen, meine Entscheidungen selbstständig zu treffen und ihre Konsequenzen mit aller Härte spüren zu bekommen. Diese Erfahrung war es, die ich nun zu meinem Vorteil ausspielen musste und so untypisch solch rationale Überlegungen auch für mich waren, sie gaben mir die Kraft, die ich brauchte, um jetzt wieder auf die Beine zu kommen.

Wir gingen die Sache ruhig an. Mittlerweile hatte ich gelernt, auf meinen Zeitpunkt zu warten, keine großen Sprünge zu machen, selbst wenn ich kaum warten konnte - und meine Kraft in der Zwischenzeit in Vorbereitungen zu stecken.

Meine Eltern waren wenig begeistert von meinen Plänen, hörten sich aber geduldig meine Beweggründe an und gaben schließlich ihr Einverständnis.

Als alle wichtigen Personen eingeweiht waren und immer noch niemand ein vernünftiges Argument hervorgebracht hatte, dass gegen meine neuesten Pläne sprach, fühlte ich mich um Tonnen leichter.

Es gab ein Leben nach dem Weltrekord und es hatte nicht im Entferntesten etwas mit Segeln zu tun. Meine Bedenken, es würde nicht weitergehen, waren ausgeräumt. Ich hatte ein neues Ziel, dass es zu erreichen galt und ich fühlte mich ganz wunderbar damit.

Nachwort

Erst lange nach Tageseinbruch erwachte ich wieder.

Verwirrt von den Erinnerungen, die mich einen Törn erneut hatten erleben lassen, der bereits zwei Jahre zurück lag.

Dies hier war schon wieder eine neue Geschichte. Ähnlich, aber doch ganz anders.

Meine Vermutungen hatten sich letztlich doch bewahrheitet: Echter Seglerehrgeiz ist selbst nach einer erfolgreichen Weltumsegelung nicht endgültig befriedigt. Getrieben von meiner Sehnsucht nach dem offenen Meer und dem Wunsch, beim nächsten Mal alles besser zu machen, schneller und weniger problematisch hatte ich mich schon sehr schnell wieder an die Vorbereitungen für das nächste Abenteuer gemacht und meiner Thetis zu altem Glanz verholfen.

Die Pläne, die ich seinerzeit auf dem Wasser geschmiedet hatte, waren verworfen. Eine Karriere als Skipper, so aufregend ich sie mir vorgestellt hatte und nach wie vor vorstellte, gefährdete zu sehr meine ehrliche Leidenschaft für diesen Sport. Ich wollte nicht riskieren, Segeln eines Tages nicht mehr als Berufung, sondern allenfalls als Beruf anzusehen. Dafür bedeutete mir dieses Hoch-Gefühl, mich frei auf dem Wasser bewegen zu können viel zu viel. Und so waren meine Bewerbungen, noch ehe ihre Adressaten sie zu sehen bekamen, im Papierkorb gelandet. Das hier gehörte mir und ich gab es auch für Geld nicht her.

Meine Erfahrungen auf dem Wasser haben mich verändert. Sie lassen Kleinigkeiten wichtiger erscheinen, rücken das Erleben vor dem Besitz in den Vordergrund.

Es gibt viele Arten sein Leben zu riskieren und diese ist meine. Vieles wird sich dieses Mal ändern. Vieles wird einfacher. Manches auch sicher komplizierter.

Der entscheidende Unterschied zu meinem letzten großen

Törn ist der, dass meine Mission dieses Mal eine gänzlich andere ist. Dieses Mal, habe ich mir vorgenommen, nehme ich mir alle Zeit der Welt, um eben jene ausgiebig zu erkunden. Dieses Mal werde ich mich nicht unter Druck setzen lassen. Nicht von meinem Ehrgeiz, nicht von der Zeit. Dieses Mal möchte ich einfach nur genießen.

Im Moment fahre ich Kurs auf Chile. Berge und Meer so nah beieinander – ich stelle es mir großartig vor, dieses Schauspiel.

Doch Langeweile, dessen bin ich mir sicher, wird auch dieses Mal nicht aufkommen. Wenn eine Seefahrerweisheit zutrifft, dann die, dass die See immer für eine Überraschung gut ist. Immer.